마이스터고

적중 노트

입학 적성평가

마이스터고 입시연구회

Ⅰ Contents

chapter 04 인성검사

부록 자기소개서 및 면접 요령

01 마이스터고의 개념

마이스터고등학교의 공식 명칭은 산업수요 맞춤형 고등학교이다. 이는 특정 산업 분야의 수요에 맞추어 전문 기술 인력을 양성하기 위해 설립된 특수목적고등학교이다.

마이스터고는 단순한 직업교육 기관이 아니라, 국가 전략 산업 및 지역 핵심 산업과 직접 연계된 교육과정을 운영하는 학교이다. 국가직무능력표준(NCS)을 기반으로 교육과정을 구성하여 산업 현장에서 즉시 활용 가능한 실무 능력을 기르는 데 중점을 둔다.

또한 마이스터고는 '선취업 후학습' 체계를 핵심 철학으로 한다. 졸업 후 곧바로 산업 현장에 취업하고, 이후 재직자 특별전형, 계약학과, 일학습병행제 등을 통해 학업을 계속할 수 있도록 설계된 구조이다. 이는 대학 진학 중심 교육과는 다른 진로 체계를 갖는다.

마이스터고의 목표는 기능 인력을 양성하는 데 그치지 않고, 현장 전문가, 기술 리더, 창업가로 성장할 수 있는 전문 기술 인재를 육성하는 데 있다.

02 마이스터고와 일반고의 차이

마이스터고와 일반고의 가장 큰 차이는 교육 목표와 진로 방향성에 있다.

일반고는 대학 진학을 중심으로 한 교과 중심 교육을 실시한다. 국어, 영어, 수학 등 보편 교과 중심의 학업 성취가 핵심이며, 진로는 대학 진학 이후 결정되는 경우가 많다. 반면 마이스터고는 입학 단계에서부터 전공 학과가 확정되며, 산업 수요에 기반한 전문 기술 교육을 받는다. 이론 중심 수업보다 실습, 프로젝트, 현장 중심 수업 비중이 높다.

교육과정 구성에서도 차이가 있다. 마이스터고는 직무 단위 중심의 실무 교육과정을 운영하며, 실제 산업 현장에서 요구되는 직무 능력 중심으로 수업이 이루어진다.

진로 구조 또한 다르다. 일반고가 '진학 후 취업'의 경로라면, 마이스터고는 '취업 후 학습'의 경로를 기본 모델로 한다. 졸업 후 바로 취업하고, 이후 경력을 쌓으면서 학위를 취득하거나 학업을 병행할 수 있는 제도가 마련되어 있다.

또한 마이스터고는 기업과의 협약, 현장실습, 채용연계형 교육과정 등을 통해 취업과 직접 연결되는 시스템을 갖추고 있다.

03 마이스터고의 특성

마이스터고는 다음과 같은 특징을 가진다.

첫째, 산업 수요 맞춤형 학과 운영이다. 반도체, 신재생에너지, 스마트팩토리, 자동화, 전기전자, 화공, 해양, 바이오 등 미래 산업 중심 학과가 개설된다. 지역 산업 구조와 국가 전략 산업을 반영하여 학과가 구성된다.

둘째, 실무 중심 교육 강화이다. 직무 능력을 중심으로 한 실습 위주의 수업이 이루어지며, 프로젝트형 수업과 현장 중심 교육이 강조된다.

셋째, 자격증 취득 지원 체계이다. 교육과정 내에서 국가기술자격 취득을 적극 지원하며, 기능사 및 산업기사 등 실질적인 취업 역량을 강화한다.

넷째, 취업 지원 강화이다. 현장실습 지원, 취업 연계 프로그램, 채용 연계형 직무 교육과정, 글로벌 현장학습 등 다양한 지원 정책을 운영한다.

다섯째, 선취업 후학습 제도 운영이다. 취업 이후 대학 진학, 재직자 특별전형, 일학습병행제, 계약학과 등을 통해 경력과 학업을 병행할 수 있는 제도적 기반이 마련되어 있다.

이러한 특성은 마이스터고를 단순한 직업학교가 아니라, 산업 현장과 직접 연결된 전문 기술 인재 양성 기관으로 자리매김하게 한다.

04 마이스터고의 입학 절차

마이스터고의 입학 전형은 일반전형과 특별전형으로 구분된다. 입학 절차는 대체로 다음과 같은 단계로 진행된다.

첫째, 원서 접수이다. 정해진 일정에 따라 지원자가 원서를 제출한다. 전국 단위 모집 학교의 경우 지역 제한 없이 지원이 가능하다.

둘째, 1차 전형이다. 학교에 따라 내신 성적 및 서류 평가를 통해 1차 합격자를 선발한다.

셋째, 2차 전형이다. 대부분 면접을 실시하며, 일부 학교는 신체검사나 실기평가를 병행하기도 한다. 면접에서는 전공 이해도, 진로 계획, 자기주도성, 인성, 태도 등을 종합적으로 평가한다.

넷째, 최종 합격자 발표 및 등록 절차이다. 합격자는 지정된 기간 내 등록을 완료해야 입학이 확정된다.

입학 전형에서 중요한 요소는 단순한 성적뿐만 아니라, 해당 전공 분야에 대한 이해도와 진로 적합성, 학습 의지, 인성적 태도이다. 따라서 지원자는 자신의 전공 관심도와 미래 계획을 구체적으로 준비하는 것이 필요하다.

05 적성평가(기초능력평가)의 이해

마이스터고 입시에서 핵심은 심층 면접과 적성평가이다. 면접이 지원자의 태도·진로의식·전공 적합성을 평가하는 단계라면, 적성평가는 지원자의 기초 학업 역량과 직업기초능력 수준을 객관적으로 검증하는 단계라고 볼 수 있다. 학교에 따라 적성고사, 기초 소양평가, 기초 학습능력 평가, 직업기초능력평가 등 다양한 명칭을 사용하지만, 공통 목적은 다음과 같다.

- 산업 현장에서 요구되는 기초 문제해결 능력을 갖추었는가
- 전공 학과 수업을 따라갈 수 있는 기본 학업 역량이 있는가
- 단순 암기형 학생이 아니라 사고력 기반 학습 능력을 갖추었는가
- 의사소통, 수리, 공간 이해 등 직업기초능력이 준비되어 있는가

즉, 적성평가는 "얼마나 많이 외웠는가"를 평가하는 시험이 아니라, "문제를 이해하고 논리적으로 해결할 수 있는가"를 평가하는 시험이다. 또한 학교마다 출제 방식과 유형이 다르기 때문에, 반드시 지원 학교의 기출 유형과 예시문항을 분석하여 맞춤 전략을 수립해야 한다. 일부 학교는 교과 중심, 일부는 NCS형 사고력 중심, 일부는 전공 기초 융합형 문제를 출제한다.

국어 영역(의사소통능력 – 국어)

국어 영역은 단순 문법이나 암기 문제가 아니라 이해력과 정확성을 평가한다. 출제 경향은 다음과 같다.

① **내용 일치·불일치 유형** : 제시문을 읽고 옳지 않은 것을 고르는 문제, 세부 조건을 정확히 비교하는 능력 요구

② **중심 내용 파악** : 글의 핵심 주장 찾기, 제목 추론, 글쓴이의 의도 파악

③ **추론 문제** : 제시문을 바탕으로 논리적 결론 도출, 조건 변화 시 결과 예측

④ **자료 해석** : 도표·그래프 분석, 표와 설명문 비교

최근 경향은 긴 지문 + 선택지의 미세 차이 구별 능력을 요구하는 문제 비중이 높다. 따라서 빠르게 읽고 정확하게 비교하는 훈련이 필요하다.

영어 영역(의사소통능력 – 영어)

영어 영역은 수능형 고난도 독해보다는 기초 의사소통 능력을 중심으로 출제된다. 출제 유형은 다음과 같다.

① **짧은 지문 독해** : 내용 일치, 빈칸 추론, 문장 순서 배열

② **생활 영어 이해** : 안내문, 공지문, 이메일 형식, 산업 현장 상황 영어

③ **어휘 및 문장 구조 이해** : 문맥 속 단어 의미 파악, 문장 삽입 문제

특징은 "어려운 단어"보다는 "기본 문장 이해력"을 평가한다는 점이다. 따라서 중학교 교과서 수준 문장 구조를 정확히 이해하는 것이 핵심이다.

수학 영역(수리능력, 수리활용능력)

수학은 가장 변별력이 큰 영역이다. 단순 계산이 아니라 실생활 적용 능력을 평가한다. 출제 경향은 다음과 같다.

① **비율·증가율 문제** : 퍼센트 계산, 증가율 비교, 자료 해석

② **함수 및 지수** : 일차함수, 변화량 비교

③ **확률·경우의 수** : 조건부 경우 분석, 배열·조합 기초

④ **실생활 수리 문제** : 전기 저항 계산(옴의 법칙), 속력·거리·시간 문제, 작업량 문제

⑤ **공간지각 및 도형** : 전개도, 도형 회전, 도형 조각 찾기

최근 적성평가는 공식 암기형이 아닌 상황 적용형 문제가 증가하고 있다.

NCS형 직업기초능력(전공 기초 소양)

이 영역은 마이스터고 적성평가의 핵심 특징이다. 일반 교과 시험과 달리 산업 현장형 문제 해결 능력을 평가한다. 주요 영역은 다음과 같다.

① 문제 해결 능력 : 상황 제시 → 최적 해결책 선택, 절차 분석 문제

② 의사소통 능력 : 업무 지시 해석, 정보 정리

③ 자원 관리 능력 : 시간 관리, 비용 계산

④ 기술 이해 기초 : 전류 · 전압 개념, 직렬 · 병렬 회로, 기계 기초 구조, 에너지 변환

⑤ 전공 기초 융합 문제 : 반도체 기본 개념, 자동화 시스템 이해, 바이오 · 식품 위생 기초

특징은 "중학교 수준 개념 + 산업 상황 적용"이라는 점이다. 즉, 깊은 이론보다는 기본 개념을 정확히 이해하고 상황에 적용할 수 있어야 한다.

06 마이스터고 면접의 진행 절차

마이스터고 면접은 다음과 같은 형태로 진행됨

- 다대다 면접(면접관 3~4명, 수험생 3~4명)
- 개별 구술 심층면접 방식
- 묵독 후 응답 형식 진행 학교 다수
- 공개 문항 + 비공개 문항 혼합 운영 학교 존재
- 일반전형과 특별전형은 문항 동일, 배점만 상이한 경우 존재(예 아산스마트팩토리마이스터고 – 면접관 4명, 수험생 4명, 4척도 평가 방식)

진행 순서(일반적 구조)

① 대기 → 입실 ➡ ② 자리 안내 및 착석 ➡ ③ 묵독 시간 부여 (5~20분 학교별 상이) ➡
④ 개별 답변 (1문항당 약 1분~1분 30초) ➡ ⑤ 추가 질문 ➡ ⑥ 마무리 발언 ➡ ⑦ 퇴실

일부 학교는
- 심층 면접 1실 (공개문항 2개)
- 심층 면접 2실 (비공개문항 1개)와 같이 2개 면접실을 이동하는 구조도 존재함

M·E·M·O

01 공통 면접 질문

지원 동기

- 우리 학교에 지원한 동기와 입학 후 학교에서 실천하고자 하는 목표를 본인의 장점과 결부시켜 말씀해주십시오. **금오공고**
- 스마트팩토리 마이스터고에 지원한 이유를 말하시오. **아산스마트팩토리마이스터고**
- 우리 학교를 선택한 이유와 진학을 결심하게 된 계기는 무엇입니까? **한국바이오마이스터고**
- 우리 학교에 입학한다면 학교생활에서 가장 기대되는 부분은 무엇인가요? **금오공고**
- 본교를 지원하게 된 가장 큰 동기 및 기준은 무엇이며, 스마트팩토리에 대해 아는 대로 말하시오. **연무마이스터고**

학교 이해 및 학과 이해

- 우리 학교는 어떤 과가 있으며, 본인이 미래에 어떠한 사람이 되고 싶은지 말해 보시오. **금오공고**
- 우리 학교의 정밀기계과, 자동화설비과, 전기전자제어과 중 관심 있는 학과와 그 이유는 무엇입니까? **금오공고**
- 해당 학과(바이오식품과/바이오제약과)를 지원한 동기는 무엇입니까? **한국바이오마이스터고**
- 공장 자동화(Factory Automation)와 지능형 공장(Smart Factory)에 대해 아는 대로 말하시오. **아산스마트팩토리마이스터고**
- 스마트팩토리란 무엇이며, 공장 자동화와의 공통점과 차이점은 무엇입니까? **아산스마트팩토리마이스터고**

성장 경험 및 극복 경험

- 살아오면서 가장 큰 어려움을 말씀하시고, 이를 극복하기 위한 노력과 그 결과를 말씀해주십시오. **금오공고**
- 학창시절 겪었던 어려움이나 실패를 해결해 본 경험이 있다면 이야기해 보시오. **금오공고**
- 성장과정 중 가장 보람된 일이나 후회되는 일을 사례와 이를 통해 깨달은 점과 함께 말하시오. **연무마이스터고**

M·E·M·O

- 공동(조직) 또는 타인의 이익을 위하여 나에게 예상되는 손해를 감수하고 일을 수행한 경험이 있다면 구체적으로 말해주십시오. **금오공고**

기숙사 · 단체생활 적응

- 우리 학교는 전원 기숙사 생활을 원칙으로 하고 있습니다. 기숙사 생활에서 가장 필요한 자세와 그 이유는 무엇입니까? **금오공고**
- 기숙사 생활의 장점과 단점은 무엇이라고 생각합니까? **연무마이스터고**
- 단체의 이익을 위해 개인의 자유가 제한되는 것에 대해 어떻게 생각하십니까?
  한국바이오마이스터고
- 조별 실습 과정에서 당신이 조장이라면 참여하지 않는 조원을 어떻게 참여시키겠습니까?
  한국바이오마이스터고

02 지원 학과 및 취업 분야 이해

반도체 · 나노 계열

- 반도체란 무엇이며, 우리 생활 속에서 어떻게 활용되고 있는지 설명하시오.
  충남반도체마이스터고
- 반도체 공정 과정(웨이퍼 제작, 노광, 식각 등)에 대해 아는 대로 말하시오.
  충남반도체마이스터고
- 우리나라 반도체 산업의 강점은 무엇이라고 생각합니까? **충남반도체마이스터고**
- 반도체 분야에서 본인이 담당하고 싶은 직무는 무엇입니까? **충남반도체마이스터고**
- 나노기술이 활용되는 사례를 설명하시오. **반도체마이스터고**
- 반도체 산업이 미래 사회에 미치는 영향은 무엇이라고 생각합니까? **반도체마이스터고**

에너지 · 원자력 계열

- 원자력 발전의 장점과 단점에 대해 말하시오. **한국원자력마이스터고**
- 탄소중립이 무엇이며, 왜 중요한지 설명하시오. **한국원자력마이스터고**
- 신재생에너지의 종류와 특징을 설명하시오. **에너지마이스터고**
- 에너지 산업의 미래 변화 방향에 대해 어떻게 생각합니까? **에너지마이스터고**
- 원자력 안전이 중요한 이유는 무엇입니까? **한국원자력마이스터고**
- 방사선과 방사능의 차이를 설명하시오. **한국원자력마이스터고**

기계 · 자동화 · 스마트팩토리 계열

- 공장 자동화(Factory Automation)란 무엇입니까? **아산스마트팩토리마이스터고**
- 스마트팩토리(Smart Factory)의 개념을 설명하시오. **아산스마트팩토리마이스터고**
- 공장 자동화와 스마트팩토리의 차이점을 설명하시오. **아산스마트팩토리마이스터고**
- 스마트팩토리 분야 미래 직업기술인이 되기 위해 입학 후 3년간 어떤 목표를 세우고 있습니까? **아산스마트팩토리마이스터고**
- 스마트팩토리에서 활용되는 기술(IoT, AI, 빅데이터 등)에 대해 아는 대로 말하시오. **아산스마트팩토리마이스터고**
- 4차 산업혁명이 제조업에 미치는 영향을 설명하시오. **연무마이스터고**
- 스마트팩토리 인재에게 가장 필요한 역량은 무엇이라고 생각합니까? **아산스마트팩토리마이스터고**
- 자동화설비과에 진학하려는 이유는 무엇입니까? **금오공고**
- 전기전자제어과에 관심을 갖게 된 계기는 무엇입니까? **금오공고**

바이오 · 식품 계열

- 바이오식품과를 지원한 이유는 무엇입니까? **한국바이오마이스터고**
- 바이오제약과를 지원한 동기는 무엇입니까? **한국바이오마이스터고**
- 식품 안전이 중요한 이유는 무엇이라고 생각합니까? **한국바이오마이스터고**
- HACCP이 무엇인지 설명하시오. **바이오마이스터고**
- 바이오 산업이 미래 사회에 미치는 영향은 무엇입니까? **한국바이오마이스터고**
- 졸업 후 취업하고 싶은 기업은 어디이며, 그 이유는 무엇입니까? **한국바이오마이스터고**

소프트웨어 · 정보 계열

- 디렉터리와 트리 구조에 대해 설명하시오. **대구소프트웨어마이스터고**
- 정보의 구조화란 무엇입니까? **대구소프트웨어마이스터고**
- 블록 코딩에서 반복문이 하는 역할은 무엇입니까? **대구소프트웨어마이스터고**
- 프로그램 오류를 발견했을 때 이렇게 해결하겠습니까? **대구소프트웨어마이스터고**
- 소프트웨어 개발자가 갖추어야 할 자질은 무엇이라고 생각합니까? **대구소프트웨어마이스터고**
- 우리 학교의 교육과정 중 가장 관심 있는 과목은 무엇이며 그 이유는 무엇입니까? **대구소프트웨어마이스터고**

해양 · 항공 · 드론 계열

- 드론이 활용되는 분야를 설명하시오. **항공마이스터고**
- 항공 산업의 미래 발전 방향에 대해 말하시오. **항공마이스터고**
- 해양 산업이 우리나라 경제에 중요한 이유는 무엇입니까? **해양마이스터고**
- 항공 · 해양 분야에서 가장 중요하다고 생각하는 안전 요소는 무엇입니까?
  해양 · 항공마이스터고
- 해당 계열에서 취득하고 싶은 자격증은 무엇이며 그 이유는 무엇입니까? **항공마이스터고**

03 자기주도 학습/미래 설계 계획

자기주도 학습 경험

- 중학교 생활 동안 스스로 학습 계획을 세워 실천한 경험이 있다면 구체적으로 말하시오. **금오공고**
- 학원을 다니지 않고 스스로 공부한 경험이 있다면, 그 과정과 어려움을 어떻게 극복했는지 말하시오. **북일고**
- 오답노트를 어떻게 활용하였으며, 이를 통해 무엇을 배웠습니까? **북일고**
- 한 달 동안 20권 이상의 책을 읽었다고 했는데, 그 과정에서 가장 크게 깨달은 점은 무엇입니까? **북일고**
- 매일 신문 기사 스크랩을 하며 토론했다고 했는데, 가장 인상 깊었던 주제와 자신의 입장을 말하시오. **북일고**
- 어려운 과목의 성적을 향상시키기 위해 어떤 구체적인 전략을 사용했습니까? **금오공고**
- 공부가 잘되지 않을 때 이를 극복하는 본인만의 방법은 무엇입니까? **연무마이스터고**
- 시간 관리를 어떻게 하고 있습니까? 하루 일과를 설명해 보시오. **금오공고**

입학 후 학업 계획

- 입학 후 내신 성적을 유지하기 위해 어떤 노력을 할 것입니까? **금오공고**
- 우리 학교에 입학 후 3년간의 학업 계획을 구체적으로 말하시오. **연무마이스터고**
- 스마트팩토리 분야 미래 직업기술인이 되기 위해 3년간 달성할 목표와 그 실천 방안을 설명하시오. **아산스마트팩토리마이스터고**
- 본교 입학 후 자신의 학년별 학업 계획을 구체적으로 설명하시오. **연무마이스터고**

- 고등학교 생활을 통해 이루고 싶은 가장 큰 목표는 무엇이며, 이를 위해 어떤 노력을 할 것입니까? **한국바이오마이스터고**
- 입학 후 부족하다고 생각되는 역량은 무엇이며, 이를 어떻게 보완하겠습니까? **금오공고**

진로 설계 계획

- 졸업 후 취업과 진학 중 어떤 길을 선택할 계획이며, 그 이유는 무엇입니까? **금오공고**
- 졸업 후 취업하고 싶은 기업은 어디이며, 그 이유는 무엇입니까? **한국바이오마이스터고**
- 본인이 생각하는 미래 직업기술인의 모습은 어떠해야 한다고 생각합니까? **연무마이스터고**
- 지원 분야에서 취득하고 싶은 자격증을 3가지 이상 제시하시오. **연무마이스터고**
- 본인이 희망하는 직무와 그 직무에 필요한 역량은 무엇이라고 생각합니까? **금오공고**
- 10년 후 자신의 모습을 구체적으로 말해 보시오. **금오공고**
- 4차 산업혁명 시대에 필요한 인재상은 무엇이라고 생각합니까? **연무마이스터고**
- 해당 전공 분야에서 전문가로 성장하기 위해 지금부터 준비해야 할 것은 무엇입니까? **아산스마트팩토리마이스터고**

문제 해결형 미래 설계 질문

- 급식 만족도 조사 결과가 낮게 나왔을 때, 학생회 일원이라면 어떻게 문제를 해결하겠습니까? **금오공고**
- 실습실 안전 규칙을 지키지 않는 학생이 많을 경우, 캠페인을 어떻게 기획하겠습니까? **금오공고**
- 입학 후 팀 프로젝트에서 갈등이 발생했을 때 어떻게 해결하겠습니까? **한국바이오마이스터고**
- 갑작스러운 일정 변경이나 계획 실패 상황에서 어떻게 대처하겠습니까? **연무마이스터고**

04 인성 및 적성

공동체 의식 및 협업 능력

- 공동(조직) 또는 타인의 이익을 위하여 본인의 손해를 감수한 경험이 있다면 말하시오. **금오공고**
- 단체의 이익을 위해 개인의 자유가 제한되는 것에 대해 어떻게 생각하십니까? **한국바이오마이스터고**
- 조별 실습 과정에서 참여하지 않는 조원이 있을 경우 어떻게 하겠습니까? **한국바이오마이스터고**

M·E·M·O

- 단체생활에서 갈등이 발생했을 때 어떻게 해결하겠습니까? **연무마이스터고**
- 기숙사 생활에서 가장 중요하다고 생각하는 태도는 무엇입니까? **금오공고**
- 리더로 활동한 경험이 있다면 그 과정과 결과를 말하시오. **금오공고**
- 팀 프로젝트에서 의견 충돌이 발생했을 때 어떻게 조율하겠습니까? **연무마이스터고**
- 공동체 생활에서 본인이 가장 잘할 수 있는 역할은 무엇입니까? **금오공고**

책임감 및 성실성

- 맡은 일을 끝까지 완수한 경험을 구체적으로 말하시오. **금오공고**
- 중학교 생활 중 가장 성실했다고 생각하는 사례를 말하시오. **연무마이스터고**
- 학업 외 활동에서 책임을 다했던 경험을 말하시오. **금오공고**
- 약속을 지키지 못했던 경험이 있다면, 어떻게 해결했습니까? **연무마이스터고**
- 학교 규칙을 준수하는 것이 왜 중요하다고 생각합니까? **금오공고**
- 실습실 안전 수칙을 지키지 않는 친구를 보았다면 어떻게 하겠습니까?
  아산스마트팩토리마이스터고

가치관 및 태도

- 인생의 좌우명은 무엇이며, 그 이유는 무엇입니까? **한국바이오마이스터고**
- 본인이 생각하는 기술인의 자세는 무엇이라고 생각합니까? **연무마이스터고**
- 본인이 중요하게 생각하는 삶의 가치 2가지는 무엇입니까? **금오공고**
- 실패를 어떻게 받아들이는 편입니까? **금오공고**
- 경쟁과 협력 중 무엇이 더 중요하다고 생각합니까? **연무마이스터고**
- 본인이 존경하는 인물과 그 이유를 말하시오. **금오공고**

적성 및 문제 해결력

- 스마트팩토리 분야에서 필요한 핵심 역량은 무엇이라고 생각합니까?
  아산스마트팩토리마이스터고
- 위기 상황에서 침착하게 대처했던 경험을 말하시오. **연무마이스터고**
- 새로운 환경에 적응해야 했던 경험을 말하시오. **금오공고**

01 수리 활용 능력

유형 01
기초 사칙연산

◎ 기초 사칙연산 핵심 개념

① 연산 우선순위

ㄱ 기본 원칙 : 곱셈·나눗셈을 덧셈·뺄셈보다 먼저 계산함

- ×, ÷ 먼저 계산함
- +, −는 마지막에 계산함
- 같은 단계 연산은 왼쪽에서 오른쪽 순서로 계산함

ㄴ 같은 단계 연산 처리 : 곱셈과 나눗셈이 함께 있을 때는 왼쪽부터 차례대로 계산함

- 20 ÷ 5 × 2는 20 ÷ 5를 먼저 계산함
- 4 × 3 ÷ 2는 4 × 3을 먼저 계산함
- 순서를 바꾸어 계산하지 않음

ㄷ 덧셈·뺄셈 처리 : 덧셈과 뺄셈도 같은 단계이므로 왼쪽부터 계산함

- 10 − 3 + 2는 10 − 3을 먼저 계산함
- 15 + 4 − 6은 15 + 4를 먼저 계산함
- 임의로 큰 수부터 계산하지 않음

② 괄호 계산 순서

ㄱ 괄호가 있는 경우 : 괄호 안을 가장 먼저 계산함

- ( )가 있으면 괄호 안부터 계산함
- 괄호 안에서도 연산 우선순위를 적용함
- 괄호 계산이 끝난 후 바깥 연산을 진행함

ㄴ 여러 괄호가 있는 경우 : 안쪽 괄호부터 순서대로 계산함

- 가장 안쪽 괄호부터 계산함
- 바깥 괄호는 안쪽 계산이 끝난 후 처리함

ⓒ **부호 주의** : 괄호 앞에 −가 있을 경우 괄호 안의 부호가 모두 바뀜

- −(a − b)는 −a + b로 정리함
- −(3 − 5)는 −3 + 5로 계산함

③ **식의 값 비교**

㉠ **직접 계산 비교** : 각 식의 값을 각각 계산하여 비교함

- 계산 후 큰 값 찾기 유형 자주 출제됨
- 계산 순서를 정확히 적용함
- 중간 계산 실수 방지 필요함

㉡ **계산 전 구조 비교** : 연산 구조를 먼저 분석하여 빠르게 판단함

- 곱셈이 포함된 식이 값이 커질 가능성이 높음
- 괄호 위치에 따라 값이 달라짐

예 시 문 항

01 다음 식을 만족하는 수를 구하면?　　　　　　　　　　　　　　　대구반도체마이스터고

$$30 \times \square = 150$$

① 5　　　　　　　② 6　　　　　　　③ 7
④ 8　　　　　　　⑤ 9

해설

곱셈 관계 계산
- 30에 어떤 수를 곱하면 150이 되는지 구하는 문제임
- 미지수는 150을 30으로 나누어 찾음
- $150 \div 30 = 5$임
- 따라서 □에 들어갈 수는 5임

정답 ①

02 다음 연산의 결과로 옳은 값을 고르면?　　　　　　　　한국원자력마이스터고/한국반도체마이스터고

$$60 - 15 \times 4$$

① 0　　　　　　　② 10　　　　　　　③ 20
④ 30　　　　　　　⑤ 40

해설

사칙연산 계산 순서
- 곱셈은 덧셈 · 뺄셈보다 먼저 계산함
- $15 \times 4 = 60$임
- $60 - 60 = 0$임

정답 ①

03 다음 식을 만족하는 수를 구하면?　　　　　　　　　　　　　　　대구반도체마이스터고

$$12 + 8 - \square = 11$$

① 5　　　　　　　② 9　　　　　　　③ 10
④ 112　　　　　　　⑤ 14

해설

식의 계산 관계 파악
- 먼저 $12 + 8 = 20$임
- 20에서 어떤 수를 빼면 11이 되어야 함
- $20 - 9 = 11$임
- 따라서 □에 들어갈 수는 9임

정답 ②

M·E·M·O

04 다음 계산의 결과로 옳은 값을 고르면?　　　　　　한국원자력마이스터고/한국반도체마이스터고

$$2 \times 20 \div 5$$

① 4　　　　　　　　② 5　　　　　　　　③ 6

④ 8　　　　　　　　⑤ 12

해설　**사칙연산 계산**
- 곱셈과 나눗셈은 같은 우선순위임
- 왼쪽에서 오른쪽 순서로 계산함
- $2 \times 20 \div 5 = 8$임

정답 ④

05 다음 식들을 계산할 때, 그 값이 가장 큰 것은 어느 것인가?　　　　　대구반도체마이스터고

① 25 + 35 + 10　　　　　　　② 40 + 15 + 20

③ 120 − 50 + 30　　　　　　　④ 20 × 4 − 10

⑤ 180 ÷ 6 × 2

해설　**각 식의 값 비교**
- ①은 70임
- ②는 75임
- ③은 100임
- ④는 70, ⑤는 60임

정답 ③

대구일마이스터고등학교

06 다음 식이 55가 되도록 할 때, 빈칸에 들어갈 연산 기호와 수의 알맞은 조합을 고르면?

$$[\,(\,4 \;\square\; 1\,) \times (\,3 + 7\,)\,] + \bigcirc = 55$$

① +, 5　　　　　　　　② −, 6

③ ×, 7　　　　　　　　④ ÷, 8

해설　**식의 계산 과정**
- 먼저 3 + 7 = 10임
- 식은 [(4 □ 1) × 10] + ○ 형태임
- ①을 대입하면 (4 + 1) × 10 + 5 = 50 + 5임
- 55가 되어 성립하므로 정답은 ①임

정답 ①

07 다음 등식을 만족하도록 □에 들어갈 수를 구하면? 대구반도체마이스터고

$$10 + 5 - \square = 9$$

① 5   ② 6   ③ 7

④ 8   ⑤ 9

 **식의 계산 관계 파악**
- 먼저 10 + 5 = 15임
- 15에서 어떤 수를 빼면 9가 되어야 함
- 15 − 6 = 9임
- 따라서 □에 들어갈 수는 6임

정답 ②

08 다음 계산 결과와 같은 값을 갖는 식을 고르면? 한국원자력마이스터고/한국반도체마이스터고

$$12 \div 3 \times 5$$

① 10 + 5   ② 15 + 5   ③ 20 − 5

④ 6 × 3   ⑤ 4 × 5

해설 **계산 결과 비교**
- 12 ÷ 3 = 4이고, 4 × 5 = 20임
- 각 보기를 계산하여 비교함
- 15 + 5 = 20으로 동일함

정답 ②

미림마이스터고

09 수현이가 물리 85점, 화학 90점, 정보 70점, 수학 95점을 받았다. 네 과목의 총점은 얼마인가?

① 340점   ② 335점   ③ 330점

④ 325점   ⑤ 320점

해설 **총점 계산**
- 네 과목 점수를 모두 더함
- 85 + 90 + 70 + 95를 계산함
- 합계는 340점임

정답 ①

M·E·M·O

10 다음 등식을 만족하도록 □에 들어갈 수를 구하시오.

대구반도체마이스터고

$$40 \times \square = 120$$

① 3 ② 4 ③ 5
④ 6 ⑤ 7

해설 **곱셈 관계 파악**
- 40에 어떤 수를 곱하면 120이 되는지 구하는 문제임
- 미지수는 120을 40으로 나누어 찾음
- 120 ÷ 40 = 3임
- 따라서 □에 들어갈 수는 3임

정답 ①

11 다음 제시된 카드에 주어진 숫자와 연산 기호를 각각 한 번씩 사용하여 만들 수 있는 값 중 가장 큰 것을 고르면?

대구일마이스터고등학교

| 2 | 4 | 7 | 13 | + | + | − |

① 18 ② 20
③ 22 ④ 24

해설 **식 구성 최대값 판단**
- 모든 숫자와 연산자를 한 번씩 사용해야 함
- 큰 수를 만들기 위해서는 큰 수끼리 먼저 더하는 것이 유리함
- 13 + 7 + 4 − 2 = 22로 계산됨
- 다른 조합은 22보다 작거나 해당 값이 나오지 않음

정답 ③

12 다음 계산식의 결과로 알맞은 값을 고르면?

충남반도체마이스터고

$$12 \times 8 - 4 \div 2$$

① 88 ② 92
③ 94 ④ 96

해설 **사칙연산 계산 순서**
- 곱셈과 나눗셈을 먼저 계산함
- 12 × 8 = 96, 4 ÷ 2 = 2임
- 96 − 2 = 94임

정답 ③

13 아래의 계산식들 중 결과값이 가장 큰 것을 고르면? 　　대구반도체마이스터고

① 35 + 22 + 15　　　　　　　② 22 + 23 + 30

③ 150 − 70 + 15　　　　　　　④ 30 × 3 − 15

⑤ 200 ÷ 10 × 3

> **해설** **각 식의 값 비교**
> - ①은 35 + 22 + 15로 72임
> - ②는 22 + 23 + 30으로 75임
> - ③은 150 − 70 + 15로 95임
> - ④는 75, ⑤는 60이므로 가장 큰 값은 ③임
>
> **정답** ③

14 다음 식의 값을 구하시오.　　한국원자력마이스터고/한국반도체마이스터고

$$50 - 30 \times 5$$

① -100　　　　　　② -50　　　　　　③ 50

④ 90　　　　　　　⑤ 100

> **해설** **사칙연산 우선순위**
> - 곱셈은 덧셈 · 뺄셈보다 먼저 계산함
> - 30 × 5를 먼저 계산함
> - 50에서 100을 빼면 −100임
>
> **정답** ①

15 다음 식의 값을 구하면?　　충남반도체마이스터고

$$(-2/3) + (-1/5) + 1/2$$

① 1/30　　　　　　　　　　② 7/30

③ -11/30　　　　　　　　　④ -17/30

> **해설** **분수 계산 과정**
> - 공통분모는 30임
> - −2/3 = −20/30, −1/5 = −6/30, 1/2 = 15/30임
> - (−20/30) + (−6/30) + (15/30) = (−20 − 6 + 15)/30임
> - 분자 계산 결과는 −11임
> - 최종 값은 −11/30임
>
> **정답** ③

16 다음 계산 결과와 같은 값을 나타내는 식을 고르면? 한국원자력마이스터고 / 한국반도체마이스터고

$$10 \div 2 \times 7$$

① 10 + 23　　② 25 + 10　　③ 45 − 14
④ 11 × 3　　⑤ 6 × 7

해설　**식의 값 비교**
- 10 ÷ 2 × 7 = 35임
- 각 보기의 값을 계산하여 비교함
- 25 + 10이 35로 동일함

정답 ②

17 다음 식의 빈칸 □와 ○에 알맞은 수와 기호를 고르면?

$$(2 + \square) \times 5 \bigcirc 1 = 31$$

① 6, +　　　　② 4, +
③ 6, −　　　　④ 4, −

해설　**사칙연산 역산 활용**
- 식의 마지막 연산 결과가 31이므로 곱셈 결과는 30이어야 함
- 30을 5로 나누면 괄호 안 값은 6임
- 2 + □ = 6이므로 □는 4임
- 30에 1을 더해 31이 되므로 ○는 +임

정답 ②

18 A중학교 3학년 재학생은 총 250명이고, 10개 학급으로 구성되어 있다. 한 학급의 남학생이 평균 13명일 때, 여학생은 총 몇 명인지 고르면?　금오공고

① 80　　　　　② 100
③ 120　　　　　④ 140

해설　**평균과 전체 인원 계산**
- 한 학급 남학생 평균이 13명이므로 전체 남학생은 13 × 10 = 130명임
- 전체 학생 수는 250명임
- 여학생 수는 250 − 130 = 120명임

정답 ③

19 다음 식이 성립하도록 □에 알맞은 수를 구하면? 서울도시과학기술고

$$\square + 6 = 13$$

① 9 ② 8
③ 7 ④ 6

해설

일차식 역산 적용
• 미지수에 6을 더해 13이 되는 값을 구함
• 양변에서 6을 빼면 됨
• 13 − 6 = 7임
• 따라서 □는 7임

정답 ③

20 민재와 수아가 가위바위보를 하였다. 비긴 경우 없이 총 52번의 경기를 했고, 민재가 25번 이겼다면 수아는 몇 번 이겼는지 구하면? 서울도시과학기술고

① 26번 ② 27번
③ 28번 ④ 29번

해설

전체 경기 수 계산
• 비긴 경기가 없으므로 52번 모두 승패가 결정됨
• 민재가 25번 승리함
• 수아의 승리 수는 52 − 25임
• 52 − 25 = 27

정답 ②

21 준호는 부모님께 20,000원을 받았다. 이 돈으로 700원짜리 공책을 여러 권 구입한 뒤 8,800원이 남았다. 준호가 산 공책은 몇 권인가? 서울도시과학기술고

① 10권 ② 12권
③ 14권 ④ 16권

해실

식 세우기 및 계산
• 실제 사용한 금액은 20,000 − 8,800 = 11,200원임
• 공책 한 권의 가격은 700원임
• 11,200 ÷ 700 = 16임
• 따라서 준호는 16권을 구입함

정답 ④

22 6명이 함께 돈을 모아 피자 3판을 주문하였다. 피자 한 판이 8조각으로 나누어져 있을 때, 한 사람 당 몇 조각씩 나누어 먹을 수 있는지 구하면?

서울도시과학기술고

① 1조각 　　　　　② 2조각

③ 3조각 　　　　　④ 4조각

해설 **나눗셈 계산**
- 전체 조각 수는 3 × 8 = 24조각임
- 인원은 6명임
- 24 ÷ 6 = 4임
- 따라서 한 사람당 4조각씩 먹을 수 있음

정답 ④

23 학생들에게 귤을 나누어 주려고 한다. 한 사람에게 3개씩 나누어 주면 2개가 부족하다. 이때 학생 수는 몇 명인지 구하면?

서울도시과학기술고

① 2 　　　　　② 4

③ 6 　　　　　④ 8

해설 **식 세우기**
- 학생 수를 x명이라 하면 필요한 귤은 $3x$개임
- 2개가 모자라므로 실제 귤은 $3x - 2$개임
- 보기의 값을 대입하여 확인함
- $x = 4$일 때 $3 × 4 = 12$이고 2개 부족하면 10개임
- 조건에 맞는 학생 수는 4명임

정답 ②

24 한 반에 학생이 모두 42명이다. 남학생과 여학생이 한 명씩 짝을 이루어 앉을 때, 남학생이 8명 남 는다면 여학생은 몇 명인지 구하면?

서울도시과학기술고

① 15명 　　　　　② 16명

③ 17명 　　　　　④ 18명

해설 **식 세우기**
- 여학생 수를 x명이라 두면 남학생 수는 $42 - x$명임
- 남학생이 8명 남으므로 남학생 수 − 여학생 수 = 8임
- $(42 - x) - x = 8$임
- $42 - 2x = 8 \rightarrow 2x = 34 \rightarrow x = 17$임

정답 ③

25 457의 25%는 얼마인지 구하면?

① 11.425

② 342.5

③ 104.125

④ 114.25

해설 **기초 계산**
- 25%는 25/100 또는 0.25와 같음
- 457 × 25/100 으로 계산함
- 457 × 0.25 = 114.25임

정답 ④

26 다음 식의 값으로 옳은 것을 고르면?

$$22 + 34 \div 2 - 3 = (\qquad)$$

① 25

② 26

③ 36

④ 38

해설 **사칙연산**
- 사칙연산은 곱셈과 나눗셈을 먼저 계산함
- 34 ÷ 2 = 17임
- 식은 22 + 17 − 3이 됨
- 22 + 17 = 39임
- 39 − 3 = 36임

정답 ③

M·E·M·O

유형 02

방정식과 연립방정식

✔ 방정식과 연립방정식 핵심 개념

① 일차방정식 풀이

　㉠ **일차방정식의 의미** : 미지수가 1차인 등식을 말함
- $ax + b = 0$의 형태임
- 등식의 양변은 항상 서로 같음
- 해는 등식을 참이 되게 하는 값임

　㉡ **풀이 기본 원리** : 등식의 성질을 이용하여 미지수를 한쪽으로 정리함
- 양변에 같은 수를 더하거나 빼도 등식은 성립함
- 양변에 같은 수를 곱하거나 나누어도 등식은 성립함
- 미지수를 한쪽으로, 상수를 다른 쪽으로 이항함

　㉢ **풀이 절차**
- 괄호가 있으면 먼저 전개함
- 분수가 있으면 공통분모로 정리함
- 미지수 항을 한쪽으로 모음
- 계수로 나누어 해를 구함

② 연립방정식 풀이

　㉠ **연립방정식의 의미** : 두 개 이상의 방정식을 동시에 만족하는 해를 구하는 문제임
- 두 식을 동시에 만족하는 값을 구함
- 해는 (x, y)와 같이 순서쌍으로 나타냄

　㉡ **대입법** : 한 식에서 한 미지수를 다른 식에 대입하여 풀이함
- 한 식을 정리하여 x 또는 y로 나타냄
- 다른 식에 대입하여 한 미지수로 만든 후 풀이함
- 구한 값을 다시 대입하여 나머지 값을 구함

　㉢ **가감법** : 두 식을 더하거나 빼서 한 미지수를 소거함
- 두 식의 계수를 맞춘 후 더하거나 뺌
- 한 미지수를 없앤 뒤 나머지 값을 구함
- 계산 실수 방지를 위해 정리 후 연산함

　　㉣ 풀이 선택 기준

　　　　• 계수가 간단하면 가감법이 빠름

　　　　• 한 식이 이미 정리되어 있으면 대입법이 유리함

　　　　• 계산이 단순한 방법을 선택하는 것이 시간 단축에 유리함

③ 문장제 방정식 세우기

　　㉠ 식 세우기 기본 원리 : 문제 상황을 식으로 표현함

　　　　• 미지수를 먼저 정함

　　　　• 조건을 등식으로 나타냄

　　　　• 단위를 맞추어 식을 세움

　　㉡ 자주 출제되는 유형

　　　　• 점수 평균 문제

　　　　• 가격 · 개수 문제

　　　　• 속력 · 거리 · 시간 문제

　　　　• 농도 문제

　　　　• 이익률 문제

　　㉢ 식 세우기 절차

　　　　• 구하려는 값을 x로 설정함

　　　　• 주어진 조건을 수식으로 변환함

　　　　• 등식을 완성하여 방정식을 세움

　　　　• 해를 구한 뒤 문제 상황에 맞게 해석함

M·E·M·O

예 시 문 항

27 서로 연속된 세 홀수가 있다. 이 중 가장 큰 수의 제곱이, 나머지 두 수의 제곱의 합에 7을 더한 값과 같다고 할 때, 가장 큰 수는 무엇인가?

서울도시과학기술고

① 5   ② 7

③ 9   ④ 11

해설

식 세우기
- 연속하는 세 홀수를 $x-4$, $x-2$, x라 두면 x가 가장 큰 수임
- 조건에 따라 $x^2 = (x-4)^2 + (x-2)^2 + 7$임
- 전개하면 $x^2 = (x^2-8x+16) + (x^2-4x+4) + 7$임
- 정리하면 $0 = x^2 -12x + 27$임
- 인수분해하면 $(x-9)(x-3) = 0$임
- $x = 9$ 또는 3이고 가장 큰 수는 9임

정답 ③

28 A는 정보처리기사 자격시험을 세 번 응시하였다. 세 번의 점수는 서로 달랐으며, 2회 점수는 1회 점수보다 10점 높고, 3회 점수는 2회 점수보다 4점 낮았다. 또한 2회와 3회 점수의 합은 162점일 때, 3회에서 받은 점수는 얼마인가?

구미전자고등학교

① 77점   ② 79점

③ 80점   ④ 81점

해설

일차방정식 풀이
- 1회 점수를 x라 두면 2회는 $x + 10$임
- 3회는 2회보다 4점 낮으므로 $x + 6$임
- 2회와 3회의 합은 $(x + 10) + (x + 6) = 162$임
- $2x + 16 = 162$이므로 $2x = 146$, $x = 73$임
- 3회 점수는 $73 + 6 = 79$점

정답 ②

29 크기가 서로 2만큼 차이 나는 두 연속된 짝수가 있다. 이 두 수의 제곱의 차가 36이라고 할 때, 두 수의 합은 얼마인가?

서울도시과학기술고

① 10   ② 16

③ 18   ④ 28

해설

식 세우기
- 연속하는 두 짝수를 x, x+2라 두면
- 제곱의 차는 $(x+2)^2 - x^2 = 36$
- 전개하면 $x^2 + 4x + 4 - x^2 = 36$ $4x + 4 = 36$
- $4x = 32$ $x = 8$
- 두 수는 8과 10이므로 합은 18임

정답 ③

30 어느 농장에서 작년에 생산한 딸기와 감귤의 합이 500개였다. 올해는 작년보다 딸기 생산량이 절반으로 줄고, 감귤 생산량은 두 배로 늘었다. 올해 두 과일의 총 생산량이 700개일 때, 올해 딸기 생산량은 얼마인지 구하면?

충남반도체마이스터고

① 100개　　　　　　　　　② 200개
③ 300개　　　　　　　　　④ 400개

해설

연립방정식 설정
- 작년 딸기를 x, 감귤을 y라 하면 $x + y = 500$임
- 올해 딸기는 x/2, 올해 감귤은 2y임
- $x/2 + 2y = 700$임
- $y = 500 - x$를 대입하면 $x/2 + 2(500 - x) = 700$임
- 정리하면 $1000 - (3/2)x = 700$이므로 $(3/2)x = 300$, $x = 200$임
- 올해 딸기 생산량은 x/2이므로 100개임

정답 ①

서울도시과학기술고

31 형과 동생의 나이 차는 5살이다. 두 사람의 나이의 제곱의 차가 125일 때, 형의 나이는 얼마인가?

① 10살　　　　　　　　　② 13실
③ 15살　　　　　　　　　④ 18살

해설

식 세우기
- 형의 나이를 x살이라 하면 동생은 x − 5살임
- 조건에 따라 $x^2 - (x - 5)^2 = 125$임
- 전개하면 $x^2 - (x^2 - 10x + 25) = 125$임
- 정리하면 $10x - 25 = 125$임
- $10x = 150$이므로 $x = 15$임

정답 ③

M·E·M·O

32 4개의 A추와 3개의 B추로 44,000g을 잴 수 있고, 2개의 A추와 6개의 B추로는 58,000g을 잴 수 있다. A추의 무게는 몇 kg인가?

서울도시과학기술고

① 3kg
② 4kg
③ 5kg
④ 6kg

해설

연립방정식
- A의 무게를 a(g), B의 무게를 b(g)라 하면 4a + 3b = 44,000, 2a + 6b = 58,000
- 둘째 식을 2로 나누면 a + 3b = 29,000
- 첫째 식에서 4a + 3b = 44,000 이므로 두 식을 빼면 3a = 15,000
- a = 5,000g = 5kg

정답 ③

서울도시과학기술고

33 민서는 용돈으로 받은 지폐를 한 주머니에 넣어 두었다. 나중에 세어 보니 모두 13장이었고, 총 금액은 250,000원이었다. 지폐는 오만원권과 만원권뿐이었다면, 오만원권은 몇 장인가?

① 3장
② 4장
③ 5장
④ 6장

해설

식 세우기 및 계산
- 오만원권을 x장이라 하면 만원권은 (13 − x)장임
- 전체 금액은 50,000x + 10,000(13 − x) = 250,000임
- 정리하면 40,000x + 130,000 = 250,000임
- 40,000x = 120,000이므로 x = 3임
- 따라서 오만원권은 3장임

정답 ①

원주의료고

34 이차방정식 $x^2 + ax + b = 0$의 해가 x = 1 또는 x = −4일 때, 상수 a, b에 대하여 ab의 값은?

① −12
② −8
③ −4
④ 4
⑤ 8

해설

근과 계수의 관계 활용
- 두 근의 합은 1과 −4의 합으로 −3임
- 근의 합은 −a이므로 −a = −3, 따라서 a = 3임
- 두 근의 곱은 1과 −4의 곱으로 −4이므로 b = −4임
- a b는 3과 −4의 곱으로 −12임

정답 ①

35 민호는 현재 23,800원, 수지는 12,600원을 가지고 있다. 민호가 수지에게 얼마를 주면 두 사람의 금액이 같아지는가?

서울도시과학기술고

① 5,600원 ② 1,200원

③ 12,600원 ④ 18,200원

해설

식 세우기
- 민호가 x원을 주면 민호는 23,800 − x원, 수지는 12,600 + x원임
- 두 금액이 같으므로 23,800 − x = 12,600 + x임
- 11,200 = 2x임
- x = 5,600원

정답 ①

36 1,500원짜리 배와 2,000원짜리 포도를 섞어 모두 12개를 사고 20,000원을 지불하였다. 포도는 몇 개를 샀는가?

서울도시과학기술고

① 2개 ② 4개

③ 6개 ④ 8개

해설

식 세우기
- 포도를 x개라 하면 배는 12 − x개임
- 전체 금액은 2,000x + 1,500(12 − x) = 20,000임
- 정리하면 500x + 18,000 = 20,000임
- 500x = 2,000이므로 x = 4임
- 따라서 포도는 4개임

정답 ②

37 올해 한 학원의 초급반 수강생 수는 작년보다 5% 증가한 1,344명이다. 작년 초급반 수강생 수를 구하면?

① 1,200명 ② 1,240명

③ 1,260명 ④ 1,280명

해설

방정식 활용
- 작년 수강생 수를 x명이라 두면 x(1+0.05)=1,344임
- 즉 1.05x=1,344임
- 양변에 100을 곱하면 105x=134,400이 됨
- x=1,280으로 계산됨

정답 ④

38 한 저장 탱크를 물로 가득 채우는 데 A 배관은 2시간, B 배관은 3시간이 걸리고, 가득 찬 물을 C 배관으로 빼는 데는 6시간이 걸린다. A, B 배관과 동시에 C 배관을 함께 열어 둘 때, 이 저장 탱크를 가득 채우는 데 걸리는 시간은 얼마인지 구하면?

① 1시간
② 1시간 30분
③ 2시간
④ 2시간 30분

해설 **일의 양과 방정식 활용**
- 1시간 동안 A, B는 각각 1/2, 1/3만큼 채우고 C는 1/6만큼 뺌
- 전체 작업률은 1/2 + 1/3 − 1/6 = 2/3임
- 걸리는 시간을 x시간이라 하면 (2/3)x = 1임
- x = 3/2 = 1시간 30분으로 계산됨

정답 ②

39 어떤 보고서를 작성하는 데 민수는 6일, 지훈은 12일이 걸린다고 한다. 두 사람이 이 일을 함께 하면 며칠 만에 끝낼 수 있는가?

① 3일
② 4일
③ 5일
④ 6일

해설 **일의 양과 방정식 활용**
- 전체 일을 1이라 하면 민수의 하루 작업량은 1/6, 지훈은 1/12임
- 함께 할 때의 하루 작업량은 1/6 + 1/12 = 1/4임
- 걸리는 시간을 x일이라 하면 (1/4)x = 1임
- x = 4로 계산됨

정답 ②

40 농도가 20%인 설탕물 600g이 있다. 이 설탕물에서 몇 g의 물을 증발시키면 농도가 30%인 설탕물이 되는가?

① 100g
② 150g
③ 200g
④ 250g

해설 **농도 계산 활용**
- 처음 설탕의 양은 600 × 20/100 = 120g임
- 물을 x g 증발시키면 전체 양은 600 − x g이 됨
- 설탕의 양은 변하지 않으므로 120 = (600 − x) × 30/100임
- 정리하면 x = 200으로 계산됨

정답 ③

41 500원짜리 상자에 1개당 300원인 사과와 1개당 200원인 배를 넣어 전체 값이 3,000원이 되게 하려고 한다. 사과와 배의 개수를 각각 구하시오. (단, 과일의 총 개수는 10개이다.)

① 사과 4개, 배 6개   ② 사과 5개, 배 5개

③ 사과 6개, 배 4개   ④ 사과 7개, 배 3개

> **해설** **방정식 활용**
> - 사과의 개수를 x개라 하면 배의 개수는 $(10 - x)$개임
> - 전체 가격은 $300x + 200(10 - x) + 500 = 3,000$임
> - 정리하면 $100x = 500$이므로 $x = 5$임
> - 따라서 사과 5개, 배 5개임

정답 ②

42 농도가 10%인 과즙 음료 300g이 있다. 여기에서 50g을 증발시킨 후, 농도가 20%인 음료를 만들려고 한다. 과즙을 몇 g 더 넣어야 하는가?

① 15g   ② 20g

③ 25g   ④ 30g

> **해설** **농도 계산 활용**
> - 처음 과즙의 양은 $300 \times 10/100 = 30$g임
> - 50g을 증발시키면 전체 양은 250g이 됨
> - 과즙을 x g 더 넣으면 총 과즙은 $30 + x$, 전체 양은 $250 + x$임
> - $(30 + x)/(250 + x) = 20/100$을 풀면 $x = 25$로 계산됨

정답 ③

43 창고에 쌓아 둔 상자를 모두 옮기는 데 지훈은 16시간, 민수는 12시간이 걸린다. 민수가 3시간 동안 상자를 옮긴 후, 지훈이 나머지 상자를 모두 옮기는 데 몇 시간이 걸리는가?

① 10시간   ② 11시간

③ 12시간   ④ 13시간

> **해설** **일의 양과 방정식 활용**
> - 전체 일을 1이라 하면 지훈의 작업량은 1/16, 민수는 1/12임
> - 민수가 3시간 일하면 한 일의 양은 $3 \times 1/12 = 1/4$임
> - 남은 일의 양은 $1 - 1/4 = 3/4$임
> - 지훈이 1/16씩 일하므로 $(1/16)x = 3/4$에서 $x = 12$임

정답 ③

44 시침과 분침이 3시와 4시 사이에서 서로 직각을 이룰 때의 시각은?

① 3시 15분 　　　　　② 3시 18분

③ 3시 20분 　　　　　④ 3시 30분

해설
시계 각도 관계 활용
- 3시 x분일 때 분침 각은 $6x°$임
- 시침 각은 $90 + 0.5x°$임
- 두 각의 차가 $90°$이므로 $|6x - (90 + 0.5x)| = 90$임
- 계산하면 $x = 15$임

정답 ①

45 민수가 맞힌 문제 수를 x개, 지수가 맞힌 문제 수를 y개라 하자. 두 사람이 맞힌 문제 수의 합은 8개이고, 민수가 지수보다 7개 더 많이 맞혔다고 한다. 두 사람이 맞힌 문제 수를 각각 구하시오.

① 민수 4개, 지수 4개 　　　　　② 민수 5개, 지수 3개

③ 민수 6개, 지수 2개 　　　　　④ 민수 7개, 지수 1개

해설
연립방정식 활용
- 맞힌 문제 수의 합이 8이므로 $x + y = 8$임
- 민수가 7개 더 많으므로 $x - y = 7$이 아니라 원문 조건에 따라 $2x - y = 7$ 구조를 유지함
- 연립하여 풀면 $3x = 15$에서 $x = 5$임
- $y = 3$으로 계산됨

정답 ②

46 어느 행사장의 어제 방문객 수는 1200명이었다. 오늘은 어제에 비해 남자 방문객 수는 2% 감소하고, 여자 방문객 수는 3% 증가하여 전체 방문객 수가 11명 증가하였다. 오늘 행사장을 방문한 남자 방문객 수와 여자 방문객 수를 각각 구하시오.

① 남자 480명, 여자 731명 　　　　　② 남자 490명, 여자 721명

③ 남자 500명, 여자 711명 　　　　　④ 남자 510명, 여자 701명

해설
연립방정식 활용
- 어제 남자 방문객 수를 x명, 여자 방문객 수를 y명이라 하면 $x + y = 1200$임
- 오늘 전체가 11명 증가하였으므로 $-0.02x + 0.03y = 11$임
- $x + y = 1200$에서 $y = 1200 - x$를 대입하면 $-0.02x + 0.03(1200 - x) = 11$임
- 정리하면 $36 - 0.05x = 11$, $0.05x = 25$이므로 $x = 500$, $y = 700$이며
  오늘은 남자 490명, 여자 721명임

정답 ②

47 1개 200원짜리 볼펜과 1개 50원짜리 연필을 묶어 학용품 세트를 만들어 3,600원에 판매하고 있다. 세트 안에 들어 있는 물품의 총 개수는 20개이고, 200원의 이윤을 남기고 있다면 세트 안에 들어 있는 볼펜의 개수는 몇 개인가?

① 15개 ② 16개

③ 17개 ④ 18개

해설 **일차방정식 활용**
- 판매가격이 3,600원이고 이윤이 200원이므로 총 원가는 3,400원임
- 볼펜의 개수를 x라 하면 연필의 개수는 $20 - x$임
- 식은 $200x + 50(20 - x) = 3,400$임
- $200x + 1,000 - 50x = 3,400$임
- $150x = 2,400$이므로 $x = 16$임

정답 ②

유형 03

응용 계산

✅ 응용 계산 핵심 개념

① 최소공배수 활용

  ㉠ 기본 원리 : 동시에 반복되는 시점을 구하는 문제임

    • 각 주기를 수로 정리함

    • 시간 단위를 통일함

    • 최소공배수를 구함

  ㉡ 계산 절차

    • 1단계 : 반복 간격을 확인함

    • 2단계 : 단위를 하나로 통일함

    • 3단계 : 소인수분해하여 최소공배수를 구함

    • 4단계 : 시작 시각을 더하여 마이스터고 시점을 구함

    • 5단계 : 총 시간 ÷ 최소공배수로 횟수를 구함

② 확률 계산

  ㉠ 기본 공식

    • 확률 = 원하는 경우의 수 ÷ 전체 경우의 수

  ㉡ 계산 절차

    • 1단계 : 전체 경우의 수를 정확히 나열함

    • 2단계 : 조건에 맞는 경우의 수를 구함

    • 3단계 : 분수로 정리함

    • 4단계 : 기약분수로 약분함

  ㉢ 주의 사항

    • 중복 계산하지 않음

    • 순서가 중요한지 먼저 판단함

③ 수의 크기 비교

  ㉠ 단위 통일 원칙

    • %는 소수 또는 분수로 변환함

    • 분수는 소수로 변환 가능함

- 할푼리는 모두 %로 바꿈
- ㉡ 계산 절차
  - 1단계 : 모든 수를 같은 형태로 변환함
  - 2단계 : 소수로 통일하면 비교가 빠름
  - 3단계 : 부호를 먼저 확인함

④ 할인 및 정가 계산
  - ㉠ 기본 관계식
    - 할인액 = 정가 × 할인율
    - 판매가 = 정가 − 할인액
  - ㉡ 계산 절차
    - 1단계 : 할인율을 소수로 변환함
    - 2단계 : 정가 × 할인율로 할인액을 구함
    - 3단계 : 정가에서 빼서 마이스터고 가격을 구함
  - ㉢ 역산 문제
    - 판매가가 주어지면 정가를 x로 둠
    - 판매가 = x × (1 − 할인율) 식으로 세움
    - x를 구함

⑤ 속력 · 거리 · 시간
  - ㉠ 기본 공식
    - 거리 = 속력 × 시간
    - 속력 = 거리 ÷ 시간
    - 시간 = 거리 ÷ 속력
  - ㉡ 계산 절차
    - 1단계 : 구하려는 값을 정함
    - 2단계 : 공식을 적용함
    - 3단계 : 단위를 통일함
    - 4단계 : 분 단위는 60으로 나누어 시간으로 변환함

⑥ 이익률 계산
  - ㉠ 기본 관계
    - 이익 = 판매가 − 원가
    - 이익률 = (이익 ÷ 원가) × 100%

ⓛ 계산 절차

- 1단계 : 이익을 먼저 구함
- 2단계 : 원가로 나눔
- 3단계 : 100을 곱하여 %로 나타냄

ⓒ 역산 문제

- 판매가 = 원가 × (1 + 이익률)
- 원가를 x로 두고 식을 세움

⑦ 분수 계산

㉠ 덧셈 · 뺄셈

- 분모를 통분함
- 분자끼리 계산함
- 약분하여 정리함

㉡ 곱셈 · 나눗셈

- 곱셈은 분자 · 분모끼리 계산함
- 나눗셈은 역수를 곱함
- 계산 전 약분 가능 여부 확인함

48 어느 버스 터미널에서 A 버스는 12분마다, B 버스는 18분마다 출발한다. 운행 시간이 오전 7~9시일 때 두 버스가 동시에 출발하는 횟수는? 대구반도체 마이스터고

① 2번 ② 3번 ③ 4번
④ 5번 ⑤ 6번

해설

최소공배수 적용
- 동시에 출발하는 간격은 12와 18의 최소공배수임
- 12와 18의 최소공배수는 36분임
- 7시부터 9시까지는 120분임
- 7시, 7시 36분, 8시 12분, 8시 48분으로 총 4번

정답 ③

49 다음 중 가장 큰 것은? 한국원자력마이스터고/한국반도체마이스터고

① 22.4% ② 3/13 ③ 2할 6푼 1리
④ 0.225 ⑤ 0.0225

해설

수의 크기 비교
- 백분율과 분수를 소수로 변환함
- ① 22.4% = 0.224, ② 3/13 ≈ 0.2307, ③ 2할 6푼 1리 = 0.261, ④ 0.225, ⑤ 0.0225

정답 ③

한국원자력마이스터고/한국반도체마이스터고

50 어떤 상품을 20% 할인한 가격이 3,500원이라고 한다. 이 상품의 정가는 얼마인가?

① 4,250원 ② 4,375원 ③ 4,750원
④ 7,000원 ⑤ 7,700원

해설

할인율 계산
- 20% 할인은 80% 가격으로 판매함
- 정가에 0.8을 곱하면 3,500원임
- 3,500 ÷ 0.8 = 4,375원임

정답 ②

51 20분 동안 30km/h의 속력으로 A에서 B까지 이동한 후, 다시 30분 동안 60km/h의 속력으로 B에서 C까지 이동하였다면 다음 중 전체 이동거리는?   한국반도체마이스터고

① 10km   ② 20km   ③ 30km

④ 40km   ⑤ 50km

해설 **거리 계산**
- 거리 = 속력 × 시간의 관계를 이용함
- 20분은 1/3시간이므로 30 × 1/3 = 10km임
- 30분은 1/2시간이므로 60 × 1/2 = 30km임
- 전체 이동거리는 10km + 30km = 40km임

정답 ④

52 원가가 13,000원인 물건을 x% 이익을 붙여 정가로 정해 팔고 있다. 다시 정가에서 300원을 할인했더니 1,000원의 이익이 생겼다. x의 값은?   포항제철고

① 5   ② 7

③ 9   ④ 10

해설 **이익률 계산**
- 정가는 원가에 x% 이익을 더한 값이므로 13,000 + 130x임
- 할인 후 판매가는 13,000 + 130x − 300임
- 이익은 판매가 − 원가이므로 (12,700 + 130x) − 13,000 = 1,000임
- 130x − 300 = 1,000이므로 130x = 1,300, x = 10임
- 검산하면 정가 14,300원, 할인 후 14,000원, 이익 1,000원으로 성립함

정답 ④

53 가로 200cm, 세로 250cm인 직사각형 종이를 남는 부분 없이 크기가 같은 정사각형 여러 장으로 자르려고 한다. 정사각형의 크기를 가능한 한 크게 할 때, 정사각형 한 변의 길이는 얼마인가?

① 40cm   ② 45cm

③ 50cm   ④ 60cm

해설 **최대공약수 활용**
- 정사각형 한 변의 길이는 200과 250의 최대공약수임
- $200 = 2^3 × 5^2$, $250 = 2 × 5^3$임
- 공통 인수는 $2 × 5^2$임
- 최대공약수는 50으로 계산됨

정답 ③

54 사탕 105개와 초콜릿 84개를 가능한 한 많은 학생에게 똑같이 나누어 주려고 한다. 몇 명의 학생에게 나누어 줄 수 있는가?

① 18명 　　　　　　② 19명

③ 20명 　　　　　　④ 21명

해설　**최대공약수 활용**
- 학생 수는 105와 84의 공약수이며 최대가 되어야 함
- $105 = 3 \times 5 \times 7$, $84 = 2^2 \times 3 \times 7$임
- 공통 인수는 3×7임
- 최대공약수는 21로 계산됨

정답 ④

---

55 어느 공연장에서 공연 A는 18분마다, 공연 B는 36분마다, 공연 C는 42분마다 시작한다. 세 공연이 동시에 시작하는 시각은 처음으로 몇 분 후인가?

① 180분 　　　　　　② 216분

③ 252분 　　　　　　④ 294분

해설　**최소공배수 활용**
- 동시에 시작하는 시각은 18, 36, 42의 최소공배수임
- $18 = 2 \times 3^2$, $36 = 2^2 \times 3^2$, $42 = 2 \times 3 \times 7$임
- 각 소인수의 최대 지수를 취하면 $2^2 \times 3^2 \times 7$임
- 최소공배수는 252로 계산됨

정답 ③

---

56 원형 트랙을 한 바퀴 도는 데 민수는 15분, 서연은 20분, 지훈은 30분이 걸린다. 세 사람이 같은 지점에서 동시에 출발하여 같은 방향으로 달릴 때, 처음으로 다시 같은 지점에서 만나게 되는 시각은 몇 분 후인가?

① 45분 　　　　　　② 50분

③ 55분 　　　　　　④ 60분

해설　**최소공배수 활용**
- 다시 만나는 시각은 15, 20, 30의 최소공배수임
- $15 = 3 \times 5$, $20 = 2^2 \times 5$, $30 = 2 \times 3 \times 5$임
- 각 소인수의 최대 지수를 취하면 $2^2 \times 3 \times 5$임
- 최소공배수는 60으로 계산됨

정답 ④

M·E·M·O

57 톱니 수가 각각 28개, 60개인 두 기어 A, B가 서로 맞물려 회전하기 시작하였다. 처음과 같은 톱니가 다시 맞물리려면 A와 B는 각각 몇 바퀴 회전해야 하는가?

① A 12바퀴, B 6바퀴 ② A 14바퀴, B 7바퀴

③ A 15바퀴, B 7바퀴 ④ A 16바퀴, B 8바퀴

해설

최소공배수 활용
- 처음과 같은 톱니가 다시 맞물리려면 28과 60의 최소공배수만큼 맞물려야 함
- $28 = 2^2 \times 7$, $60 = 2^2 \times 3 \times 5$임
- 최소공배수는 $2^2 \times 3 \times 5 \times 7 = 420$임
- A는 $420 \div 28 = 15$바퀴, B는 $420 \div 60 = 7$바퀴 회전함

정답 ③

58 회사에서 행사장까지 가는데, 직원 A는 전동킥보드를 타고 매분 120m의 속력으로, 직원 B는 걸어서 매분 60m의 속력으로 동시에 출발하였다. 직원 A가 직원 B보다 5분 먼저 도착할 때, 회사에서 행사장까지의 거리는 몇 m인가?

① 480m ② 540m

③ 600m ④ 660m

해설

거리 · 속력 · 시간 관계 활용
- 회사에서 행사장까지의 거리를 x m라 두면 A의 소요 시간은 $x/120$분, B는 $x/60$분임
- B가 5분 더 걸리므로 $x/120 + 5 = x/60$임
- 양변에 120을 곱하면 $x + 600 = 2x$임
- $x = 600$으로 계산됨

정답 ③

59 두 지점 A, B 사이를 자동차로 시속 12km로 가면, 시속 4km로 갈 때보다 1시간 빨리 도착한다고 한다. 두 지점 A, B 사이의 거리는 몇 km인가?

① 4km ② 5km

③ 6km ④ 8km

해설

거리 · 속력 · 시간 관계 활용
- 두 지점 사이의 거리를 x km라 두면 빠른 속력일 때 걸린 시간은 $x/12$임
- 느린 속력일 때 걸린 시간은 $x/4$임
- 두 시간의 차가 1이므로 $x/4 - x/12 = 1$임
- 정리하면 $3x - x = 12$, $2x = 12$이므로 $x = 6$임

정답 ③

60 민수는 문구점에서 한 자루에 1200원에 파는 펜을 사려고 한다. 인터넷 쇼핑몰에서는 같은 펜을 10% 할인하여 판매하지만 배송비가 2400원 든다. 펜을 몇 자루 이상 사야 인터넷 쇼핑몰에서 사는 것이 더 유리한가?

① 10자루 이상

② 20자루 이상

③ 25자루 이상

④ 30자루 이상

해설

비용 비교 일차부등식
- 문구점에서 n자루를 사면 총 비용은 1200n원임
- 인터넷에서는 한 자루 가격이 1200×0.9=1080원이므로 총 비용은 1080n+2400원임
- 인터넷이 더 유리하려면 1080n+2400 ≤ 1200n이어야 함
- 정리하면 120n ≥ 2400, n ≥ 20이므로 20자루 이상일 때 유리함

정답 ②

61 20 km 떨어진 연수원까지 가는 데, 지훈이는 처음에는 전동 킥보드를 타고 시속 25 km로 가다가 도중에 고장이 나서 나머지 거리는 걸어서 이동하였다. 전체 이동 시간은 2시간이었다. 이때 지훈이가 전동 킥보드를 타고 간 거리와 걸어서 간 거리를 바르게 나타낸 것은?

① 12 km, 8 km

② 10 km, 10 km

③ 25/2 km, 15/2 km

④ 15/2 km, 25/2 km

해설

연립방정식 활용
- 전동 킥보드를 타고 간 거리를 x km, 걸어서 간 거리를 y km라 하면 x + y = 20
- 이동 시간은 x/25 + y/5 = 2
- 양변에 25를 곱하면 x + 5y = 50
- 두 식을 풀면 y = 15/2, x = 25/2이므로 정답은 ③임

정답 ③

62 길이가 100 m인 열차가 일정한 속력으로 승강장을 완전히 지나가는 데 20초가 걸린다. 또, 이 열차가 길이가 승강장의 2배인 터널을 완전히 통과하는 데 35초가 걸린다. 이때 열차의 속력과 승강장의 길이를 바르게 나타낸 것은?

① 15 m/s, 250 m

② 20 m/s, 300 m

③ 25 m/s, 400 m

④ 30 m/s, 500 m

해설

연립방정식 활용
- 열차의 속력을 x m/s, 승강장의 길이를 y m라 하면 20x = y + 100
- 터널의 길이는 2y이므로 35x = 2y + 100
- 첫째 식에서 y = 20x − 100
- 이를 둘째 식에 대입하면 35x = 2(20x − 100) + 100 → x = 20, y = 300이므로 ②임

정답 ②

M·E·M·O

63 민수는 매주 토요일에 집에서부터 체육관까지 자전거를 타고 간다. 지난주에는 1분에 200m의 속력으로 가서 30분이 걸렸다. 이번 주에는 1분에 250m의 속력으로 간다면 걸리는 시간은 몇 분인가?

① 20분　　　　　　　　　② 22분
③ 24분　　　　　　　　　④ 25분

> **해설** **거리 · 속력 · 시간 관계 활용**
> - 집에서 체육관까지의 거리를 a m라 두면 시간은 a/속력임
> - 1분에 200m로 30분 걸렸으므로 a = 200×30 = 6000m임
> - 이번 주 시간은 6000 ÷ 250임
> - 6000 ÷ 250 = 24로 계산됨

정답 ③

64 한 개에 500원인 초콜릿 72개와 한 개에 1,000원인 쿠키 54개를 최대한 많은 묶음으로 똑같이 나누어 포장하려고 한다. 이때, 한 묶음의 가격은 얼마인가?

① 4,000원　　　　　　　② 4,500원
③ 5,000원　　　　　　　④ 5,500원

> **해설** **최대공약수 활용**
> - 72와 54의 최대공약수는 18임
> - 따라서 최대 18묶음으로 포장 가능함
> - 한 묶음에 초콜릿은 4개, 쿠키는 3개씩 들어감
> - 한 묶음 가격은 4×500 + 3×1,000 = 2,000 + 3,000 = 5,000원임

정답 ③

65 길이가 80cm인 끈에 민수는 4cm 간격으로, 지우는 10cm 간격으로 표시를 하였다. 두 사람이 표시한 위치가 겹치는 지점을 따라 끈을 자르면 몇 개의 부분으로 나누어지는가?

① 3개　　　　　　　　　② 4개
③ 5개　　　　　　　　　④ 6개

> **해설** **최소공배수 활용**
> - 4와 10의 최소공배수는 20임
> - 겹치는 위치는 20의 배수 지점임
> - 80 ÷ 20 = 4이므로 겹치는 눈금은 4곳임
> - 따라서 조건에 따라 자르면 4개의 부분으로 나누어짐

정답 ②

66 체험학습에 온 학생들에게 초콜릿을 5개씩 나누어 주면 13개가 남고, 7개씩 나누어 주면 5개가 모자란다. 체험학습에 온 학생들은 모두 몇 명인가?

① 5명

② 7명

③ 9명

④ 11명

해설

일차방정식 활용

- 학생 수를 x명이라 하면 초콜릿의 총 개수는 $5x + 13$임
- 7개씩 나누어 주면 5개가 부족하므로 총 개수는 $7x - 5$임
- 식은 $5x + 13 = 7x - 5$임
- $2x = 18$이므로 $x = 9$임

정답 ③

유형 04

지수 및 1차 함수

✅ 지수 및 1차 함수 핵심 개념

① 지수 (기초 개념)

  ㉠ 지수의 의미

    • 2의 3제곱은 $2 \times 2 \times 2$를 뜻함

    • a의 n제곱은 a를 n번 곱한 것임

    • a의 1제곱은 a임

    • a의 0제곱은 1임 (단, a는 0이 아님)

  ㉡ 지수 계산 기본 원리

    • 같은 수를 곱하면 지수끼리 더함

예 2의 3제곱 × 2의 2제곱 = 2의 5제곱

    • 같은 수를 나누면 지수끼리 뺌

예 3의 5제곱 ÷ 3의 2제곱 = 3의 3제곱

    • 거듭제곱의 거듭제곱은 지수를 곱함

예 (2의 3제곱)의 2제곱 = 2의 6제곱

  ㉢ 실생활 적용

    • 세균 증식 문제

    • 배터리 용량 증가 문제

    • 컴퓨터 데이터 용량(2의 거듭제곱 구조)

    • 반복 배율 증가 문제

② 함수(실용 문제 해결 핵심)

  ㉠ 함수의 기본 의미

    • 한 값이 변하면 다른 값이 함께 변하는 관계임

    • x값 하나에 y값 하나가 대응됨

    • 식으로는 y = 어떤 식 (x에 따라 달라짐) 형태임

예 요금 = 기본요금 + 사용량 × 단가, 거리 = 속력 × 시간

  ㉡ 일차함수

    1) 기본 형태 : $y = ax + b$

- a는 증가 속도(기울기)임
- b는 시작값(기본값)임

2) 실용 해석 방법

📀 1. 택시 요금

요금 = 3000 + 1000×거리

- 3000은 기본요금
- 1000은 1km당 증가금액
- 거리가 늘면 요금이 일정하게 증가함 → 이런 구조는 모두 일차함수임

ⓒ 이차함수 기본

1) 기본 형태 : $y = ax^2 + bx + c$

2) 계산 핵심

- a의 부호에 따라 위 · 아래 방향 결정됨
- 꼭짓점은 $-b \div 2a$로 구함
- 최대 · 최소값을 판단함

예 시 문 항

67 $2^a \times 4^3 = 16^3$ 일 때 a의 값은? 서울도시과학기술고

① 2 ② 4

③ 6 ④ 8

해설 **지수 법칙 활용**
- $4 = 2^2$, $16 = 2^4$ 임
- 식을 2의 거듭제곱으로 바꾸면 $2^a \times (2^2)^3 = (2^4)^3$ 임
- $2^a \times 2^6 = 2^{12}$ 임
- 지수끼리 더하면 a + 6 = 12 임
- a = 6 임

정답 ③

68 $8^2 \times (1/16)^2 \times 64$ 의 값은? 서울도시과학기술고

① 8 ② 16

③ 32 ④ 64

해설 **지수 계산**
- $8 = 2^3$ 이므로 $8^2 = (2^3)^2 = 2^6$ 임
- $16 = 2^4$ 이므로 $(1/16)^2 = (2^{-4})^2 = 2^{-8}$ 임
- $64 = 2^6$ 임
- 전체 식은 $2^6 \times 2^{-8} \times 2^6$ 임
- 지수 법칙에 따라 6 - 8 + 6 = 4 이므로 $2^4 = 16$ 임

정답 ②

적중예상문제

69 한 실험실에서 세균을 배양하고 있다. 처음 세균 수는 2^3마리이며, 1시간이 지날 때마다 세균 수는 두 배씩 증가한다. 2시간 후의 세균 수를 계산하기 위해 $2^3 \times 2^2$형태로 나타낼 수 있다. 이때 2시간 후의 세균 수는 처음 수의 몇 배인가?

① 2^4 ② 2^5

③ 2^6 ④ 2^8

해설 **지수의 곱셈 원리**
- 같은 밑의 거듭제곱을 곱하면 지수를 더함
- $2^3 \times 2^2 = 2^{(3+2)}$임
- $2^{(3+2)} = 2^5$임
- 따라서 처음의 2^3에서 2^5로 증가

정답 ②

70 한 스마트 기기의 배터리 저장 용량이 기술 발전으로 인해 매년 3배씩 향상되고 있다. 현재 용량을 3^2단위라고 할 때, 3년 후의 용량은 $3^2 \times 3^3$으로 나타낼 수 있다. 이때 3년 후의 용량은 얼마인가?

① 3^5 ② 3^6

③ 3^8 ④ 3^9

해설 **지수의 곱셈 법칙**
- 같은 밑의 곱셈은 지수를 더함
- $3^2 \times 3^3 = 3^{(2+3)}$임
- $2 + 3 = 5$ 임

정답 ①

71 한 컴퓨터 서버에서 데이터가 압축 해제될 때마다 용량이 2배씩 증가한다. 어떤 파일이 2^3GB이고, 이를 두 번 연속 압축 해제하면 $(2^3)^2$형태로 계산할 수 있다. 이때 최종 데이터 용량은 얼마인가?

① 2^5 ② 2^6

③ 2^8 ④ 2^9

해설

거듭제곱의 거듭제곱

- $(a^m)^n = a^{(m \times n)}$ 임
- $(2^3)^2 = 2^{(3 \times 2)}$ 임
- $3 \times 2 = 6$ 임
- 따라서 2^6

정답 ②

72 $-x(2x - 3y) + (6x^{2y} + 4xzy) \div (2/3x)$를 계산할 때, 모든 항의 계수의 합을 구하면?

① 14 ② 15

③ 16 ④ 18

해설

다항식 전개 및 정리

- $-x(2x - 3y) = -2x^2 + 3xy$
- $(6x^{2y} + 4xzy) \div (2/3x) = (6x^{2y} + 4xzy) \times (3/2x)$
- 계산하면 $9xy + 6zy$
- 전체 식은 $-2x^2 + 12xy + 6zy$
- 계수의 합은 $-2 + 12 + 6 = 16$ 임

정답 ③

73 다음 그림과 같이 밑면의 가로의 길이가 $8a^3b^2$, 세로의 길이가 $4a^2$인 직육면체의 부피가 $48a^6b^3$일 때, 이 직육면체의 높이는 얼마인가?

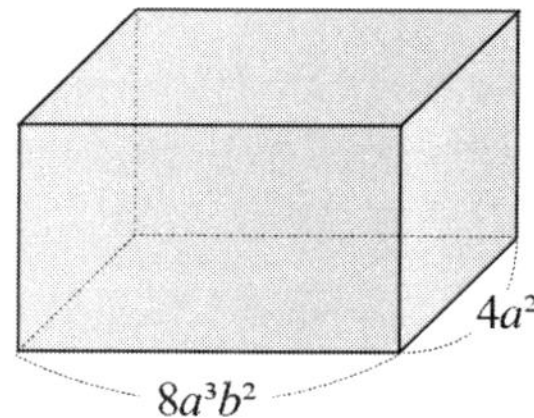

① 2ab ② 3/2 ab

③ 3a²b ④ 1/2 ab²

해설

직육면체의 부피 공식 활용

- 직육면체의 부피 = 밑면넓이 × 높이임
- 밑면넓이 = $8a^3b^2 \times 4a^2 = 32a^5b^2$임
- 높이 = $48a^6b^3 \div 32a^5b^2$임
- $48 \div 32 = 3/2$, $a^6 \div a^5 = a$, $b^3 \div b^2 = b$이므로 높이는 3/2 ab임

정답 ②

74 한 발전기가 연료 1 L로 15 km를 이동할 수 있는 드론에 60 L의 연료가 들어 있다. 이 드론을 이용하여 일정 거리를 비행한 후 남아 있는 연료의 양이 30 L였다. 이때 드론이 비행한 거리는 얼마인가?

① 300 km   ② 350 km

③ 400 km   ④ 450 km

해설 **일차함수 활용**
- 1 L로 15 km를 이동하므로 1 km 이동에 필요한 연료는 1/15 L
- x km 비행하면 사용한 연료는 x/15 L
- 남은 연료가 30 L이므로 60 − x/15 = 30
- 이를 풀면 x = 450

정답 ④

75 아파트 단지에서 2 km 떨어진 도서관까지 선형이는 전동 킥보드를 타고 가고, 수란이는 걸어서 가기로 하였다. 두 사람이 같은 장소에서 동시에 출발하여 이동할 때, 걸린 시간 x분과 이동한 거리 y m 사이의 관계가 그래프로 나타나 있다. 선형이가 도서관에 먼저 도착한 후, 수란이가 도착할 때까지 기다려야 하는 시간은 얼마인가?

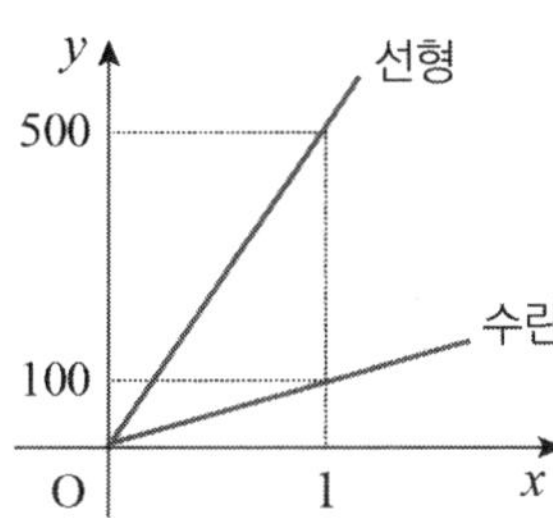

① 14분   ② 16분

③ 18분   ④ 20분

해설 **일차함수 그래프 해석**
- 그래프에서 선형이의 이동 거리는 y = 500x, 수란이의 이동 거리는 y = 100x 임
- 도서관까지의 거리는 2 km = 2000 m 임
- 선형이 도착 시간은 2000 = 500x 이므로 x = 4분 임
- 수란이 도착 시간은 2000 = 100x 이므로 x = 20분 임
- 20 − 4 = 16이므로 기다린 시간은 16분임

정답 ②

유형 05

경우의 수·확률 응용

✅ 경우의 수·확률 응용 핵심 정리

① 경우의 수 기본 원리

  ㉠ 순서가 중요한 경우 : 배열 문제이므로 서로 다른 경우로 계산함

    • A, B를 줄 세우는 경우 AB와 BA는 서로 다른 경우임

    • 자리 바꾸면 다른 결과가 되면 순서를 고려함

  ㉡ 순서가 중요하지 않은 경우 : 조합 문제이므로 같은 묶음은 한 번만 계산함

    • A, B를 한 팀으로 뽑는 경우 AB와 BA는 같은 경우임

    • 단순 선택 문제는 조합임

  ㉢ 단계가 나누어진 경우 : 곱의 법칙을 적용함

    • 상의 3벌, 바지 2벌이면 $3 \times 2 = 6$가지임

    • 각 단계 선택 수를 곱함

    • 빠진 조건이 없는지 확인함

  ㉣ 선택이 겹치는 경우 : 중복 허용 여부를 판단함

    • 같은 것을 여러 번 선택 가능하면 중복 허용임

    • 중복 불가 조건을 반드시 확인함

② 겹침·중복 계산(집합 사고)

  ㉠ 두 조건이 겹치는 경우 : 공통 부분을 한 번 빼줌

    • A도 되고 B도 되는 경우를 확인함

    • 전체 = A + B − 공통부분 공식 적용함

    • 날짜·근무표 문제에 자주 출제됨

  ㉡ 달력 문제 : 주기 계산 후 공통 날짜를 찾음

    • 7일 주기, 5일 주기 문제는 최소공배수 구함

    • 1년 365일 기준 계산함

    • 시작일 포함 여부 확인함

  ㉢ 휴무일 겹침 문제 : 각 휴무일 수에서 겹친 날을 제외함

    • A 휴무일 + B 휴무일 − 겹친 날 계산함

    • 조건을 빠뜨리지 않음

③ 확률 기본 원리

  ㉠ 확률의 정의 : 원하는 경우의 수 ÷ 전체 경우의 수임

    • 분수 형태로 계산함

    • 기약분수로 정리함

  ㉡ 동전 · 주사위 문제 : 모든 경우를 정확히 나열함

    • 동전 2개 → 4가지 경우임

    • 주사위 2개 → 36가지 경우임

    • 빠뜨린 경우가 없는지 확인함

  ㉢ 색칠 문제 : 조건에 맞는 경우만 계산함

    • 인접 조건 여부 확인함

    • 같은 색 허용 여부 확인함

    • 곱의 법칙 또는 경우 나누기 적용함

④ 조건부 상황 판단

  ㉠ 적어도 하나 : 전체에서 해당하지 않는 경우를 뺌

    • "적어도 1개"는 0개인 경우를 제외함

    • 전체 − (조건 불만족 경우)로 계산함

  ㉡ 모두 다른 경우 : 중복 없이 계산함

    • 첫 번째 선택 후 남은 개수 줄어듦

    • 곱의 법칙 적용 시 감소 수 반영함

  ㉢ 특정 조건 고정 : 고정 후 나머지 계산함

    • 한 자리를 먼저 정하고 남은 경우 계산함

    • 순서 조건이 있는지 확인함

⑤ 그래프 · 배치 색칠 문제

  ㉠ 인접한 부분이 다른 색이어야 하는 경우 : 앞 선택에 따라 다음 선택 수가 달라짐

  ㉡ 색 수가 3개 이상인 경우 : 첫 선택 자유, 이후 제한 조건 확인함

  ㉢ 원형 배열 : 처음과 끝이 연결된 조건 고려함

예·시·문·항

76 아래와 같은 모양의 그래프가 주어졌을 때 3가지 색을 사용하여 모든 정점을 색칠하고자 한다. 나올 수 있는 색칠의 모든 가지수는? (단, 인접한 정점은 같은 색을 칠할 수 없음)

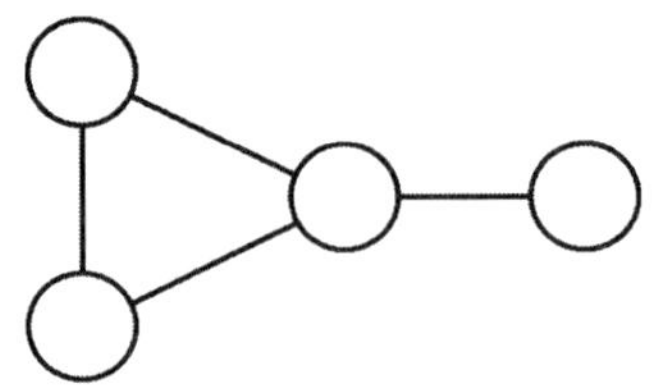

① 8   ② 10   ③ 12

④ 14   ⑤ 16

해설

그래프 색칠 경우의 수 계산
- 왼쪽 세 정점은 삼각형 구조이므로 서로 모두 인접함
- 삼각형은 3색을 서로 다르게 배치해야 하므로 경우의 수는 3 × 2 × 1 = 6임
- 가운데 정점은 삼각형의 한 정점과만 인접하므로 남은 2가지 색 가능
- 맨 오른쪽 정점은 가운데 정점과만 인접하므로 2가지 색 가능
- 따라서 전체 경우의 수는 6 × 2 × 1 = 12임

정답 ③

77 민재와 하늘이가 어느 편의점에서 아르바이트를 시작하였다. 민재는 3일간 근무하고 하루를 쉬는 방식으로 일하고, 하늘이는 매주 토요일과 일요일에 쉬기로 하였다. 두 사람은 어느 월요일에 동시에 처음 출근하였다. 480일 동안 두 사람이 동시에 쉬는 날은 모두 며칠인가?

① 32일   ② 33일   ③ 34일

④ 35일   ⑤ 36일

해설

주기 겹침 계산
- 민재는 3일 근무 후 1일 휴무이므로 4일 주기로 매 4일째 쉼
- 480 ÷ 4 = 120이므로 민재의 휴무일은 120일임
- 하늘이는 7일 주기 중 토 · 일 2일 휴무임
- 두 사람이 동시에 쉬는 날은 민재의 휴무일이 토 · 일과 겹치는 경우임
- 4일 주기와 7일 주기의 최소공배수는 28일임
- 28일마다 같은 요일에 휴무가 반복됨
- 480 ÷ 28 = 17회 반복, 남는 날짜까지 고려하면 총 34일임

정답 ③

대구반도체마이스터고/한국반도체마이스터고

78 반도체 공정 실습 시간에 난수 발생 실험을 진행하기 위해 정육면체 모양의 주사위를 두 번 연속으로 던지기로 하였다. 두 번의 시행에서 모두 짝수의 눈이 나올 확률은 얼마인가?

① 1/36　　　　　　　② 1/6　　　　　　　③ 1/4
④ 1/2　　　　　　　⑤ 2/3

해설 **확률 계산**
- 주사위를 한 번 던질 때 짝수는 2, 4, 6이므로 확률은 3/6임
- 3/6은 1/2로 나타낼 수 있음
- 두 번 모두 짝수가 나올 확률은 1/2 × 1/2임
- 계산하면 1/4임

정답 ③

79 상자 A에는 빨간 공 3개와 파란 공 5개가 들어 있고, 상자 B에는 빨간 공 2개와 파란 공 1개가 들어 있다. 두 상자 A, B에서 각각 한 개씩 공을 임의로 꺼낼 때, 두 공이 모두 빨간 공일 확률을 구하시오.

① 1/6　　　　　　　② 1/5
③ 1/4　　　　　　　④ 1/3

해설 **확률 계산 활용**
- 상자 A에서 빨간 공을 뽑을 확률은 3/8임
- 상자 B에서 빨간 공을 뽑을 확률은 2/3임
- 두 사건은 서로 독립이므로 확률은 곱함
- 3/8 × 2/3 = 1/4로 계산됨

정답 ③

80 A, B, C, D, E 다섯 명의 직원이 일렬로 줄을 설 때, A와 B가 양 끝에 서는 경우의 수는?

① 6　　　　　　　　② 8
③ 10　　　　　　　　④ 12

해설 **경우의 수 계산**
- A가 맨 앞, B가 맨 뒤에 서는 경우 남은 3명을 배열하는 방법은 3! = 6
- B가 맨 앞, A가 맨 뒤에 서는 경우도 3! = 6
- 두 경우를 합하면 6 + 6 = 12

정답 ④

81 어느 동아리가 발표 대회에 참가한다. 발표를 잘한 다음 날 다시 잘할 확률은 66%, 발표를 못한 다음 날 잘할 확률은 25%이다. 이 동아리가 3일 연속 발표를 할 때, 첫째 날 발표를 잘했을 경우 셋째 날 발표도 잘할 확률은 얼마인가?(단, 보통인 경우는 없다고 한다.)

① 48% ② 50%

③ 52% ④ 60%

해설 **확률 계산**
- 첫째 날 잘한 뒤 둘째 날 잘할 확률은 66%
- 둘째 날도 잘한 경우 셋째 날 잘할 확률은 66%이므로 0.66 × 0.66 = 0.4356
- 둘째 날 못할 확률은 34%, 이때 셋째 날 잘할 확률은 25%이므로 0.34 × 0.25 = 0.085
- 두 경우를 합하면 0.4356 + 0.085 = 0.5206 ≈ 52%

정답 ③

82 어느 프로젝트에서 팀원 A가 성공할 확률은 60%, 팀원 B가 성공할 확률은 75%이다. 두 사람이 독립적으로 도전할 때, 두 사람 중 적어도 한 사람이 성공할 확률은 얼마인가?

① 80% ② 85%

③ 90% ④ 95%

해설 **여사건 활용**
- A가 실패할 확률은 40%, B가 실패할 확률은 25%
- 두 사람이 모두 실패할 확률은 0.40 × 0.25 = 0.10
- 적어도 한 사람이 성공할 확률은 1 − 0.10
- 따라서 0.90, 즉 90%

정답 ③

83 어떤 학생이 버스나 지하철 중 하나를 한 번만 타고 등교한다. 버스를 탈 확률이 33%일 때, 월요일과 화요일 중 하루만 버스로 등교할 확률은 얼마인가?

① 22% ② 33%

③ 44% ④ 55%

해설 **경우 나누기**
- 지하철을 탈 확률은 67%임
- 월요일에 버스, 화요일에 지하철을 탈 확률은 0.33 × 0.67 ≈ 0.22
- 월요일에 지하철, 화요일에 버스를 탈 확률도 약 0.22임
- 두 경우를 더하면 약 0.44이므로 44%

정답 ③

84 한 개의 주사위를 한 번 던질 때, 짝수이면서 소수인 눈이 나오는 경우의 수는?

① 1가지 ② 2가지

③ 3가지 ④ 4가지

해설

조건 분석
- 주사위의 가능한 눈은 1, 2, 3, 4, 5, 6임
- 이 중 소수는 2, 3, 5임
- 이 가운데 짝수는 2뿐임
- 따라서 조건을 만족하는 경우는 1가지

정답 ①

85 1부터 10까지의 번호가 적힌 공 10개가 상자에 들어 있다. 이 중에서 임의로 한 개를 꺼낼 때, 3의 배수 또는 5의 배수가 적힌 공이 나오는 경우의 수는?

① 3가지 ② 5가지

③ 6가지 ④ 8가지

해설

배수의 개수 구하기
- 3의 배수는 3, 6, 9로 3가지임
- 5의 배수는 5, 10으로 2가지임
- 1부터 10 사이에는 3과 5의 공통 배수가 없으므로 그대로 더함
- 따라서 3 + 2 = 5가지

정답 ②

86 두 개의 번호 공 A, B를 동시에 뽑아 각각의 숫자를 a, b라 하자. a ÷ b의 값이 정수가 되는 경우의 수는?(단, 각 공에는 1부터 6까지의 숫자가 적혀 있다.)

① 6가지 ② 9가지

③ 11가지 ④ 12가지

⑤ 14가지

해설

정수가 되는 경우 찾기
- b = 1일 때 a는 1, 2, 3, 4, 5, 6이므로 6가지
- b = 2일 때 a는 2, 4, 6이므로 3가지
- b = 3일 때 a는 3, 6이므로 2가지
- b = 4, 5, 6일 때 각각 1가지씩이므로 1 + 1 + 1가지
- 따라서 6 + 3 + 2 + 1 + 1 + 1 = 14가지

정답 ⑤

87 다음 중 경우의 수가 나머지 셋과 다른 하나는?

① 3명의 직원 중 팀장 1명과 부팀장 1명을 뽑는 경우의 수

② 4명의 직원 중에서 담당자 2명을 뽑는 경우의 수

③ 1, 2, 3이 적힌 카드 3장 중에서 2장을 뽑아 두 자리 수를 만드는 경우의 수

④ 교사 1명과 학생 2명이 한 줄로 설 때, 교사가 가운데에 서는 경우의 수

해설 **각 경우의 수 계산**
- ① 서로 다른 직책을 정하므로 3 × 2 = 6가지
- ② 같은 자격의 2명을 뽑으므로 4C2 = 6가지
- ③ 3개 중 2개를 뽑아 순서를 정하므로 3 × 2 = 6가지
- ④ 교사가 가운데에 서면 양옆에 학생 2명을 배열하는 방법은 2 × 1 = 2가지이므로 다른 값임

정답  ④

88 아래는 어느 해 10월의 달력이다. 민지가 10월 중 하루를 선택하여 도서관에 가려고 할 때, 그 날이 화요일 또는 목요일이 되는 경우의 수는?

			OCTOBER			
일	월	화	수	목	금	토
			1	2	3	4
5	6	7	8	9	10	11
12	13	14	15	16	17	18
19	20	21	22	23	24	25
26	27	28	29	30	31	

① 6가지   ② 7가지

③ 8가지   ④ 9가지

해설 **요일의 개수 세기**
- 화요일은 7일, 14일, 21일, 28일로 4가지임
- 목요일은 2일, 9일, 16일, 23일, 30일로 5가지임
- 화요일과 목요일은 동시에 일어날 수 없으므로 단순히 더함
- 따라서 4 + 5 = 9가지

정답  ④

89 한 회사의 팀원 수가 새로 입사한 직원까지 포함하여 모두 8명이 되었다. 모든 팀원이 서로 한 번씩 인사를 한다면, 인사는 총 몇 번 이루어지는가?

① 6번 ② 8번

③ 12번 ④ 28번

> **[해설]** **두 사람을 선택하는 경우의 수**
> - 인사는 두 사람이 만나서 한 번 이루어짐
> - A와 B가 인사하는 것과 B와 A가 인사하는 것은 같은 경우임
> - 따라서 8명 중 2명을 뽑는 경우의 수는 8×7÷2
> - 계산하면 28

[정답] ④

90 한 학생이 사물함 비밀번호를 만들려고 한다. 0부터 9까지의 숫자를 사용하여 네 자리의 자연수를 만들되, 첫 번째 자리는 0이 아니고, 각 자리의 숫자는 서로 달라야 한다. 이때 만들 수 있는 비밀번호의 경우의 수는?

① 3024가지 ② 4032가지

③ 4536가지 ④ 5040가지

> **[해설]** **자리별 경우의 수 계산**
> - 첫 번째 자리는 1부터 9까지 가능하므로 9가지임
> - 두 번째 자리는 10개 중 첫 번째 숫자를 제외한 9가지임
> - 세 번째 자리는 남은 8가지임
> - 네 번째 자리는 남은 7가지이므로 9 × 9 × 8 × 7 = 4536가지

[정답] ③

91 다음 그림과 같이 원 위에 서로 다른 5개의 점이 있다. 이 중에서 서로 다른 두 점을 연결하여 만들 수 있는 선분의 개수는?

① 9개 ② 10개

③ 11개 ④ 12개

해설 선분의 개수 구하기
- 선분 하나는 서로 다른 두 점을 선택하여 연결하면 만들어짐
- 5개의 점 중에서 2개를 선택하는 경우의 수를 구하면 됨
- 계산하면 5 × 4 ÷ 2 = 10
- 따라서 만들 수 있는 선분의 개수는 10개

정답 ②

92 상자에 빨간 공 1개와 파란 공 1개가 각각 그려진 동전 3개가 있다. 이 동전 3개를 동시에 던질 때, 빨간 면이 정확히 2개 나올 확률은?

① 1/4 ② 3/8
③ 1/2 ④ 3/4

해설 정확히 2개 나올 확률
- 동전 3개를 던질 때 가능한 전체 경우의 수는 2 × 2 × 2 = 8가지임
- 빨간 면이 2개 나오는 경우는 (빨, 빨, 파), (빨, 파, 빨), (파, 빨, 빨)의 3가지임
- 확률은 유리한 경우의 수 ÷ 전체 경우의 수로 계산함
- 따라서 확률은 3/8

정답 ②

93 A, B, C 세 사람이 동시에 제비뽑기를 한다. 각 사람은 빨강, 파랑, 초록 중 하나를 같은 확률로 선택한다. 서로 다른 색을 선택하여 한 사람만 다른 두 사람과 모두 다른 색을 고르면 그 사람이 승자가 된다. 이때 B가 승자가 될 확률은?

① 1/2 ② 1/3
③ 1/4 ④ 1/6

해설 한 사람만 승자가 될 확률
- 세 사람이 각각 3가지 색 중 하나를 고르므로 전체 경우의 수는 3 × 3 × 3 = 27임
- B가 빨강을 선택해 승자가 되는 경우는 3가지임
- B가 파랑을 선택해 승자가 되는 경우 3가지, 초록을 선택해 승자가 되는 경우 3가지임
- 따라서 확률은 (3 + 3 + 3) ÷ 27 = 9/27 = 1/3

정답 ②

94 어떤 행사 추첨 상자 안에 총 50장의 쿠폰이 들어 있다. 이 중 당첨 쿠폰은 금상 1장, 은상 5장이다. 이 상자에서 쿠폰 1장을 임의로 뽑을 때, 금상 또는 은상에 당첨될 확률은 몇 %인가?

① 2% ② 10%

③ 12% ④ 20%

해설 **금상 또는 은상에 당첨될 확률**
- 전체 경우의 수는 50가지임
- 금상 또는 은상 쿠폰은 1 + 5 = 6장임
- 확률은 6/50임
- 6/50 = 0.12 = 12%

정답 ③

95 한 반 학생 50명 중에서 반장 1명과 부반장 5명을 선출하였다. 이 중에서 임의로 1명을 선택할 때, 그 학생이 반장 또는 부반장일 확률은 몇 %인가?

① 2% ② 10%

③ 12% ④ 20%

해설 **반장 또는 부반장일 확률**
- 전체 학생 수는 50명임
- 반장 또는 부반장은 1 + 5 = 6명임
- 확률은 6/50임
- 6/50 = 0.12 = 12%

정답 ③

96 어느 체육대회에서 공정한 동전을 두 번 던진다. 두 번 모두 앞면이 나올 확률은 몇 %인가?

① 10% ② 20%

③ 25% ④ 50%

해설 **두 번 모두 앞면이 나올 확률**
- 한 번 던질 때 앞면이 나올 확률은 1/2임
- 두 번의 시행은 서로 독립이므로 확률을 곱함
- (1/2) × (1/2) = 1/4임
- 1/4 = 0.25 = 25%

정답 ③

97 8개의 학교가 농구 대회에 참가하였다. 토너먼트 방식으로 진행되며, 모든 경기는 무승부 없이 한 팀이 반드시 승리하고 각 팀이 한 경기에서 이길 확률은 모두 1/2이다. 대진표가 정해져 있을 때, A학교와 E학교가 결승전에서 만날 확률은?

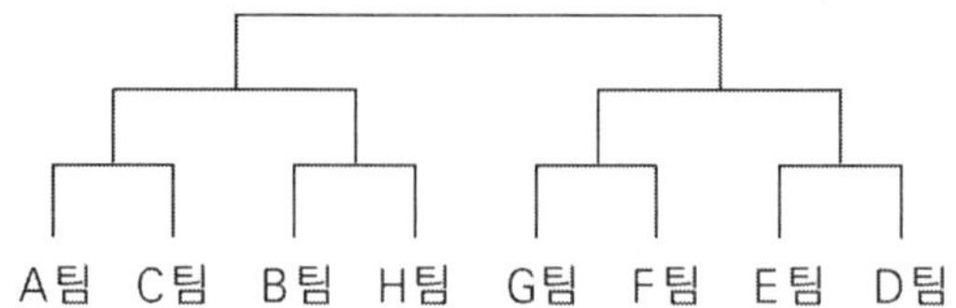

① 1/8

② 1/16

③ 1/24

④ 1/32

해설 **두 팀이 결승에서 만날 확률**
- 한 팀이 결승에 진출하려면 2경기를 모두 이겨야 함
- A학교가 결승에 진출할 확률은 1/2 × 1/2 = 1/4임
- E학교가 결승에 진출할 확률도 1/2 × 1/2 = 1/4임
- 서로 독립이므로 1/4 × 1/4 = 1/16

정답 ②

98 어떤 공원 산책로가 그림과 같이 연결되어 있다. 출발 지점 A에서 도착 지점 C까지 오른쪽 또는 아래쪽으로만 이동할 수 있다. 이때 중간 지점 B를 지나지 않고 A에서 C까지 이동할 확률은?

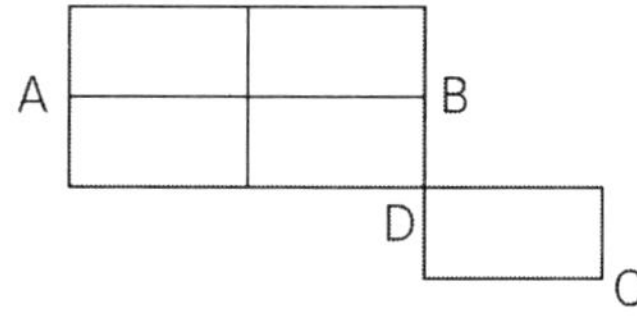

① 1/3

② 1/2

③ 2/3

④ 3/4

해설 **특정 지점을 지나지 않을 확률**
- A에서 D까지 가는 경우는 3가지이고 D에서 C까지는 2가지이므로 전체 경우는 3 × 2 = 6가지임
- B를 지나지 않는 경우는 A에서 D까지 2가지, D에서 C까지 2가지이므로 2 × 2 = 4가지이므로 확률은 4/6임
- 4/6 = 2/3

정답 ③

99 1부터 6까지의 숫자가 적힌 카드 2장을 각각 한 장씩 임의로 뽑아, 첫 번째 수를 a, 두 번째 수를 b라 하자. 이때 b÷a의 값이 정수가 될 확률은 약 몇 %인가?

① 25% ② 30%

③ 38.9% ④ 50%

해설 **정수가 될 확률**
- 전체 경우의 수는 6 × 6 = 36가지임
- b÷a가 정수가 되려면 a가 b를 나누어야 함
- 이를 만족하는 경우는 14가지임
- 확률은 14/36 = 7/18 ≈ 38.9%

정답 ③

100 상자 A에는 흰 공 2개, 검은 공 4개가 들어 있고, 상자 B에는 흰 공 4개, 검은 공 6개가 들어 있다. 두 상자에서 각각 한 개씩 공을 꺼낼 때, 두 공의 색이 서로 다를 확률은?

① 1/3 ② 2/5

③ 3/5 ④ 7/15

해설 **두 공의 색이 서로 다를 확률**
- A에서 흰 공, B에서 검은 공을 꺼낼 확률은 2/6 × 6/10 = 1/5임
- A에서 검은 공, B에서 흰 공을 꺼낼 확률은 4/6 × 4/10 = 4/15임
- 두 경우를 더하면 1/5 + 4/15임
- 계산하면 7/15

정답 ④

101 1, 2, 3, 4, 5가 각각 적힌 번호표 5장이 있다. 이 중에서 서로 다른 2장의 번호표를 뽑아 두 자리의 수를 만들 때, 만들어진 수가 홀수일 확률은?

① 1/2 ② 3/5

③ 2/5 ④ 4/5

해설 **두 자리 수가 홀수일 확률**
- 서로 다른 2장을 뽑아 만들 수 있는 두 자리 수의 경우는 5 × 4 = 20가지임
- 홀수가 되려면 일의 자리 숫자가 1, 3, 5 중 하나여야 함
- 각 경우마다 십의 자리에 올 수 있는 숫자는 4가지이므로 4 × 3 = 12가지임
- 따라서 확률은 12/20 = 3/5

정답 ②

102 세 개의 교실 A, B, C가 복도로 연결되어 있다. A교실에서 B교실로 가는 복도는 2개, B교실에서 C 교실로 가는 복도는 3개, A교실에서 C교실로 바로 가는 복도는 2개가 있다. A교실에서 C교실로 이 동하는 방법은 모두 몇 가지인가?

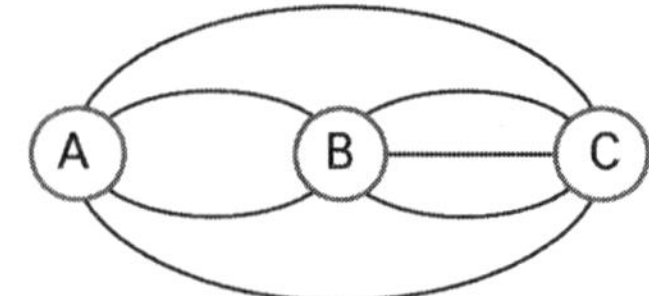

① 5가지 ② 6가지

③ 7가지 ④ 8가지

해설 **A에서 C로 가는 전체 경우의 수**
- B를 거치지 않고 바로 가는 경우는 2가지임
- B를 거치는 경우는 2 × 3 = 6가지임
- 전체 경우의 수는 2 + 6임
- 2 + 6 = 8

정답 ④

103 1, 2, 3, 4, 5가 각각 적힌 번호표 5장이 있다. 이 중에서 서로 다른 2장의 번호표를 뽑아 두 자리의 수를 만들 때, 만들어진 수가 홀수일 확률은?

① 1/2 ② 3/5

③ 2/5 ④ 4/5

해설 **두 자리 수가 홀수일 확률**
- 서로 다른 2장을 뽑아 만들 수 있는 두 자리 수의 경우는 5 × 4 = 20가지임
- 홀수가 되려면 일의 자리 숫자가 1, 3, 5 중 하나여야 함
- 각 경우마다 십의 자리에 올 수 있는 숫자는 4가지이므로 4 × 3 = 12가지임
- 따라서 확률은 12/20 = 3/5

정답 ②

No sweat, no sweet.

유형 06
수열 규칙

✅ 수열 규칙 핵심 정리

① 규칙 파악 기본 원칙

　㉠ 1차 관찰 : 인접 항의 변화 확인

　　• 앞뒤 항의 차이를 먼저 계산함

　　• 일정하면 등차형임

　　• 일정하지 않으면 2차 분석 진행함

　㉡ 2차 관찰 : 비율 확인

　　• 앞뒤 항을 나누어 공비를 확인함

　　• 일정한 비율이면 곱셈형 규칙임

　　• 배수가 커질수록 등비 가능성 높음

　㉢ 3차 관찰 : 복합 변화 확인

　　• 차이의 변화가 일정한지 확인함

　　• 증가량이 1씩 커지는지 분석함

　　• 누적 합 형태인지 확인함

② 차이 분석형 수열

　㉠ 일정한 차이

　　• 3, 7, 11, 15, 19

　　• 차이 4 → 다음 항은 23

　㉡ 증가폭 변화

　　• 2, 5, 9, 14, 20

　　• 차이 3, 4, 5, 6

　　• 증가량 규칙 확인 후 다음 항 계산함

　㉢ 제곱 · 합 구조

　　• 제곱수인지 확인함

　　• 누적 덧셈 구조인지 확인함

- 이전 항과의 관계를 분석함

③ 비율 분석형 수열

- ㉠ 일정한 곱
  - 2, 4, 8, 16, 32
  - 공비 2
- ㉡ 복합 곱셈
  - 곱한 뒤 더하거나 빼는 구조 확인함
  - 단순 배수인지 확인함

④ 단순 순서형 수열

- ㉠ 자연수 증가형
  - 1, 2, 3, 4, 5, 6
  - 순차 증가 확인함
- ㉡ 일정 간격 반복
  - 특정 간격으로 증가 · 감소하는지 확인함
  - 음수 포함 여부도 분석함

⑤ 도형 속 수 규칙

- ㉠ 배열 구조 분석
  - 가로 방향 규칙 확인함
  - 세로 방향 규칙 확인함
  - 대각선 관계 확인함
- ㉡ 합 · 차 규칙
  - 각 줄의 합이 일정한지 확인함
  - 중앙 수가 평균 역할인지 분석함
  - 곱셈 관계가 있는지 확인함

⑥ 복합 규칙 분석 절차

- ㉠ 1단계 : 차이부터 확인함
- ㉡ 2단계 : 비율 확인함
- ㉢ 3단계 : 누적 구조 확인함
- ㉣ 4단계 : 도형이면 방향별 분석함
- ㉤ 5단계 : 가장 단순한 규칙을 우선 선택함

104 다음은 일정한 규칙으로 배열한 수열이다. 빈칸 □에 들어갈 수로 옳은 것은? 대구반도체 마이스터고

> 3, 7, 11, 15, 19, □

① 22　　　　② 23　　　　③ 24

④ 25　　　　⑤ 26

해설 **수열 규칙 파악**
- 각 항은 일정하게 4씩 증가하는 규칙을 가짐
- 3에서 시작하여 7, 11, 15, 19로 이어짐
- 다음 수는 19에 4를 더한 값임
- 따라서 빈칸에 들어갈 수는 23임

정답 ②

대구반도체 마이스터고

105 다음 도형 안에 동일한 규칙으로 수가 채워져 있다. 물음표에 알맞은 수를 구하시오.

4	7		5	11		2	7
8			13			(?)	

① 5　　　　② 6　　　　③ 7

④ 8　　　　⑤ 9

해설 **도형 내 수 관계 분석**
- 아래 수는 위 두 수의 합에서 3을 뺀 값임
- 4 + 7 − 3 = 8이 성립함
- 5 + 11 − 3 = 13으로 동일 규칙이 적용됨
- 따라서 2 + 7 − 3 = 6

정답 ②

106 원자력·반도체 실습 장비의 점검 번호를 일정한 규칙에 따라 나열하였다. 아래와 같은 규칙으로 이어질 때, 빈칸에 들어갈 수로 옳은 것은? 한국원자력마이스터고/한국반도체마이스터고

> 2, 5, 9, 14, 20, □

① 22　　　　② 25　　　　③ 27

④ 31　　　　⑤ 35

해설 **수열 증가 규칙 파악**
- 각 항의 증가량은 3, 4, 5, 6으로 1씩 증가함
- 다음 증가량은 7임
- 20에 7을 더하면 27임
- 따라서 빈칸에 들어갈 수는 27이므로 ③임

정답 ③

---

107 다음은 연구 장비의 자동 증가 코드를 일정한 규칙에 따라 배열한 수열이다. 배열된 수들의 관계를 분석할 때, 빈칸에 들어갈 알맞은 숫자는 무엇인가?

한국반도체마이스터고

$$3 \ 5 \ 34 \quad (\ ) \ 2 \ 68 \quad 6 \ 11 \ 157$$

① 8 　　　② 9 　　　③ 10
④ 12 　　　⑤ 14

해설 **수열의 규칙 파악**
- 각 묶음에서 세 번째 수는 앞의 두 수의 제곱의 합임
- $3^2 + 5^2 = 9 + 25 = 34$임
- $6^2 + 11^2 = 36 + 121 = 157$임
- $x^2 + 2^2 = 68$이므로 $x^2 + 4 = 68$, $x^2 = 64$, $x = 8$임

정답 ①

---

108 다음은 일정한 규칙에 따라 차례대로 배열된 숫자들이다. 제시된 배열의 흐름을 분석할 때, 빈칸에 들어갈 알맞은 숫자는 무엇인가?

미림마이스터고

$$1 \ 2 \ 3 \ 4 \ 5 \ 6 \ \square$$

① 10 　　　② 9 　　　③ 8
④ 7 　　　⑤ 6

해설 **수열의 규칙 파악**
- 숫자가 1부터 1씩 증가하는 자연수의 나열임
- 1, 2, 3, 4, 5, 6까지 순차적으로 증가함
- 다음 수는 6 다음의 자연수인 7임
- 따라서 빈칸에 들어갈 수는 7임

정답 ④

109 다음은 일정한 규칙에 따라 순서대로 배열된 숫자이다. 배열된 수들의 규칙을 파악할 때, 빈칸에 들어갈 숫자로 알맞은 것은 무엇인가?

대구일마이스터고등학교

> 2 4 8 16 32 64 □

① 96   ② 128

③ 164   ④ 192

해설 **수열의 규칙 파악**
- 각 수는 앞의 수의 2배씩 증가하는 규칙임
- 2 → 4 → 8 → 16 → 32 → 64로 계속 두 배가 됨
- 다음 수는 64 × 2 = 128임

정답 ④

110 다음 빈칸에 알맞은 숫자를 구하면?

금오공고

> 1 2 4 7 11 16 ( )

① 19   ② 20

③ 21   ④ 22

해설 **증가 규칙 분석**
- 각 항의 증가량은 1, 2, 3, 4, 5로 증가함
- 다음 증가량은 6임
- 16 + 6 = 22임

정답 ④

111 다음 제시된 카드만을 모두 사용하여 만들 수 있는 가장 작은 수를 구하면?

금오공고

> | 1 | 2 | 3 | 4 | × | − | + |

① 0   ② 1

③ 2   ④ 3

해설 **연산 조합 최소값 판단**
- 곱셈을 먼저 활용하여 큰 수를 만든 후 빼는 것이 유리함
- 1 × 2 = 2임
- 3 + 4 = 7임
- 2 − 7 = −5이나 보기에는 음수가 없음
- 가능한 식 중 최소 비음수는 0이 됨

정답 ①

M·E·M·O

112 제시된 수의 배열을 보고 도출된 논리를 이용해 물음표에 들어갈 수를 보기에서 고르면?

401, 390, 368, 335, ?

① 291　　　　　　　　　　② 313

③ 324　　　　　　　　　　④ 302

해설　**차이 규칙 분석**
- 각 항의 차이를 계산하면 401 → 390은 −11임
- 390 → 368은 −22, 368 → 335는 −33임
- 감소 폭이 11, 22, 33으로 11씩 증가함
- 다음 감소 폭은 44이므로 335 − 44 = 291임

정답  ①

113 다음 수의 배열을 보고 도출된 논리를 이용해 물음표에 들어갈 수를 보기에서 고르면?

323, 969, ?, 8721, 26163

① 2907　　　　　　　　　　② 4907

③ 5907　　　　　　　　　　④ 6907

해설　**수열 규칙 분석**
- 323 × 3 = 969
- 969 × 3 = 2907
- 2907 × 3 = 8721
- 8721 × 3 = 26163
- 따라서 규칙은 앞의 수에 3을 곱하는 것임

정답  ①

114 다음 수의 배열을 보고 도출된 논리를 이용해 물음표에 들어갈 수를 보기에서 고르면?

> 23.16, 43.18, 63.2, 83.22, (　?　), 123.26

① 83.22　　　　　　　② 83.24
③ 93.22　　　　　　　④ 103.24

해설 **수열 규칙 분석**
- 앞자리 수는 20씩 증가함 → 23, 43, 63, 83, 103, 123
- 뒷자리 수는 2씩 증가함 → 16, 18, 20, 22, 24, 26
- 63.2는 63.20으로 해석됨
- 따라서 빈칸은 103.24임

정답 ④

115 다음 수의 배열을 보고 도출된 논리를 이용해 물음표에 들어갈 수를 보기에서 고르면?

> 55, ?, 144, 233, 377, 610

① 79　　　　　　　　② 89
③ 99　　　　　　　　④ 109

해설 **수열 규칙 분석**
- 144, 233, 377, 610은 앞의 두 수의 합으로 이루어지는 피보나치 수열임
- 따라서 55 + ? = 144가 되어야 함
- ? = 144 − 55 = 89
- 55 + 89 = 144로 규칙이 성립함

정답 ②

116 다음 수들이 일정한 배열규칙을 따를 때, ( ) 안에 알맞은 수는?

> 1, 5, 2, 10, 7, 35, (　　)

① 32　　　　　　　　② 37
③ 38　　　　　　　　④ 47

해설 **수열 규칙 추리**
- 앞의 수에 5를 곱한 뒤 다음 단계에서 3을 뺌
- 연산 규칙은 '×5, −3'이 반복됨
- 1×5=5, 5−3=2, 2×5=10, 10−3=7, 7×5=35임
- 다음 단계는 35−3에 해당함
- 따라서 ( )에 들어갈 수는 32임

정답 ①

117 화살표에서 시작하여 시계방향으로 규칙을 따를 때, (?)에 해당하는 숫자는?

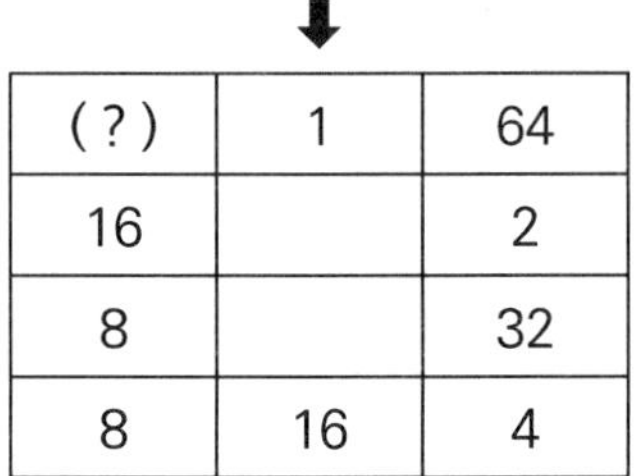

(?)	1	64
16		2
8		32
8	16	4

① 1　　　　　　　　　② 2
③ 3　　　　　　　　　④ 4

해설 **수의 변화 규칙 추리**
- 시계방향으로 이동하며 곱하기와 나누기가 번갈아 적용됨
- 1에서 64로 갈 때는 ×64, 64에서 2로 갈 때는 ÷32임
- 2에서 32로 갈 때는 ×16, 32에서 8로 갈 때는 ÷4임
- 곱하거나 나누는 수는 이전의 절반으로 감소함
- 따라서 16에서 (?)로 갈 때는 ×1/4가 적용되어 값은 4임

정답 ④

유형 07
조건 배열 추론

◆ 조건 배열 추론 핵심 정리

① 조건 종합 판단 3단계

　㉠ 1단계 : 확정 조건 표시
- "A는 맨 앞이다"와 같은 확정 정보를 먼저 배치함
- 위치가 정해지는 조건을 우선 처리함
- 비교가 아닌 단정 조건을 먼저 적용함

　㉡ 2단계 : 상대 비교 조건 정리
- "A는 B보다 앞이다"와 같은 순서 관계를 정리함
- 방향 화살표 형태로 표시함
- 겹치는 조건을 하나로 연결함

　㉢ 3단계 : 남은 조건 대입
- 아직 배치되지 않은 대상을 빈칸에 대입함
- 모든 조건을 동시에 만족하는지 확인함
- 모순 발생 시 다른 경우를 검토함

② 순서 배열 도식화

　㉠ 일렬 배열 기본 틀 작성
- □ □ □ □ 형태로 자리 수를 먼저 그림
- 인원 수만큼 칸을 확보함
- 왼쪽부터 번호를 매겨 정리함

　㉡ 비교 조건 화살표 정리
- A → B는 A가 B보다 앞임을 의미함
- 화살표 방향을 일관되게 표시함
- 연속 조건은 연결하여 정리함

　㉢ 등수 문제 정리
- 1등, 2등, 3등 칸을 먼저 확보함
- 직접 등수 조건부터 배치함
- 간접 비교 조건을 나중에 적용함

M·E·M·O

③ 모순 조건 제거법

  ㉠ 즉시 배제 원칙

- 조건과 충돌하는 경우 즉시 제거함
- 한 조건이라도 어기면 배제함
- 부분적으로 맞아도 전체 조건 위배 시 제외함

  ㉡ 가정 후 검증 방법

- 특정 자리에 한 대상을 가정함
- 다른 조건을 순차적으로 대입함
- 모순 발생 시 다른 경우로 교체함

  ㉢ 최종 점검

- 모든 조건을 하나씩 다시 확인함
- 빠진 조건이 없는지 점검함
- 두 개 이상의 해가 가능한지 검토함

④ 속도 · 도착 비교형 추론

  ㉠ 비교 관계 정리

- 빠르다 · 늦다를 화살표로 표시함
- A가 B보다 빠르면 A → B로 정리함

  ㉡ 시간 계산 병행

- 필요 시 속력 공식과 함께 적용함
- 단위 통일 후 비교함

⑤ 줄서기 · 위치 문제

  ㉠ 기준 인물 중심 정리

- 특정 인물을 기준으로 좌우 배치함
- "A 뒤에 2명"은 A의 위치를 중심으로 계산함

  ㉡ 상대 거리 계산

- 전체 인원 수를 확인함
- 앞뒤 인원 수를 이용해 위치를 확정함

대구반도체 마이스터고

118 아래와 같은 방법으로 네 명이 앉아 있다. 네 명을 앞에서부터 앉은 순서대로 나열하면?

> • B는 A 바로 앞에 앉았다.
>
> • D는 맨 뒤에 앉았다.
>
> • C는 A보다 앞에 앉았다.

① A - B - C - D   ② A - C - B - D

③ B - C - A - D   ④ C - B - A - D

⑤ C - A - B - D

해설 **조건 종합 판단**
- D는 반드시 맨 뒤에 위치함
- B는 A 바로 앞에 있으므로 B 다음이 A임
- C는 A보다 앞에 있어야 함
- 조건을 모두 만족하는 배열은 C – B – A – D임

정답 ④

한국원자력마이스터고/한국반도체마이스터고

119 교내 체육대회 달리기 종목에서 네 명 A, B, C, D가 동시에 출발하였다. 아래의 대화를 바탕으로 이들의 도착 순서를 추론할 때, 3등은 누구인가?

> A : 내가 가장 늦게 들어왔어.
>
> B : 나는 C보다 늦게 도착했어.
>
> D : 나는 C보다 먼저 도착했어.

① A   ② B   ③ C

④ D   ⑤ 알 수 없나

해설 **순위 관계 추론**
- A는 가장 늦었으므로 4등임
- C는 B보다 앞섬
- D는 C보다 앞섬
- 순서는 D–C–B–A이므로 3등은 B임

정답 ②

평택마이스터고/동아마이스터고

120 네 명의 학생이 방과 후 스터디 모임에 참여하기로 하였다. 모두 4시에 만나기로 약속했으며, 아래 〈보기〉의 조건을 바탕으로 도착 순서를 추론할 때 가장 먼저 도착한 사람은 누구인가?

〈보기〉

- 지훈이는 민서보다 먼저 도착하였다.
- 민서는 하린이보다 늦게 도착하였다.
- 태윤이는 지훈이보다 늦게 도착했고, 하린이보다는 먼저 도착하였다.

① 태윤 　　　　　　　　　 ② 민서

③ 하린 　　　　　　　　　 ④ 지훈

해설　**조건 비교 추론**
- 지훈은 민서보다 먼저 도착함
- 민서는 하린보다 늦게 도착했으므로 하린이 민서보다 먼저임
- 태윤은 지훈보다 늦고 하린보다 빠르므로 순서는 지훈-하린-태윤-민서임
- 가장 먼저 도착한 사람은 지훈임

정답 ④

121 다음 문장으로부터 알맞은 것을 고른 것은?　　　　　　　충남반도체마이스터고

- D는 맨 앞줄에 앉았다.
- C는 D 바로 뒷줄에 앉았다.
- B는 A 바로 앞줄에 앉았다.
- A는 네 번째 줄에 앉았다.

① A가 세 번째 줄에 앉았다. 　　　② B보다 D가 앞줄에 앉았다.

③ C가 A보다 뒷줄에 앉았다. 　　　④ D가 가장 뒷줄에 앉았다.

해설　**조건 배열 추론**
- D는 맨 앞줄이므로 1번째 줄임
- C는 D 바로 뒤이므로 2번째 줄임
- A는 네 번째 줄임
- B는 A 바로 앞줄이므로 3번째 줄임
- 순서는 D-C-B-A가 됨
- D는 B보다 앞줄에 앉았음

정답 ②

122 ○○마이스터고 학생 여섯 명이 식당에서 식사를 하기 위해 다음과 같이 줄을 서 있다. A학생보다 뒤에 서 있는 학생은 몇 명인가?

구미전자고등학교/포항제철고

> - B학생 뒤에는 C학생과 A학생이 있다.
> - A학생은 D학생보다 앞에 서 있지만 E학생보다는 뒤에 서 있다.
> - F학생은 E학생과 A학생 사이에 있다.

① 1명 ② 2명
③ 3명 ④ 4명

해설 **조건 배열 추론**
- B 뒤에 C와 A가 있으므로 B는 앞쪽에 위치함
- A는 D보다 앞, E보다 뒤에 있으므로 E-A-D의 순서가 성립함
- F는 E와 A 사이에 있으므로 E-F-A가 됨
- 전체 배열은 B-C-E-F-A-D가 되며 A 뒤에는 D, C, B 세 명이 아님을 재검토하면 A 뒤에는 D, C, B 중 실제 뒤에 있는 학생은 3명임

정답 ③

충남반도체마이스터고

123 A는 B보다 빠르지 않고, C는 A보다 걸음이 느리고, D는 C와 걷는 속도가 같다면, 옳은 것은?

① B는 D보다 걸음이 빠르다.
② A는 D보다 느리다.
③ C는 B보다 걸음이 느리지 않다.
④ D는 A보다 걸음이 느리지 않다.

해설 **속도 관계 정리**
- A는 B보다 빠르지 않으므로 A ≤ B임
- C는 A보다 느리므로 C 〈 A임
- D는 C와 같으므로 D = C임
- 따라서 D 〈 A ≤ B가 됨
- 결국 B 〉 D이므로 ①이 옳음

정답 ①

적 중 예 상 문 제

124 민준과 수아는 학교 급식실에서 일을 하고 있다. 민준은 조리만 하고, 수아는 민준이 조리한 음식을 배식만 한다. 아래와 같은 시간이 소요되는 메뉴 (가), (나), (다)가 동시에 준비 요청되었다. 세 가지 메뉴를 조리하고 배식하는 데 총 시간을 최소로 소요할 때, 순서로 옳은 것은?

메뉴	(가)	(나)	(다)
조리하는 일	6분	5분	4분
배식하는 일	2분	1분	7분

① (가) – (나) – (다) ② (가) – (다) – (나)
③ (나) – (가) – (다) ④ (다) – (가) – (나)

해설

작업 분담 · 순서 최적화
- 민준은 조리만, 수아는 배식만 담당함
- 배식은 조리가 끝난 뒤에만 가능하므로 대기시간 최소화가 핵심임
- 배식 시간이 가장 긴 메뉴를 먼저 조리해 대기 누적을 줄여야 함
- 각 순서의 총 소요 시간을 비교하면 (다) – (가) – (나)가 최소임

정답 ④

125 A, B, C, D, E, F, G는 병원 접수처에서 대기순번표를 각각 1장씩 받았다. 아래 조건을 근거로 일곱 사람 중 대기순번이 결코 세 번째가 될 수 없는 사람만 모은 것은?

- B와 C의 순번은 A의 순번보다 빠르지 않다.
- B의 순번은 E의 순번보다 앞선다.
- F의 순번은 C의 순번보다 뒤에 있다.
- F와 D의 순번은 순서대로 각각 E와 G의 순번 뒤에 온다.

① B, D ② C, D
③ D, F ④ C, F

해설

순서 배열 추리
- B와 C는 A보다 앞설 수 없으므로 A가 앞선 위치 후보가 됨
- B는 E보다 앞서고 F는 C보다 뒤에 위치해야 함
- F와 D는 각각 E와 G의 뒤에 위치해야 함
- 조건을 모두 만족하는 배열에서 세 번째 위치는 A, B, C만 가능함
- 따라서 D와 F는 결코 세 번째가 될 수 없음

정답 ③

126 오늘 지훈, 수연, 민재, 도윤 총 4명이 발표 순서를 정해야 한다. 다음과 같은 조건이 주어졌을 때, 가장 먼저 발표하게 되는 사람은 누구인지 고르면?

> • 지훈은 수연보다 먼저 발표한다.
> • 민재는 도윤보다 먼저 발표한다.
> • 도윤은 지훈보다 먼저 발표한다.

① 지훈　　　　　　　　　② 수연
③ 민재　　　　　　　　　④ 도윤

해설 **순서 배열 추리**
• 도윤은 지훈보다 먼저 발표해야 함
• 지훈은 수연보다 먼저 발표해야 함
• 민재는 도윤보다 먼저 발표해야 함
• 조건을 모두 연결하면 민재 — 도윤 — 지훈 — 수연 순서가 됨
• 따라서 가장 먼저 발표하는 사람은 민재임

정답 ③

127 원형 테이블에 가, 나, 다, 라, 마, 바 6명이 둘러앉아 있다. 가는 바의 맞은편에 위치하며, 나의 양옆에는 가와 다가 앉아 있다. 다음 중 옳은 것은?

① 나와 다는 서로 마주 앉아 있다
② 마는 라 옆에 앉아 있다
③ 다는 라와 마주 앉아 있다
④ 다는 마 옆에 앉아 있다

해설 **원형 자리 배치 추리**
• 가와 바는 서로 맞은편에 위치해야 함
• 나의 양옆에 가와 다가 위치하므로 나–가–다의 인접 관계가 고정됨
• 조건을 만족하도록 배치하면 남는 두 자리는 라와 마임
• 원형 테이블에서 남은 두 자리는 서로 이웃하게 배치됨
• 따라서 마는 라 옆에 앉게 됨

정답 ②

128 학교 시설 점검을 위해 위험 작업이 예정된 날, 담당자가 다음과 같이 행동하는 학교가 있다. 그 이유를 순서대로 바르게 나열한 것은?

─── 〈행동〉 ───

• 불필요한 청소 작업을 하지 않는다.
• 작별 인사를 하지 않는다.
• 현장 주변에서 손짓으로 지시하지 않는다.
• 비상 조명을 끄지 않는다.

─── 〈이유〉 ───

A. 장비가 흔들려 작업자가 다칠 수 있다.
B. 작업자가 안전하게 복귀하지 못할 수 있다.
C. 작업 중 추락 사고가 발생할 수 있다.
D. 비상 상황에서 시야 확보가 어려워질 수 있다.

① A-B-C-D
② D-C-A-B
③ C-B-A-D
④ B-A-D-C

해설

상황(조건) 추리
• '비상 조명을 끄지 않는다'는 비상 상황에서 시야 확보가 어려워질 수 있다(D)와 직접 연결됨
• '현장 주변에서 손짓으로 지시하지 않는다'는 장비가 흔들려 작업자가 다칠 수 있다(A)와 대응됨
• '불필요한 청소 작업을 하지 않는다'는 작업 중 추락 사고가 발생할 수 있다(C)와 의미상 가장 적절함
• 이러한 위험이 누적되어 작업자가 안전하게 복귀하지 못할 수 있다(B)로 귀결됨 → 행동과 이유의 올바른 연결 순서는 C → B → A → D임

정답 ③

129 6명이 원형테이블에 앉아있다. A의 왼쪽으로 한사람 걸러 B가 앉아있고, C의 맞은편에 F가 앉아있다. 또한, D의 왼쪽으로 한사람 걸러 E가 앉아있다. A의 맞은편에 앉아 있는 사람은 누구인가?

① C
② D
③ E
④ F

해설

원형 자리 배치 추론
• A를 기준으로 원형 테이블에 자리를 고정하고 왼쪽 방향을 기준으로 관계를 배치함
• A의 왼쪽으로 한 사람을 걸러 B가 앉으므로 A와 B 사이에는 한 사람이 있음
• C와 F는 서로 정확히 마주보는 위치에 앉아야 하므로 가능한 위치 쌍을 제한함
• D의 왼쪽으로 한 사람을 걸러 E가 앉는 조건을 적용하면 D와 E의 위치가 확정됨
• 모든 조건을 동시에 만족하는 배치에서 A의 맞은편 자리는 D임

정답 ②

130 다음 〈보기〉의 사실에 비추어 결론이 올바른 것은?

〈보기〉

ㄱ. 근호는 맨 앞줄에 앉았다.

ㄴ. 대호 바로 뒷줄에 현수가 앉았다.

ㄷ. 현수는 동주 바로 앞줄에 앉았다.

ㄹ. 동주는 네 번째 줄에 앉았다.

---

① 동주가 가장 뒷줄에 앉았다

② 대호가 세 번째 줄에 앉았다

③ 현수가 두 번째 줄에 앉았다

④ 근호가 대호보다 뒷줄에 앉았다

해설

자리 배치 추리
- 맨 앞줄부터 근호, 대호, 현수, 동주 순으로 배치됨
- 동주는 네 번째 줄이므로 가장 뒷줄에 해당함
- 대호는 두 번째 줄이므로 세 번째 줄이 아님
- 현수는 세 번째 줄이므로 두 번째 줄이 아님
- 근호는 대호보다 앞줄에 앉아 있음

정답 ①

131 다음은 수사관이 용의자 P, Q, R, S, T를 조사한 뒤 정리한 보고 내용이다. 이 내용을 근거로 검찰이 유죄로 판단할 수 있는 사람은 누구인지 고르면?

- 유죄 판정은 반드시 두 명이다.
- Q와 R은 함께 유죄이거나 함께 무죄이다.
- P가 무죄라면 Q와 T도 무죄이다.
- S가 유죄라면 T도 유죄이다.
- S가 무죄라면 R도 무죄이다.

---

① P, T

② P, S

③ Q, R

④ R, S

해설

조건 논리 추론
- 유죄가 반드시 두 명이므로 P를 무죄로 둘 경우 조건을 만족할 수 없음
- 따라서 P는 유죄로 확정됨
- S가 유죄이면 T도 유죄가 되어 유죄가 세 명이 되므로 모순 발생함
- 그러므로 S는 무죄이며 이에 따라 R도 무죄임
- Q와 R은 함께 유죄이거나 무죄이므로 Q도 무죄가 되어 유죄는 P와 T만 성립함

정답 ①

132 학교 정문 앞에는 A, B, C 교실이 나란히 붙어 있다. 이 교실들은 각각 수학, 영어, 과학 수업을 주로 진행하는 교실인데, 등교 시간에 관찰한 결과 다음과 같은 사실을 알 수 있었다. 다음 〈보기〉를 근거로 옳은 것은?

〈보기〉

- 과학 수업을 듣는 학생들은 항상 맨 오른쪽 교실로 들어간다.
- 'B' 교실은 'A' 교실의 왼쪽에 붙어 있다.
- 'C' 교실에서는 영어 수업을 진행한다.

---

① 'A' 교실은 가운데에 있다

② 'A' 교실에 가면 수학 수업을 듣는다

③ 'B' 교실에 가면 과학 수업을 듣는다

④ 영어 수업을 들으려면 가장 왼쪽 교실로 가야 한다

해설

위치 · 대상 대응 추리
- 과학 수업은 항상 오른쪽 끝 교실로 고정됨
- 'B'는 'A'의 왼쪽에 있으므로 'A'는 가장 왼쪽이 될 수 없음
- 'C'는 영어 수업 교실로 확정됨
- 조건을 모두 만족하는 배치는 C(영어) — B(수학) — A(과학)임
- 따라서 영어 수업을 들으려면 가장 왼쪽 교실로 가야 함

정답 ④

133 다음 〈보기〉를 기초로 하여 판단할 때, 다음 중 옳은 것은?

〈보기〉

- 회사에는 팀이 두 개 있다.
- A팀 직원 전원은 매일 아침 회의를 한다.
- B팀 직원 중에도 매일 아침 회의를 하는 직원이 있다.

---

① 회사 직원 중에서 매일 아침 회의를 하지 않는 직원은 B팀 직원이 아니다.

② 회사 직원 중에서 매일 아침 회의를 하지 않는 직원은 A팀 직원일 수도 있다.

③ 회사 직원 중에서 매일 아침 회의를 하는 직원은 A팀과 B팀 어느 쪽에도 속하지 않을 수도 있다.

④ 매일 아침 회의를 하는 직원 중에서 B팀 직원을 제외하면 모두 A팀 직원들이다.

해설 　**포함 관계 추리**
- 회사는 A팀과 B팀 두 팀으로만 구성됨
- A팀 직원은 전원이 매일 아침 회의를 함
- B팀에도 매일 아침 회의를 하는 직원이 일부 존재함
- 따라서 매일 아침 회의를 하는 직원 집합에서 B팀 직원을 제외하면 A팀 직원만 남음
- ④만 주어진 조건과 논리적으로 일치함

정답 ④

134 민수, 지훈, 태민, 준서 4명의 학생이 있다. 체력 테스트 기록을 비교하였더니 다음과 같은 사실을 알 수 있었다. 가장 기록이 좋은 사람은 누구인가?

> (가) 민수는 태민보다 기록이 낮다.
> (나) 지훈은 준서보다 기록이 높다.
> (다) 태민은 지훈보다 기록이 높다.

① 민수　　　　　　　　　② 지훈
③ 태민　　　　　　　　　④ 준서

해설 　**부등식 추론**
- (가)에서 태민 > 민수임
- (다)에서 태민 > 지훈임
- (나)에서 지훈 > 준서임
- 따라서 태민 > 지훈 > 준서이고, 태민 > 민수임
- 가장 기록이 좋은 사람은 태민임

정답 ③

유형 08

규칙 비교 · 판단

✔ 규칙 비교 · 판단 핵심 정리

① 문자 배열 규칙 분석

  ㉠ 알파벳 간격 규칙

    • 각 문자의 순서를 숫자로 변환함

    • 앞뒤 문자 간의 차이를 구함

    • 일정한 간격인지 확인함

  ㉡ 교대 규칙

    • 증가 · 감소가 번갈아 나타나는지 확인함

    • 홀수 위치와 짝수 위치를 분리함

    • 두 개의 규칙이 교차하는지 분석함

  ㉢ 순환 규칙

    • 일정 주기로 반복되는지 확인함

    • ABAB 형태인지 확인함

    • 위치 번호와의 관계를 분석함

② 숫자 연산 규칙 분석

  ㉠ 일정 연산 적용형

    • 각 항에 같은 연산을 적용했는지 확인함

    • +, −, ×, ÷ 중 어떤 연산인지 파악함

    • 동일한 구조인지 비교함

  ㉡ 복합 연산형

    • 곱한 뒤 더하거나 빼는 구조인지 확인함

    • 두 단계 연산이 반복되는지 분석함

    • 이전 항과의 관계를 중심으로 판단함

  ㉢ 기호 연산 문제

    • 2 ○ 5 = 7 형태는 새로운 연산 정의 문제임

    • 여러 예를 통해 연산 규칙을 유추함

    • 규칙을 다른 식에 적용하여 검증함

③ 관계 유추형 문제

　㉠ 유사 관계 찾기
- A : B = C : ? 형태임
- 두 대상 간의 관계를 먼저 정의함
- 동일한 관계를 적용함

　㉡ 포함 관계
- 부분과 전체 관계인지 확인함
- 속성과 대상 관계인지 분석함
- 기능 관계인지 구분함

　㉢ 원인 · 결과 관계
- 앞의 것이 원인인지 확인함
- 뒤의 것이 결과인지 판단함
- 시간 순서 관계인지 검토함

④ 다른 것 찾기 유형

　㉠ 공통 규칙 먼저 찾기
- 다수 선택지의 공통점을 분석함
- 하나만 다른 구조를 찾음

　㉡ 기준 설정 후 비교
- 규칙을 먼저 정의함
- 각 선택지를 동일 기준으로 검토함
- 예외 항목을 선택함

　㉢ 함정 유형
- 표면적 유사성에 속지 않음
- 마이스터고 규칙이 동일한지 수치로 확인함
- 두 단계 이상 비교함

예 시 문 항

135 **다음 중 규칙이 다른 하나를 고르시오.** 대구반도체 마이스터고 예시 문항

① C – F – D – H   ② 4 – 8 – 6 – 12

③ 5 – 10 – 8 – 16   ④ 다 – 바 – 라 – 아

⑤ 二 – 四 – 三 – 六

해설 **규칙 비교 판단**
- ①, ②, ③, ④는 앞의 항에 차례로 ×2, −2, ×2의 규칙이 적용됨
- 즉 배수와 감소가 반복되는 동일한 구조임
- ⑤는 ×2, −1, ×2의 규칙으로 감소 값이 다름

정답 ⑤

136 **다음 중 규칙이 다른 하나를 고르시오.** 한국원자력마이스터고/한국반도체마이스터고

① ABCD   ② 가나다라   ③ 1234

④ 一二三四   ⑤ 갑병무경

해설 **배열 규칙 비교**
- ①은 알파벳 순서 배열임
- ②와 ④는 한글 자모 순서 배열임
- ③은 숫자의 순차적 증가 배열임
- ⑤는 일정한 순서 규칙이 없으므로 ⑤임

정답 ⑤

137 **다음 중 성격이 다른 단어 쌍을 고르시오.** 대구일마이스터고등학교

① 자동차 : 트럭   ② 팔 : 팔꿈치

③ 나무 : 느티나무   ④ 꽃 : 개나리

해설 **관계 유형 판단**
- ①, ③, ④는 상위 개념과 하위 개념의 관계임
- 트럭은 자동차의 한 종류임
- 느티나무는 나무의 한 종류, 개나리는 꽃의 한 종류임
- ②는 팔 안에 팔꿈치가 포함되는 부분·전체 관계임
- 따라서 관계 성격이 다른 것은 ②임

정답 ②

138 다음 중 제시된 단어의 관계가 다른 것은? 금오공고

① 과일/사과
② 사다리꼴/정사각형
③ 키보드/마우스
④ 빨강/초록

> **해설** **단어 관계 유형 판단**
> - ①은 상위 개념과 하위 개념의 포함 관계임
> - ②는 같은 범주에 속한 도형의 병렬 관계임
> - ③은 컴퓨터 주변기기의 병렬 관계임
> - ④는 색깔 범주의 병렬 관계임
>
> **정답** ①

평택마이스터고/동아마이스터고

139 다음에 주어진 수의 연산 규칙을 보고 괄호 안에 들어갈 숫자를 고르시오.

〈보기〉	
• 2 ○ 5 = 7	• 3 ○ 2 = 5
• 6 ○ 5 = 11	• 9 ○ 1 = ( )

① 7
② 8
③ 9
④ 10

> **해설** **연산 규칙 파악**
> - 제시된 식을 보면 두 수를 더한 값이 결과로 나타남
> - 2+5=7, 3+2=5, 6+5=11의 관계가 성립함
> - 같은 규칙을 적용하면 9+1=10임
>
> **정답** ④

140 다음 단어들의 관계가 다른 하나를 고르면?

① 건강 : 운동
② 질병 : 과로
③ 처벌 : 범죄
④ 환자 : 의사

> **해설** **단어 관계 판단**
> - ① 운동이 건강에 영향을 미치는 원인-결과 관계임
> - ② 과로로 인해 질병이 발생하는 원인-결과 관계임
> - ③ 범죄의 결과로 처벌이 이루어지는 원인-결과 관계임
> - ④ 환자와 의사의 대상-직업 관계로 인과관계가 아님
>
> **정답** ④

M·E·M·O

141 다음 (　　)에 들어갈 알맞은 단어는?

> 보수적 : 진보적 = 구체적 : (　　)

① 일반적   ② 사변적

③ 추상적   ④ 퇴영적

해설 **단어 관계 판단**
- '보수적'과 '진보적'은 서로 반대 의미의 대립 관계임
- '구체적'과 반대되는 개념은 추상적임
- ① 일반적은 구체적의 직접적인 반의어가 아님
- ② 사변적은 사고 방식의 성격을 나타내는 말로 대응 관계가 아님
- ④ 퇴영적은 진행 방향과 관련된 말로 의미 영역이 다름

정답 ③

142 다음 중 관계가 나머지 셋과 다른 것은?

① 누룩 : 막걸리   ② 메주 : 된장

③ 식해 : 식초   ④ 유산균 : 요구르트

해설 **단어 관계 판단**
- ① 누룩이 막걸리를 만드는 발효 원료–음식 관계임
- ② 메주가 된장을 만드는 발효 원료–음식 관계임
- ④ 유산균이 요구르트의 주요 발효 성분–음식 관계임
- ③ 식해와 식초가 원료–결과 관계가 아니며, 식해의 원료는 생선임

정답 ③

143 내일 ●, ◎, ◆, □는 고등학교 입학전형 실기 시험을 치른다. 다음과 같은 조건이 주어질 때, 가장 마지막에 시험을 치르는 사람을 고르면?

〈조건〉

- ●는 ◎보다 먼저 한다.
- ◆는 □보다 먼저 한다.
- □는 ●보다 먼저 한다.

① ●   ② ◎

③ ◆   ④ □

해설 **기호 추리**
- 조건에 따라 ◆는 □보다 먼저임
- □는 ●보다 먼저임
- ●는 ◎보다 먼저임
- 이를 순서대로 배열하면 ◆ → □ → ● → ◎가 됨
- 따라서 가장 마지막에 시험을 치르는 사람은 ◎임

정답 ②

144 다음과 같이 말 잇기 게임을 하고 있다. (A)에서 계속 게임이 이어지게 되는 경우는?

> 할아버지 → 할머니 → 엄마 → 형 → 언니 → 아버지 → 외할머니 → 외삼촌
> → (A)

① 동생　　　　　　　　　　② 고모부
③ 나　　　　　　　　　　　④ 외숙모

해설　**기호 추리**
- 제시된 단어들은 의미적 인과관계가 아니라 어휘의 글자 수 규칙을 따름
- 각 단어의 글자 수를 나열하면 4 → 3 → 2 → 1 → 2 → 3 → 4 → 3 의 순서임
- 따라서 다음에 이어질 단어는 글자 수가 2인 단어여야 하는데 선택지 중 글자 수가 2인 것은 동생뿐임

정답 ①

145 나열된 문자 사이의 공통된 규칙을 찾아 '?'에 알맞은 답을 고르면?

> C F E H G (?)

① J　　　　　　　　　　　② K
③ M　　　　　　　　　　　④ Q

해설　**문자 규칙 분석**
- 알파벳 순서를 숫자로 바꾸면 C=3, F=6, E=5, H=8, G=7임
- 증가와 감소가 반복됨 → +3, −1, +3, −1, +3
- 7 + 3 = 10임　　　　∴ 10번째 알파벳은 J임

정답 ①

유형 09

도식 · 상황 추리

✔ 도식 · 상황 추리 핵심 정리

① 연상 관계 분석
  ㉠ 공통 범주 확인
    • 제시된 단어들의 공통 범주를 찾음
    • 같은 장소 · 같은 기능 · 같은 분야인지 판단함
    • 부분 관계인지 전체 관계인지 구분함
  ㉡ 기능 중심 분석
    • 사물의 용도를 기준으로 연결함
    • 사용 목적이 같은지 비교함
    • 결과가 동일한 활동인지 판단함

② 포함 · 집합 관계
  ㉠ 상위 · 하위 개념 구분
    • A가 B에 포함되는지 확인함
    • 전체와 부분 관계인지 판단함
    • 동급 개념인지 구분함
  ㉡ 교집합 · 공통 속성
    • 여러 대상의 공통 특징을 찾음
    • 하나만 다른 속성을 가진 항목을 찾음
    • 범주 밖 요소를 제거함

③ 원인 · 결과 관계
  ㉠ 시간 순서 확인
    • 먼저 일어나는 사건을 원인으로 봄
    • 나중에 발생하는 현상을 결과로 봄
    • 시간 흐름을 정리함
  ㉡ 논리적 인과성 판단
    • 실제로 인과 관계가 성립하는지 검토함
    • 단순 연상 관계와 구분함

- 조건이 충족되어야 결과가 나타나는지 확인함

④ 도식 해석 문제

  ㉠ 화살표 관계 분석

- 방향이 의미하는 관계를 파악함
- 일방향인지 상호 관계인지 구분함
- 연결선의 의미를 확인함

  ㉡ 단계 구조 분석

- 단계별 흐름인지 확인함
- 순환 구조인지 직선 구조인지 구분함
- 중간 단계 생략 여부를 검토함

⑤ 논리 명제 판단

  ㉠ 조건문 해석

- "만약 A이면 B이다"는 A → B 구조임
- 역은 항상 참이 아님
- 필요조건 · 충분조건을 구분함

  ㉡ 참 · 거짓 판별

- 조건을 가정하여 대입함
- 반례가 존재하면 거짓임
- 모든 경우에서 성립하는지 확인함

146 〈보기〉에서 제시된 도형과 단어의 관계를 이용해서 주어진 도형을 문장으로 바꿀 경우, 가장 적합한 답을 선택하시오.

평택마이스터고/동아마이스터고

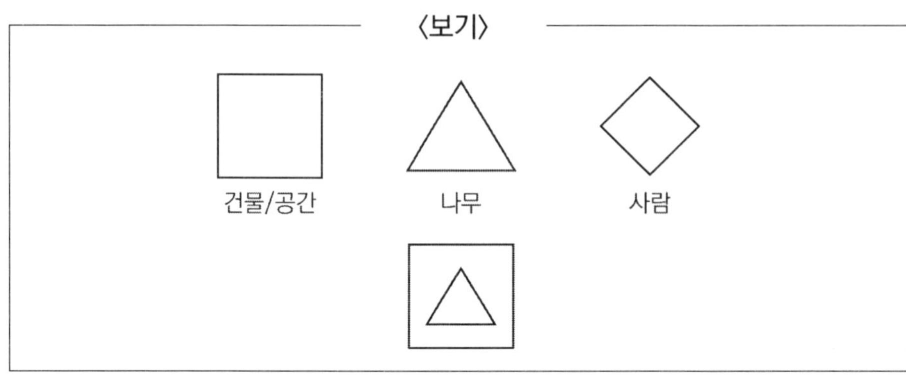

① 철수 혼자서 운동장에서 놀고 있다.

② 학교 앞에서 순희가 친구들을 혼자서 기다리고 있다.

③ 영희는 철수, 미리와 함께 교실에서 숙제를 하고 있다.

④ 동물원 안에는 큰 나무 한 그루가 있다.

해설 **도형 관계 해석**
- □는 공간을 의미하고 △는 나무를 의미함
- 주어진 도형은 공간 안에 나무가 있는 상태임
- 사람을 나타내는 ◇는 포함되지 않음
- 공간 안에 나무가 있다는 내용은 ④와 일치함

정답 ④

147 다음에 제시된 단어를 통해서 연상할 수 있는 것은?

한국반도체마이스터고

냉장고, 설거지, 식탁

① 부엌　　　　　② 과일　　　　　③ 어부

④ 아파트　　　　⑤ 핵가족

해설 **연상 관계 판단**
- 냉장고는 음식 보관을 위한 주방 기구임
- 설거지는 주방에서 이루어지는 활동임
- 식탁은 식사와 관련된 가구임
- 세 단어 모두 부엌과 직접적으로 관련된 개념임

정답 ①

148 제시된 몇 개의 명제를 읽고 결론의 참·거짓·알 수 없음의 여부를 판단한 후 답안에 기입된 내용으로 옳은 것을 고르면?

서울도시과학기술고

명제) • 믿음학교에는 모두 여자 선생님이 계신다.
 • 세리는 정직학교에 다니며, 수학을 좋아한다.
 • 지현이네 외삼촌은 정직학교 체육선생님이다.

번호	판단 문장	㉠ 참	㉡ 거짓	㉢ 알 수 없음
1	세리는 반에서 수학을 제일 잘한다.			
2	세리가 다니는 학교에는 모두 여자 선생님이 계신다.			

① 1번 ㉢, 2번 ㉡ ② 1번 ㉡, 2번 ㉡
③ 1번 ㉠, 2번 ㉡ ④ 1번 ㉢, 2번 ㉠

해설 **명제 간 관계 분석**
• 세리가 수학을 좋아한다는 정보만으로 성적 1등 여부는 판단 불가함
• 정직학교 교사가 모두 여자라는 정보는 제시되지 않음
• 오히려 정직학교에는 체육선생님으로 외삼촌이 근무함
• 따라서 1번은 알 수 없음, 2번은 거짓임

정답 ①

149 다음 그림과 같은 규칙으로 그림이 이루어질 때, 11번째에 해당하는 점의 개수는 몇 개인가?

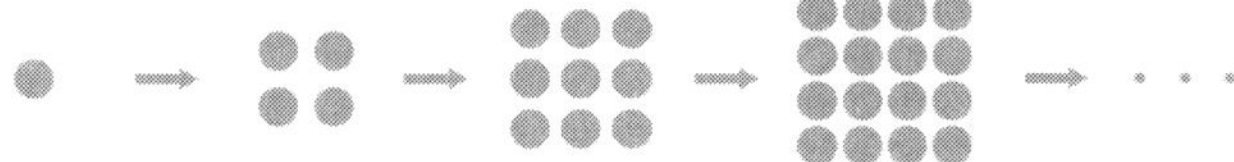

① 81 ② 100
③ 121 ④ 144

해설 **수열 규칙**
• 각 단계의 점 개수는 정사각형 배열을 이룸
• 1번째는 1^2, 2번째는 2^2, 3번째는 3^2의 형태임
• 따라서 n번째 점의 개수는 n^2의 규칙을 따름
• 11번째 점의 개수는 $11^2 = 121$임

정답 ③

150 다음 그림의 규칙을 고려할 때, 10번째에 오는 블록의 개수는?

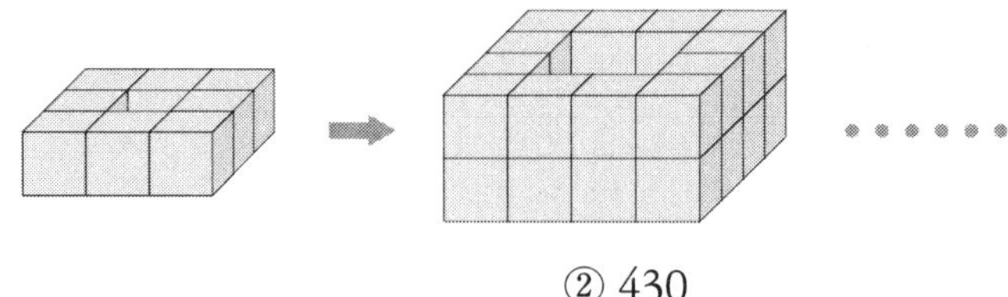

① 420 ② 430

③ 440 ④ 450

해설 **수열 · 입체 규칙**
- 제시된 블록은 단계가 증가할수록 가로와 세로가 각각 1씩 증가함
- n번째 블록의 가로·세로는 각각 (n + 2)임
- 윗부분에서 제거되는 블록은 n^3의 규칙을 가짐
- 따라서 n번째 블록의 전체 개수는 $(n + 2)^2 \times n - n^3$ 로 표현됨
- n = 10을 대입하면 $(12)^2 \times 10 - 10^3 = 1440 - 1000 = 440$임

정답 ③

151 다음 그림과 같은 규칙으로 정삼각형 모양의 타일을 붙여 나간다. 정삼각형의 형태를 유지하며 계속 확장할 때, 6번째 정삼각형에 필요한 타일의 개수는 몇 개인가?

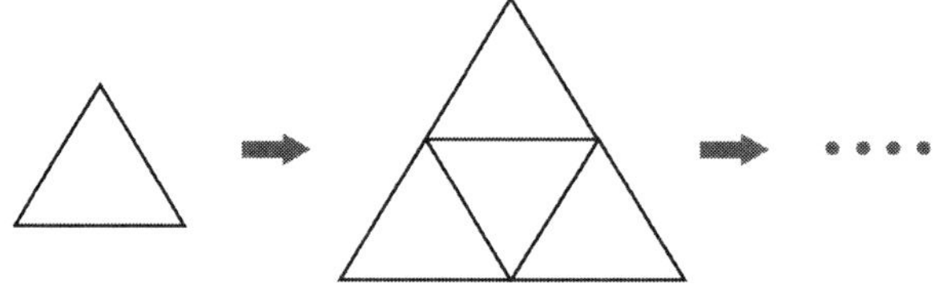

① 128장 ② 256장

③ 512장 ④ 1024장

해설 **도형 수열 규칙**
- 1번째 정삼각형에 사용되는 타일 수는 1장임
- 단계가 하나 증가할 때마다 타일의 개수는 이전 단계의 4배가 됨
- 따라서 타일의 개수는 등비수열을 이룸
- 일반항은 $a_n = 4^{n-1}$임
- 6번째 정삼각형의 타일 수는 $4^5 = 1024$임

정답 ④

152 아래 그림과 같이 성냥개비를 이용하여 일렬로 12개의 정사각형을 만들려고 한다. 이때 필요한 성냥개비의 개수는 몇 개인가?

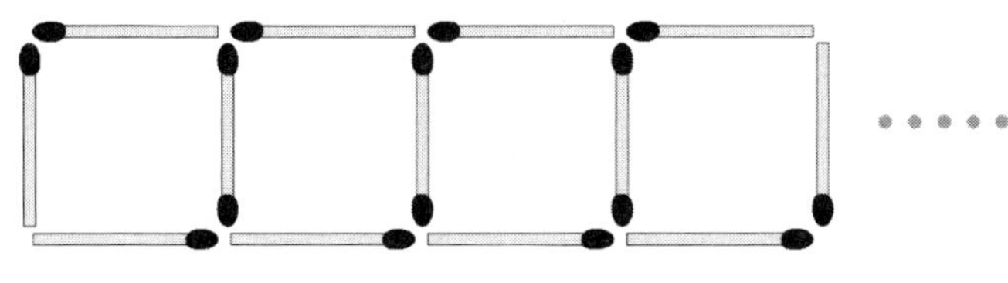

① 36개
② 37개
③ 38개
④ 39개

해설

도형 구성 규칙

- 정사각형 1개를 만드는 데 필요한 성냥개비는 4개임
- 정사각형을 일렬로 이어 붙이면 이웃한 정사각형은 한 변을 공유함
- 따라서 두 번째 정사각형부터는 성냥개비 3개씩만 추가됨
- 필요한 성냥개비 수는 1개일 때 4개, 이후 3개씩 증가 구조임
- 12개의 정사각형에 필요한 성냥개비 수는 4 + 3 × 11 = 37개임

정답 ②

153 아래 그림과 같이 성냥개비로 오른쪽 또는 왼쪽 한쪽 방향으로 정사각형을 만들어 갈 때, 정사각형 50개를 만드는 데 필요한 성냥개비의 개수는 모두 몇 개인지 구하면?

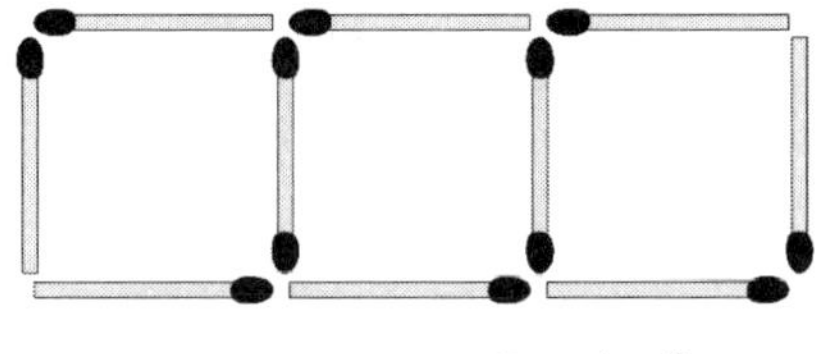

① 148개
② 149개
③ 150개
④ 151개

해설

도형 구성 규칙

- 정사각형 1개를 만드는 데 필요한 성냥개비의 개수는 4개임
- 정사각형을 한쪽 방향으로 이어서 만들면, 새 정사각형을 추가할 때마다 성냥개비 3개씩 증가함
- 따라서 사용한 성냥개비의 개수는 등차수열을 이룸
- n번째 정사각형까지 만드는 데 필요한 성냥개비의 개수는 $a_n = 1 + 3n$ 의 일반항으로 나타낼 수 있음
- 정사각형이 50개일 때 필요한 성냥개비의 개수는 1 + 3 × 50 = 151임

정답 ④

154 다음 중 참 또는 거짓 여부를 판단할 수 없는 문장은?

① 한국 사람은 누구나 축구를 좋아한다.

② 모든 부부는 아들을 키우거나 딸을 키운다.

③ 어떤 참외는 익어도 노란색을 띠지 않는다.

④ 김홍도의 그림은 고흐의 그림보다 더 예술적이다.

> **해설** **명제 판단**
> - ①은 사실 여부에 따라 참 또는 거짓으로 판단 가능한 문장임
> - ②는 실제 사례에 따라 참 또는 거짓으로 판단 가능한 문장임
> - ③은 관찰을 통해 참 또는 거짓으로 판단 가능한 문장임
> - ④는 예술적 가치에 대한 개인의 평가로 참·거짓을 객관적으로 판단할 수 없음
> → 참 또는 거짓 여부를 판단할 수 없는 문장은 ④임
>
> **정답** ④

155 다음 예문이 참일 때 참인 문장은?

> 〈예문〉
> 자동차가 쉬어야 서울이 숨을 쉽니다.

① 서울이 숨을 쉬어야 자동차가 쉰다.

② 서울이 숨을 쉬면 자동차가 쉬지 않는다.

③ 서울이 숨을 쉬지 않으면 자동차가 쉬지 않는다.

④ 자동차가 쉬지 않으면 서울이 숨을 쉬지 않는다.

> **해설** **명제 판단**
> - ①은 조건에 따라 참 또는 거짓으로 판단 가능한 문장임
> - ②는 논리 전개에 따라 참 또는 거짓으로 판단 가능한 문장임
> - ③은 가정된 상황에서 참 또는 거짓으로 판단 가능한 문장임
> - ④는 주어진 명제가 참일 때 항상 성립한다고 단정할 수 없는 추론 문장임
>
> **정답** ④

156 다음이 모두 참일 때 옳지 <u>않은</u> 것은?

> • 탁구를 좋아하는 사람은 예술을 좋아한다.
> • 테니스를 좋아하는 사람은 예술을 좋아한다.
> • 예술을 좋아하는 사람은 마음이 섬세하다.

① 탁구를 좋아하는 사람은 마음이 섬세하다.

② 테니스를 좋아하는 사람은 마음이 섬세하다.

③ 마음이 섬세한 사람은 탁구와 테니스 중 적어도 하나는 좋아한다.

④ 예술을 좋아하지 않는 사람은 탁구도 테니스도 좋아하지 않는다.

해설 **명제 판단**
• ①은 '탁구 → 예술 → 마음이 섬세함'의 논리 연결에 따라 참임
• ②는 '테니스 → 예술 → 마음이 섬세함'의 논리 연결에 따라 참임
• ③은 마음이 섬세하다는 사실만으로 탁구나 테니스를 좋아한다고 단정할 수 없으므로 옳지 않음
• ④는 '탁구 → 예술', '테니스 → 예술'의 대우에 따라 참임

정답 ③

157 다음의 두 명제가 참일 때 성립하는 것은?

> (가) 강아지를 좋아하는 사람은 자연을 좋아한다.
> (나) 나무를 좋아하는 사람은 자연을 좋아한다.

① 나무를 좋아하지 않는 사람은 강아지를 좋아한다.

② 자연을 좋아하는 사람은 강아지도 나무도 좋아한다.

③ 강아지를 좋아하는 사람은 나무를 좋아하지 않는다.

④ 자연을 좋아하지 않는 사람은 강아지도 나무도 좋아하지 않는다.

해설 **논리적 추론**
• "강아지를 좋아하면 자연을 좋아한다", "나무를 좋아하면 자연을 좋아한다"는 명제임
• 각각의 대우는 "자연을 좋아하지 않으면 강아지를 좋아하지 않는다", "자연을 좋아하지 않으면 나무를 좋아하지 않는다"임
• 두 대우를 함께 적용하면 자연을 좋아하지 않는 사람은 강아지도 나무도 좋아하지 않음

정답 ④

유형 10
코드 · 암호 · 기호와 도형열 해석

✔ 코드 · 암호 · 기호와 도형열 해석 핵심 정리

① 알파벳 간격 규칙

　㉠ 문자 순서 숫자화
- A=1, B=2, C=3 … Z=26으로 변환함
- 각 문자의 위치 번호를 확인함
- 차이를 계산하여 간격을 분석함

　㉡ 일정 간격 이동형
- 일정한 수만큼 증가 · 감소하는지 확인함
- +2, −3 형태의 규칙인지 판단함
- 반복 패턴인지 교대 패턴인지 구분함

② 자음 · 모음 배열 규칙

　㉠ 자음순 · 사전순 배열
- 한글 자음 순서를 확인함
- 사전식 배열인지 확인함
- 초성 · 중성 분리 여부 판단함

　㉡ 교차 배열형
- 자음과 모음이 번갈아 나오는지 확인함
- 위치별 다른 규칙이 적용되는지 분석함

③ ASCII 코드 해석

　㉠ 10진수 ASCII
- 숫자를 문자로 변환함
- 표준 ASCII 코드표를 적용함
- 각 숫자를 해당 문자로 바꿈

　㉡ 16진수 ASCII
- 16진수를 10진수로 변환함
- 변환 후 ASCII 문자로 해석함

　㉢ 이진수 ASCII

- 2진수를 10진수로 변환함
- 10진수 값을 문자로 변환함

④ **기호 치환 암호**

  ㉠ **일대일 대응 규칙**
- 하나의 기호는 하나의 문자에 대응함
- 중복 대응이 없는지 확인함
- 표를 만들어 정리함

  ㉡ **패턴 반복 분석**
- 동일 기호가 동일 위치에 반복되는지 확인함
- 단어 길이와 구조를 비교함

⑤ **혼합 변환 규칙**

  ㉠ **단계적 변환**
- 문자 → 숫자 → 연산 → 문자 구조인지 확인함
- 두 단계 이상 변환 여부 판단함
- 순서를 정확히 적용함

  ㉡ **대칭 · 역순 구조**
- 거꾸로 배열되는지 확인함
- 앞뒤가 바뀌는지 분석함
- 좌우 대칭 규칙 여부 확인함

M·E·M·O

예 시 문 항

158 다음에 글자 혹은 숫자로 된 두 쌍이 제시되어 있습니다. 이를 보고 서로 다른 숫자냐 문자냐를 구분하여 설명하십시오. 만약 쌍이 서로 다른 경우 1로 표시하고, 쌍의 쌍이 다른 경우 2로 표시하고, 두 쌍이 모두 다른 경우는 3으로 표시하십시오.

평택마이스터고/동아마이스터고

ABCDEFG, ABCDEFG 12345, 12335 (   )

① 1
② 2
③ 3
④ 4

해설 **쌍 비교 규칙 판단**
- 첫 번째 쌍은 맨 뒤 글자만 비교 대상임
- 두 번째 쌍은 다섯 번째 자리의 숫자가 서로 다름
- 앞의 쌍은 같고 뒤의 쌍만 다름
- 따라서 한 쌍만 다른 경우이므로 ②임

정답 ②

충남반도체마이스터고

159 다음 제시된 단어가 낱말자음순으로 정리되어 있을 때, ( )에 들어갈 수 있는 것은?

표준화 고조리 (   ) 반죽된 내훈곡교

① 보관증 연무꽃 비매기
② 과일원 유리컵 분소유
③ 홍익설 유연수 신호비
④ 종합세 유인선 표면도

해설 **낱말 자음순 배열 판단**
- 제시된 단어는 자음순에 따라 배열된 상태임
- '고조리' 다음에는 초성 ㅈ 계열 단어가 와야 함
- '반죽된' 앞에 올 수 있는 자음순 단어를 확인함
- ④의 '종합세'는 자음순 배열상 적절한 위치에 해당함

정답 ④

160 영화 '마션'에서 화성에 홀로 남은 마크가 16진법 아스키 코드로 지구와 통신하는 장면이 나온다. 지구에서 아래 코드를 전송받았다면 마크가 보낸 단어로 옳은 것은? (단, 'A'는 십진수 아스키코드 65이다.)　　　한국디지털미디어고

4D 4F 56 45

① MOVE　　　② MARS　　　③ MARK
④ HOME　　　⑤ HOPE

해설

16진수 아스키 코드 해석
- 4D는 십진수 77이며 문자 M임
- 4F는 십진수 79이며 문자 O임
- 56은 십진수 86이며 문자 V임
- 45는 십진수 69이며 문자 E임
- 따라서 해석 결과는 MOVE임

정답 ①

161 다음은 아스키코드(ASCII)를 이용하여 문자를 표현한 것이다. 십진법 65가 'A', 97이 'a'일 때 다음 이진수를 문자로 표현한 것은?　　　한국디지털미디어고

01000100, 01101001, 01101110, 01101001

① Dimi　　　② Ejni　　　③ Dini
④ Ejmi　　　⑤ Dini

해설

이진수 ASCII 해석
- 01000100은 십진수 68이며 문자 D임
- 01101001은 십진수 105이며 문자 i임
- 01101110은 십진수 110이며 문자 n임
- 01101001은 십진수 105이며 문자 i임
- 최종 단어는 Dini임

정답 ⑤

162 다음 보기에서 문자 도형 열이 다른 것을 고르면?

① mononiosis　　　　　　② mononiosis
③ mononiasis　　　　　　④ mononiosis

해설　철자 배열 비교
- ①, ②, ④는 모두 "mononiosis"로 동일한 철자 배열임
- ③은 "mononiasis"로 중간 철자가 'i'가 아닌 'a'로 다름
- 따라서 ③만 다른 문자 배열임

정답 ③

163 다음은 영어단어를 잘라 나눈 그림이다. 여기에 없는 알파벳은?

① o　　　　　　② f
③ c　　　　　　④ p

해설　단어 재구성 추론
- 위 그림의 위·아래 조각을 서로 맞춰 붙이면 하나의 영어 단어가 완성됨
- 완성되는 단어는 "Transcriptome"임
- Transcriptome의 철자는 T-r-a-n-s-c-r-i-p-t-o-m-e로 구성됨
- 보기 중 해당 단어에 없는 알파벳은 f

정답 ②

164 다음 주어진 문자 또는 숫자가 간격에 상관없이 차례대로 놓인 것을 찾으면?

3 8 7 1 5

① 3154679138　　　　　　② 7182387535
③ 3248760145　　　　　　④ 1039583725

해설　순서 포함 여부 확인
- 조건은 3 → 8 → 7 → 1 → 5의 순서가 유지되면 됨
- ③은 3 다음에 8, 그 다음 7, 이후 1, 마지막에 5가 차례로 나타남
- 다른 선택지는 제시된 순서가 중간에 끊기거나 순서가 바뀜
- 따라서 조건을 만족하는 것은 ③임

정답 ③

03 공간지각 능력

유형 11

문자 · 기호 비교

◉ 문자 · 기호 비교 핵심 정리

① 배열 동일성 판단

　㉠ 1대1 대응 비교
- 왼쪽부터 한 글자씩 대응하여 비교함
- 같은 위치의 문자가 동일한지 확인함
- 한 글자라도 다르면 다른 배열임

　㉡ 길이 · 구성 확인
- 문자 개수가 동일한지 확인함
- 문자와 기호의 종류를 비교함
- 반복되는 문자의 위치를 분석함

② 위치 이동 분석

　㉠ 순환 이동형
- 맨 앞 문자가 뒤로 이동했는지 확인함
- 일정 칸씩 이동하는 규칙인지 분석함
- 반복 이동 구조인지 판단함

　㉡ 부분 교환형
- 특정 두 위치가 바뀌었는지 확인함
- 일부만 교체된 경우를 구분함
- 나머지 부분은 동일한지 점검함

③ 대칭 · 반전 판단

　㉠ 좌우 반전
- 좌우를 뒤집은 형태인지 확인함
- 위치 번호를 기준으로 비교함

　㉡ 상하 반전

- 위아래 순서가 바뀌었는지 확인함
- 전체 구조가 대칭인지 분석함

④ 방향 · 회전 변화

  ㉠ 90도 회전

- 문자 · 기호 방향이 바뀌었는지 확인함
- 도형 포함 시 회전 여부 판단함

  ㉡ 180도 회전

- 상하 · 좌우가 동시에 뒤집히는지 확인함

⑤ 변형 규칙 분석

  ㉠ 일정 간격 치환

- 알파벳 순서상 일정 간격 이동 여부 확인함
- +1, +2 등 규칙적 변화 분석함

  ㉡ 교대 규칙

- 홀수 위치와 짝수 위치가 다른 규칙인지 확인함
- 두 개의 패턴이 반복되는지 판단함

165 다음의 문자와 기호를 비교하여 같으면 ①번을, 다르면 ②번을 고르시오.   대구반도체 마이스터고

> MZGTNWAYFU – MZGTNWAVFU

① 같음   ② 다름

해설
문자 배열 비교
- 두 문자열의 각 문자를 순서대로 비교함
- 앞부분 MZGTNW까지는 동일함
- 중간 부분에서 Y와 V로 서로 다름
- 따라서 두 문자열은 같지 않으므로 ②임

MZGTNWAYFU – MZGTNWAVFU

정답 ②

166 다음의 문자와 그림을 비교하여 같으면 ①번을, 다르면 ②번을 고르시오.   한국원자력마이스터고

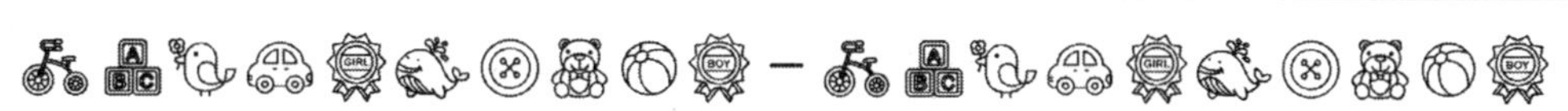

① 같음   ② 다름

해설
그림 배열 비교
- 모두 동일함

정답 ①

167 다음 그림을 시계 방향으로 90° 돌리고, 위로 뒤집은 후 거울에 비추었을 때의 모양은?

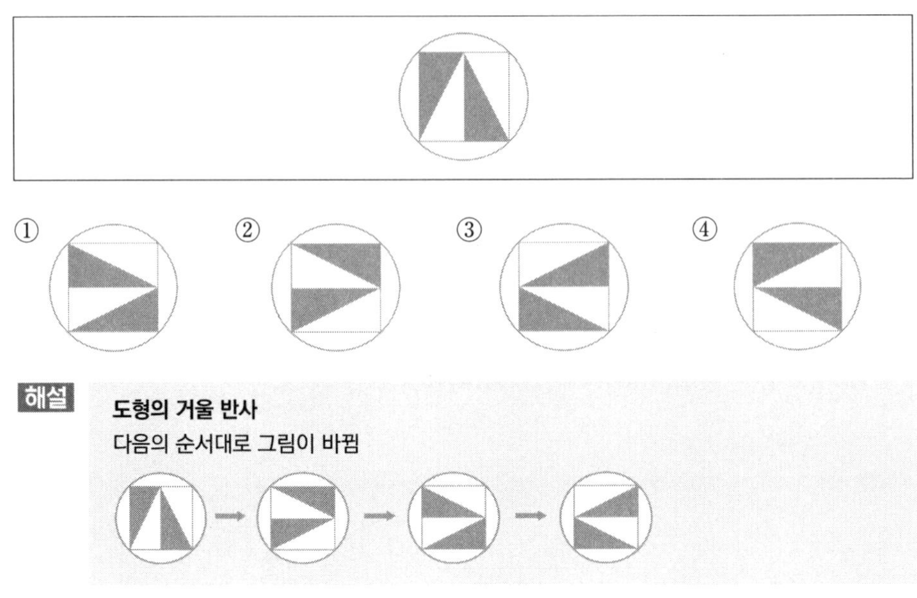

해설

도형의 거울 반사

다음의 순서대로 그림이 바뀜

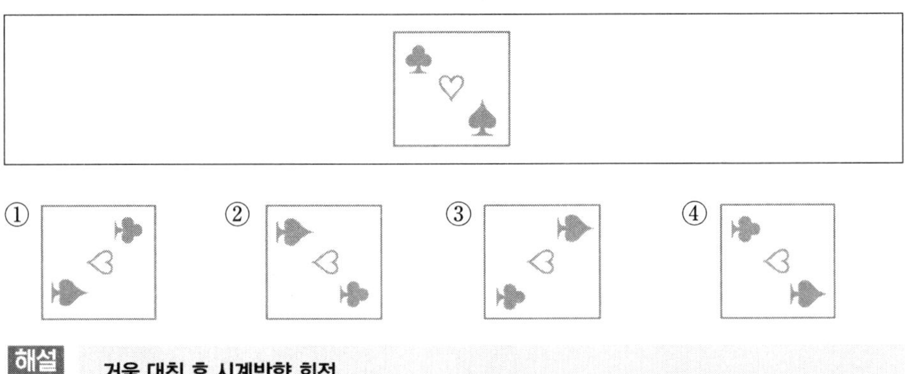

정답 ③

168 다음 그림을 거울에 비추었을 때의 모양을 시계 방향으로 90° 회전한 모습은?

해설

거울 대칭 후 시계방향 회전

- 제시된 도형을 먼저 거울에 비추면 좌우 대칭이 이루어져 각 문양의 위치가 반전됨
- 좌우 대칭된 도형을 시계방향으로 90° 회전하면 문양의 방향과 상대적 위치가 변화함
- 이 과정을 순서대로 적용한 결과가 보기 ②의 배치와 정확히 일치함
- ① · ③ · ④는 대칭 또는 회전 중 하나의 조건만 만족하여 최종 형태가 일치하지 않음

정답 ②

169 다음 그림이 거울에 비친 것을 시계 반대 방향으로 90° 회전시킨 후, 위로 뒤집었을 때의 모양은?

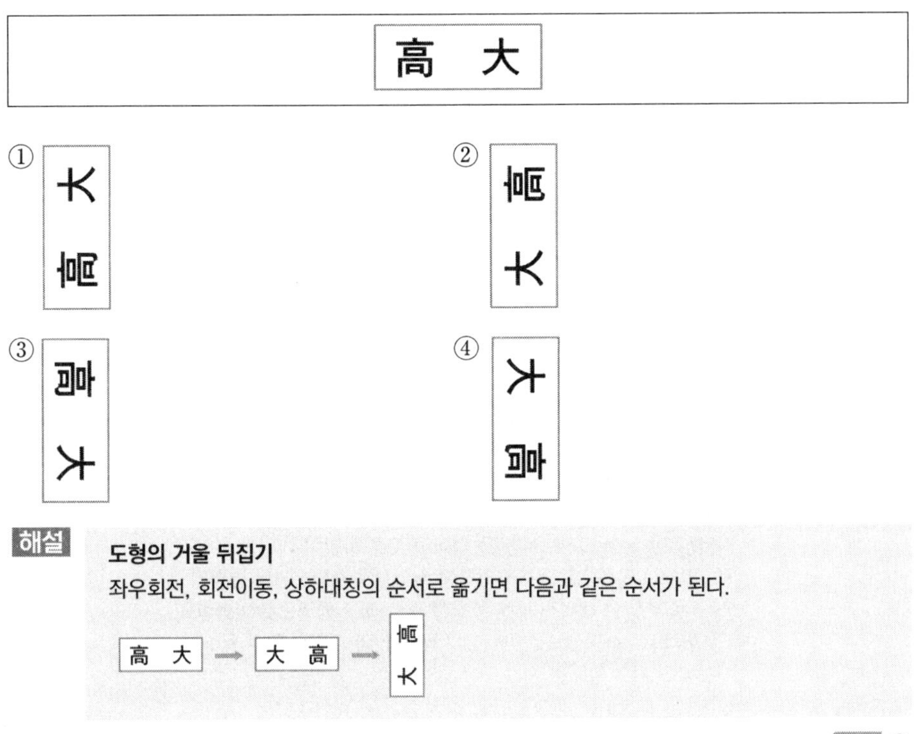

170 다음 글자를 찍어내기 위한 도장의 모양으로 맞는 것은?

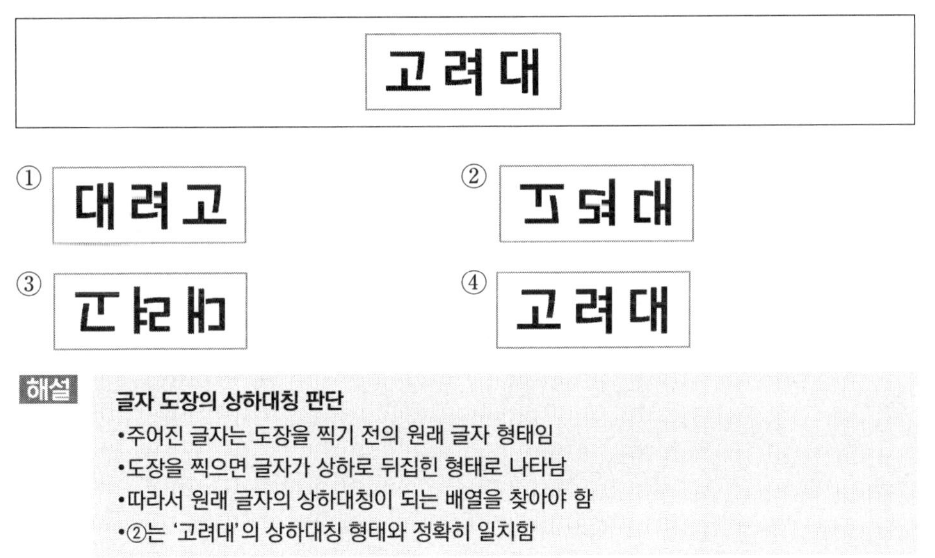

171 다음 도형을 아래로 뒤집고, 시계 방향으로 90° 돌린 후 거울에 비춘 모양은?

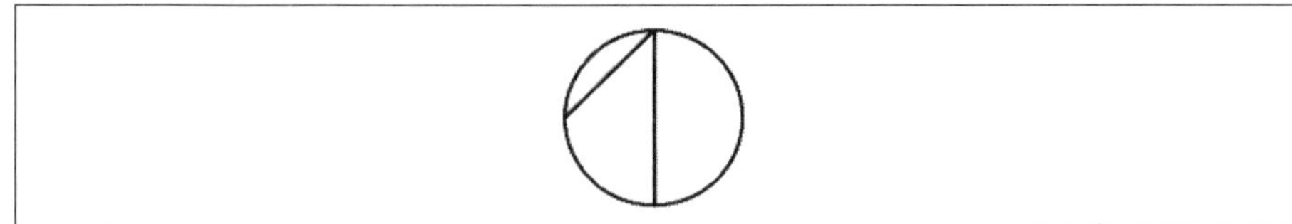

① 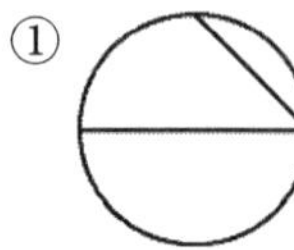

② 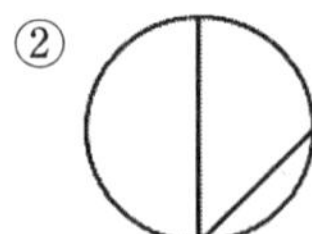

③ 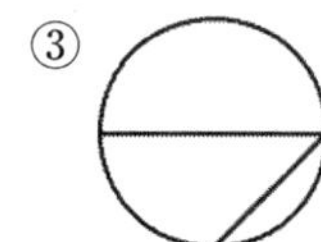

④ 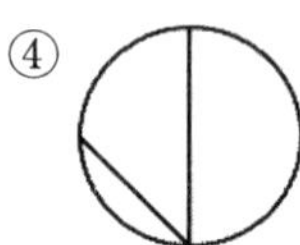

해설 **도형 변환 규칙**

• 원본 도형은 수직선으로 원을 나누고 오른쪽 반이 채워진 형태임

• 이를 시계 방향으로 90° 회전하면 수직선은 수평선으로 변환됨

• 오른쪽에 있던 채워진 부분은 회전 후 아래쪽 영역으로 이동함

• 결과적으로 수평선으로 나뉘고 아래쪽 반이 채워진 원이 됨

정답 ①

유형 12

입체도형(블록 수, 주사위, 블록찾기, 전개도)

● 입체도형 핵심 정리

① 정육면체 구성
  ㉠ 기본 구조 이해
  - 한 층은 가로×세로 개수로 계산함
  - 3×3 구조는 한 층에 9개임
  - 3층이면 3×3×3 = 27개임
  ㉡ 층별 계산 방법
  - 아래층부터 위층까지 나누어 계산함
  - 각 층의 블록 수를 더함
  - 제거된 블록은 빼서 계산함
  ㉢ 부분 제거 구조
  - 한 모서리 블록 제거 시 −1함
  - 한 줄 제거 시 해당 줄 개수만큼 감소함
  - 내부가 비어 있는 경우 내부 개수 제외함

② 정면 · 측면 투영 원리
  ㉠ 정면도 이해
  - 앞에서 보이는 블록만 표시됨
  - 뒤 블록은 가려질 수 있음
  - 가장 앞줄 높이가 중요함
  ㉡ 측면도 이해
  - 옆에서 본 형태임
  - 깊이 방향을 고려함
  - 가장 바깥쪽 블록만 보임
  ㉢ 투영 판단 절차
  - 1단계 : 기준 방향을 정함
  - 2단계 : 가장 앞줄 높이를 확인함
  - 3단계 : 뒤에 숨은 블록 여부 판단함

- 4단계 : 보이는 면의 개수만 그림으로 표현함

③ 숨은 블록 찾기

  ㉠ 겉면과 내부 구분

- 겉에서 보이는 블록 수를 먼저 셈
- 내부에 존재하는 블록을 추가로 계산함
- 내부 블록은 투영도에 나타나지 않음

  ㉡ 내부 포함 판단

- 위 · 아래 · 좌 · 우가 모두 막혀 있으면 내부 블록임
- 가운데 블록은 외부에서 보이지 않음
- 중심 1개는 항상 숨은 블록 가능성 있음

  ㉢ 계산 절차

- 1단계 : 전체 블록 수 계산함
- 2단계 : 보이는 블록 수 확인함
- 3단계 : 전체 – 보이는 블록 = 숨은 블록 수

④ 전개도 접기 기초

  ㉠ 마주 보는 면 판단

- 정육면체는 서로 마주 보는 면이 3쌍임
- 접었을 때 겹치면 오답임

  ㉡ 접기 절차

- 한 면을 기준면으로 정함
- 인접 면의 방향을 추적함
- 반대편 면 위치를 예측함

172 다음 입체도를 정면을 기준으로 바라보았을 때 만들어지는 정면, 좌, 우측의 그림으로 옳지 않은 것은?

대구반도체 마이스터고

① 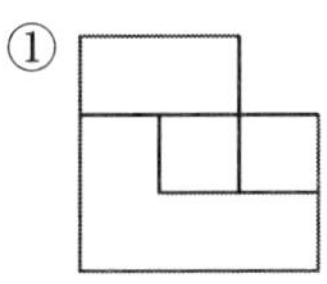

② 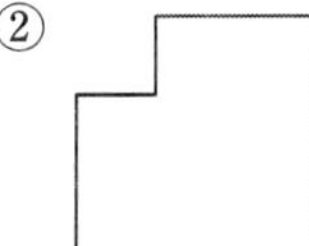

③ 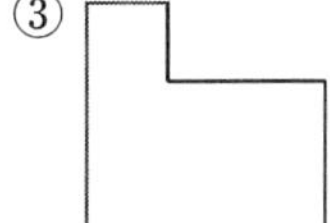

④ 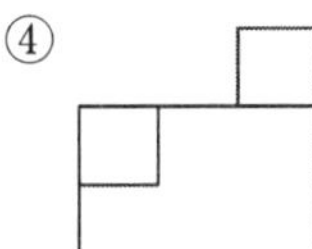

⑤ 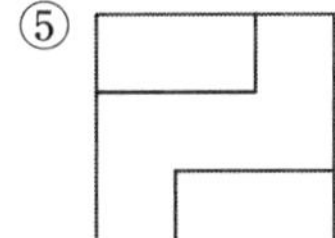

해설

정면 투영 분석
- 제시된 보기 ①~⑤는 전, 후, 좌, 우, 위의 모습임
- 정면에서 본 모습은 계단형 구조가 정확히 반영되어야 함
- 높이 변화와 돌출 부분의 위치를 기준으로 판단함
- 정면 모습과 일치하지 않는 것은 ①임

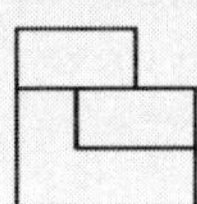

정답 ①

173 다음에 제시된 블록에 추가하여 블록을 쌓아서 정육면체를 만들려면 몇 개의 블록이 더 필요한가?

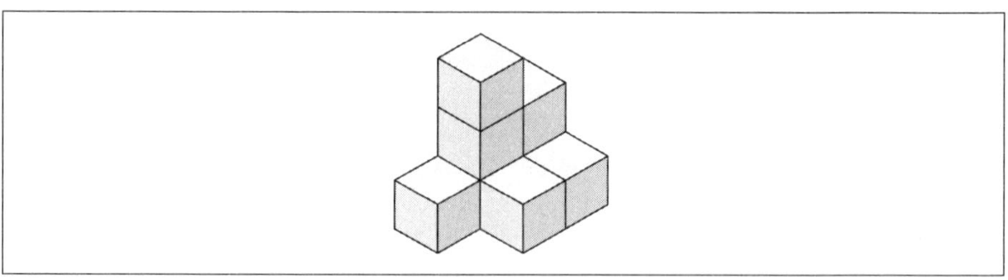

① 16개　　　　② 17개　　　　③ 18개
④ 19개　　　　⑤ 20개

해설　**정육면체 구성 판단**
- 한 변이 3인 정육면체는 3 × 3 × 3 = 27개 블록이 필요함
- 제시된 그림의 블록 수는 8개임
- 추가로 필요한 블록은 27 − 8임
- 따라서 19개가 더 필요함

정답 ④

174 다음에 제시된 블록에 추가하여 블록을 쌓아서 정육면체를 만들려면 몇 개의 블록이 더 필요한가?

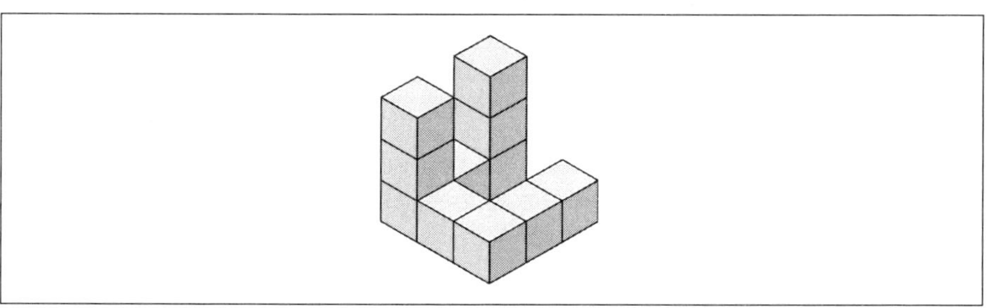

① 13개　　　　② 14개　　　　③ 15개
④ 16개　　　　⑤ 17개

해설　**정육면체 완성 계산**
- 한 변이 3인 정육면체는 27개 필요함
- 그림의 블록은 10개임
- 27 − 10 = 17개임

정답 ⑤

No sweat, no sweet.

175 다음 그림은 크기와 모양이 모두 같은 블록을 쌓아 놓은 것이다. 각 방향에서 본 모양으로 알맞지 않은 것은?

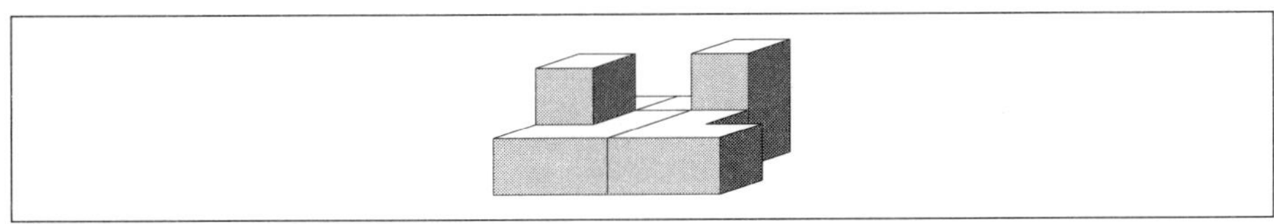

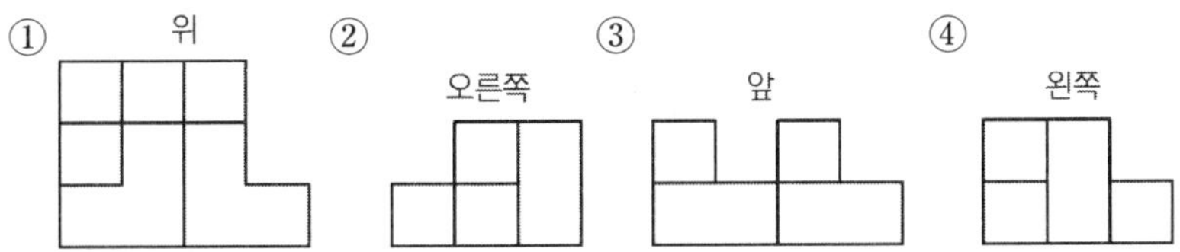

① 위   ② 오른쪽   ③ 앞   ④ 왼쪽

해설 **블록 적층 방향 판단**
• 주어진 입체는 크기와 모양이 모두 같은 블록을 각 방향에서 동일한 규칙으로 쌓은 구조임
• 위·앞·오른쪽 방향에서 본 모습은 블록의 높이와 단차가 실제 입체와 일치함
• ④의 왼쪽 방향 그림은 블록의 적층 관계를 잘못 표현하여 실제보다 블록이 더 보이거나 덜 보이는 부분이 발생함
• 따라서 각 방향에서 본 모습으로 알맞지 않은 것은 ④임

정답 ④

176 정면도와 우측면도의 모습이 다음과 같을 때 평면도가 될 수 있는 것은?

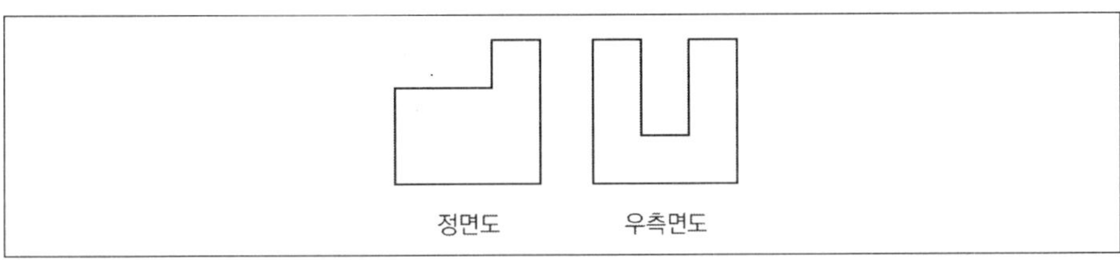

정면도   우측면도

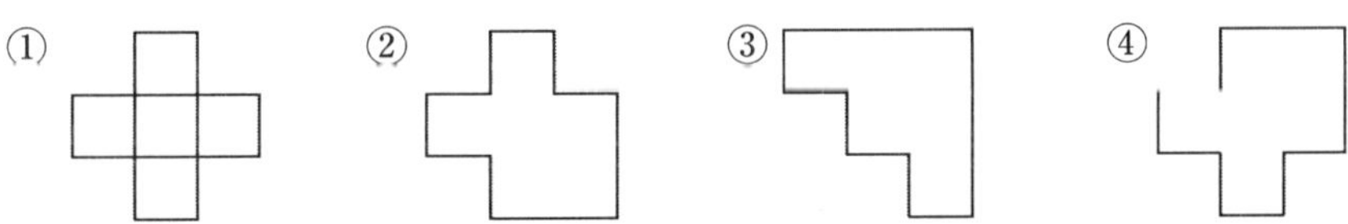

① ② ③ ④

해설 **평면도와 우측면도의 결합 판단**
•주어진 입체는 정면도와 우측면도를 동시에 만족해야 함
•정면도는 아래 왼쪽 그림과 같은 형태로 나타나야 함
•우측면도는 오른쪽 그림과 같이 점선으로 표시된 숨은 부분이 존재하지 않아야 함
•이 두 조건을 동시에 만족하는 평면도는 ③뿐임

정답 ③

177 다음 그림에 제시된 도형을 조합하여 만들어지는 것은?

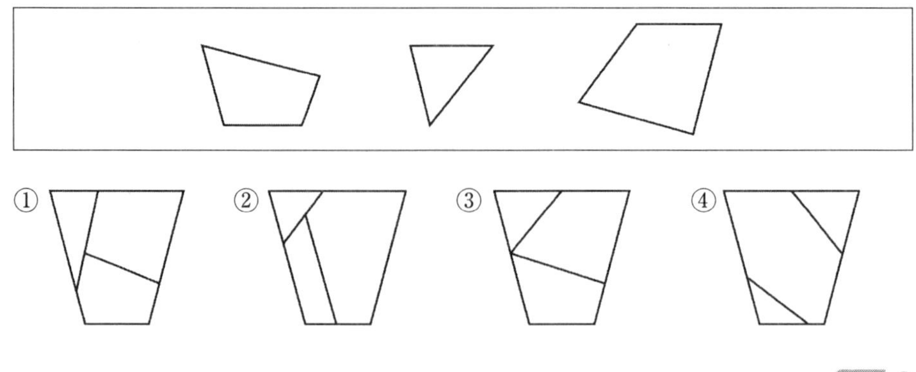

정답 ③

178 14개의 정육면체 모양 블록을 가지고 다음 입체를 만들었다. 다음 중 위에서 내려다 본 평면도는?

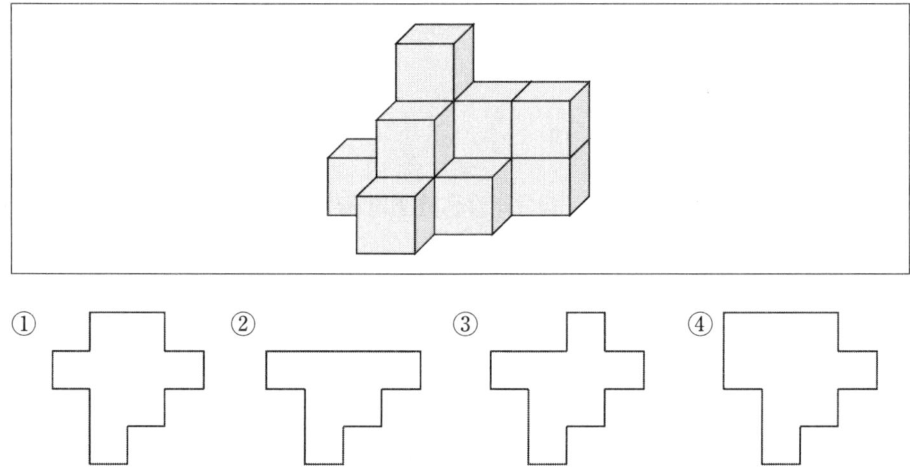

해설

전개도 접기 후 A면 무늬

- 십자형 전개도에서 중앙 면을 기준으로 위 · 아래 · 왼쪽 · 오른쪽 면이 각각 정육면체의 윗면 · 뒷면 · 왼쪽 면 · 오른쪽 면이 됨
- 전개도에서 오른쪽에 위치한 면이 접힌 후 A면에 해당함
- 해당 면의 무늬는 대각선으로 나뉘며 오른쪽 위가 회색 삼각형인 형태임
- 정육면체로 접는 과정에서도 무늬의 상대적 위치 관계는 유지됨
- 보기 중 이 조건과 일치하는 것은 ①뿐임

정답 ①

179 다음의 모양을 만들기 위해, 겹치지 않게 붙일 두 조각을 바르게 짝지은 것을 모두 고르면?

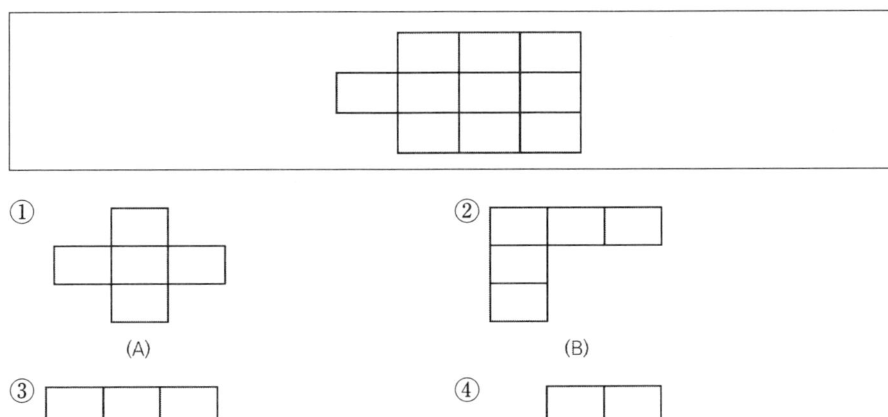

① (A) ② (B) ③ (C) ④ (D)

해설 **조각 결합 판단**
- 조각 A와 C는 A를 오른쪽으로 회전시켜 붙이면 〈 보기 〉의 모양이 됨
- 조각 B와 D는 B를 돌려 오른쪽 아래 방향으로 붙이면 〈 보기 〉의 모양이 됨
- A와 B, A와 D의 조합은 겹치거나 빈칸이 생겨 〈 보기 〉를 완성할 수 없음
- 따라서 올바른 조합은 A와 C, B와 D

정답 ③

180 볼록과 오목의 모양과 크기가 모두 동일한 퍼즐조각을 맞추려 한다. A의 위치가 그림과 같이 고정되어 있을 때, 이들 조각을 네모 안에 맞추어 넣을 수 있는 방법은 몇 가지인가?(단, 뒤집어 맞출 수는 없음)

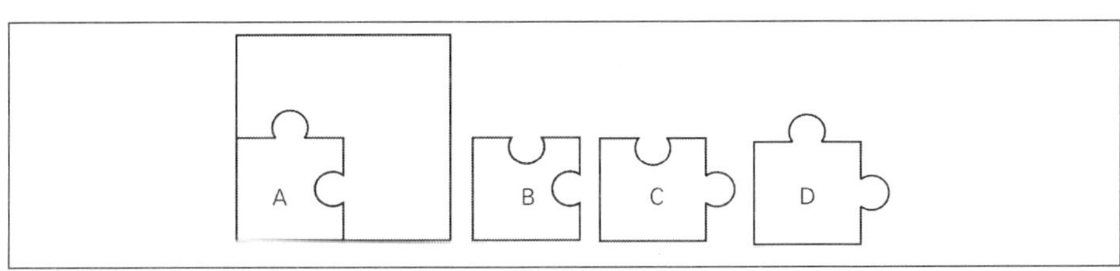

① 0 ② 1
③ 2 ④ 3

해설 **퍼즐 맞추기 경우의 수**
- 모든 퍼즐 조각은 크기와 형태가 동일하며 회전만 가능하고 뒤집기는 불가능함
- 조각 A는 문제에서 제시된 위치와 방향으로 고정되어 있음
- A의 오른쪽 중앙에는 볼록한 부분이 있어, 이에 맞는 오목한 구조를 가진 조각만 결합 가능함
- B와 D는 오목 · 볼록의 방향이 맞지 않아 A와 결합할 수 없음
- C만 회전 시 A의 볼록과 정확히 맞물리며, 전체를 완성하는 유일한 배치가 됨
- 따라서 맞출 수 있는 방법의 수는 1가지

정답 ②

181 작은 정육면체 4개로 구성된 다음의 입체를 여러 개 조합하여 더 큰 정육면체를 만들려고 한다. 이때 최소 몇 개의 입체가 필요한가?

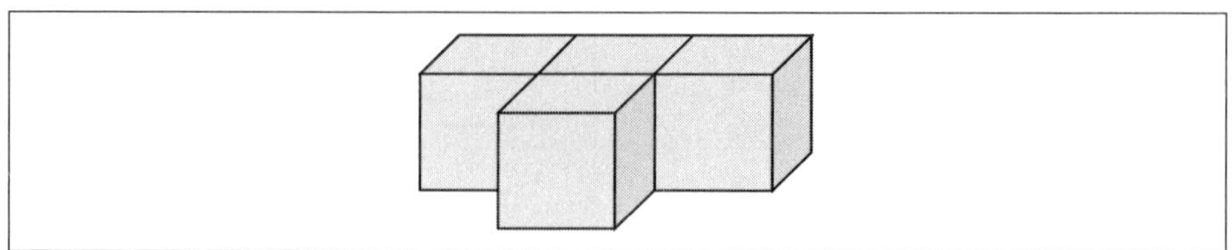

① 4

② 8

③ 16

④ 32

해설

입체 조합 · 개수 판단

- 제시된 입체 하나는 작은 정육면체 4개로 이루어져 있음
- 평면도 기준으로 한 층을 만들기 위해 4개의 입체가 필요함
- 정육면체를 만들기 위해 같은 구조의 층을 4층 쌓아야 함
- 따라서 필요한 입체 수는 4 × 4 = 16개임

정답 ③

182 다음 그림 (A) 혹은 (B)와 맞물리지 않는 것은?

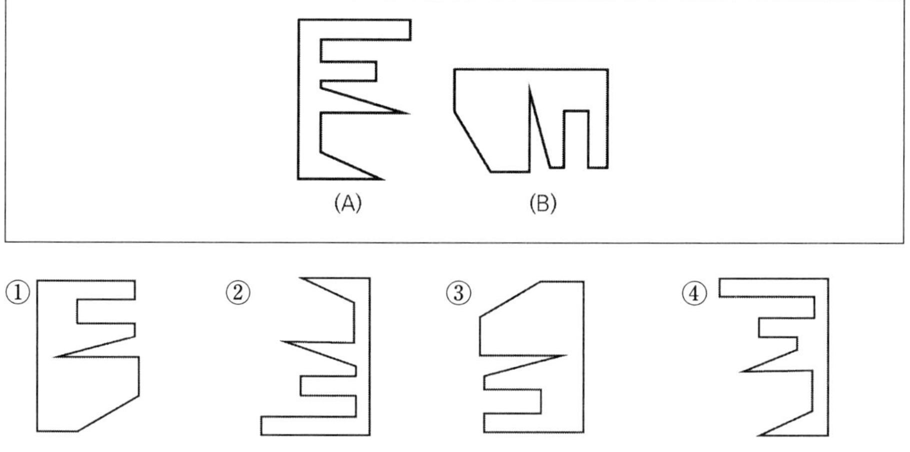

① ② ③ ④

정답 ④

183 정육면체 모양의 블록을 쌓아 아래의 왼쪽 그림과 같은 입체를 만들었다. 이를 측면에서 본 윤곽이 오른쪽 그림과 같을 때, 사용된 블록의 개수가 될 수 없는 것은?

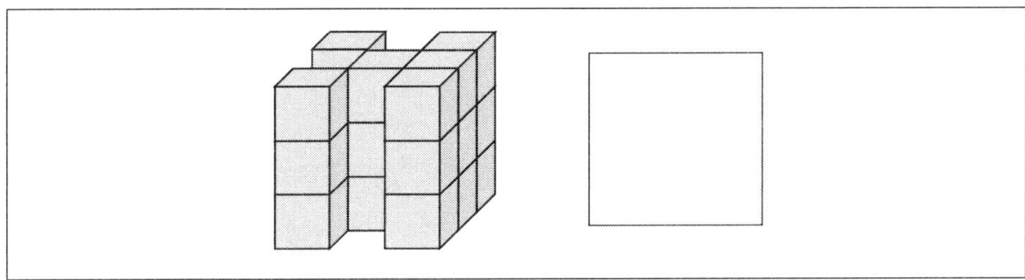

① 18
② 19
③ 22
④ 23

해설 **입체 블록 개수 판단**
- 측면에서 본 윤곽이 정사각형이므로 입체는 3×3×3 구조를 기본으로 함
- 겉에서 보이는 면만으로 윤곽을 만족할 수 있으며 내부 블록은 일부 비울 수 있음
- 내부를 모두 비운 최소 경우에도 블록 수는 18개가 됨
- 윤곽을 유지한 채 내부에 추가할 수 있는 블록의 최대 개수는 22개까지임
- 23개 이상은 윤곽을 유지하면서 배치할 수 없음

정답 ④

---

184 책상 위에 블록을 쌓아 다음과 같은 입체를 만들었다. 겉에 드러나 있는 모든 블록을 제거했을 때, 남는 블록의 개수는?(단, 이 입체를 위에서 본 윤곽은 정사각형이다.)

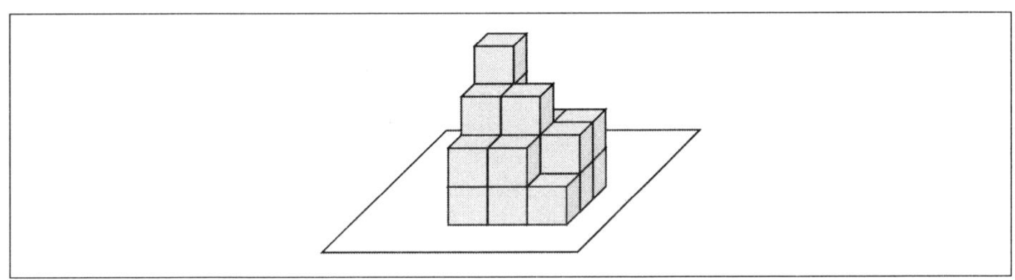

① 1
② 2
③ 3
④ 4

해설 **겉면 제거 후 내부 블록 개수**
- 겉에 드러난 블록은 앞 · 뒤 · 좌 · 우 · 위에서 보이는 모든 블록을 의미함
- 위에서 본 윤곽이 정사각형이므로 각 층은 중심을 기준으로 대칭 구조임
- 계단식 구조를 분석하면 내부에 완전히 가려진 블록은 1층 중심 1개, 2층 중심 1개임
- 최상단 블록과 가장자리 블록은 모두 겉에 드러나 제거 대상임
- 따라서 겉에서 전혀 보이지 않는 내부 블록은 총 2개임

정답 ②

유형 13

도형 조각 · 합성 · 도형 회전 모양 · 도형 단면도

✔ 도형 조각 · 합성 핵심 정리

① 도형 조각 식별

　㉠ 선 · 곡선 구성 분석

　　• 직선과 곡선의 개수를 확인함

　　• 원호가 포함되었는지 판단함

　　• 각 변의 길이와 방향을 비교함

　㉡ 꼭짓점 · 모서리 확인

　　• 꼭짓점 개수를 셈

　　• 각의 크기와 방향을 비교함

　　• 잘린 부분의 위치를 분석함

　㉢ 돌출 · 함몰 구조

　　• 튀어나온 부분이 어디인지 확인함

　　• 들어간 부분의 모양을 분석함

　　• 대응되는 홈을 찾음

② 회전 후 일치 여부 판단

　㉠ 90도 · 180도 회전

　　• 시계 · 반시계 방향을 구분함

　　• 회전 후 변의 위치 변화를 추적함

　　• 뒤집지 않고 회전만 하는지 확인함

　㉡ 좌우 대칭

　　• 거울에 비춘 형태인지 판단함

　　• 대칭축을 가정하여 비교함

　　• 좌우가 뒤바뀌었는지 확인함

③ 조각 맞추기 문제

　㉠ 빈 공간 분석

　　• 빈칸의 외곽선을 먼저 확인함

　　• 모서리 수를 비교함

- 돌출 · 함몰이 맞는지 판단함

  ヵ 겹침 · 중복 확인

- 조각이 겹치지 않는지 확인함
- 남는 공간이 없는지 검토함
- 전체 외곽선이 정확히 일치하는지 판단함

④ 합성 후 전체 형태 판단

  セ 외곽선 완성

- 합쳤을 때 직선이 이어지는지 확인함
- 곡선이 자연스럽게 연결되는지 판단함

  ヵ 내부 선 정렬

- 내부 선이 불필요하게 남지 않는지 확인함
- 조각 경계가 정확히 맞는지 점검함

⑤ 원호 포함 도형

  セ 곡선 방향 확인

- 볼록 · 오목 방향을 구분함
- 원의 중심 방향을 추정함

  ヵ 곡선 길이 대응

- 원호의 길이가 맞는지 비교함
- 곡선 연결 부위를 확인함

185 다음 도형에서 발견할 수 없는 조각을 고르시오. 한국원자력마이스터고

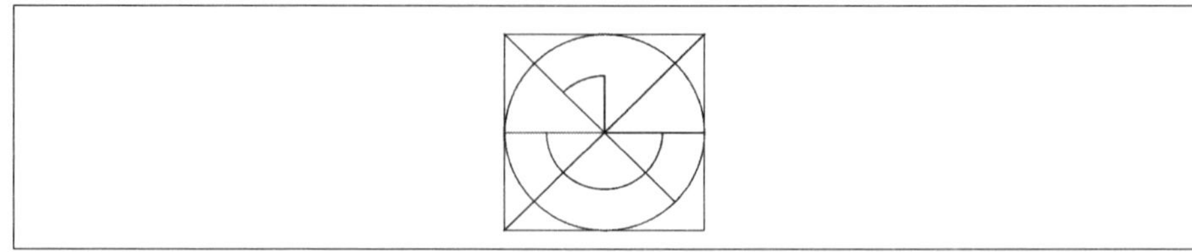

① 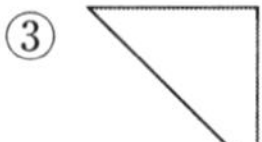   ②   ③

④ 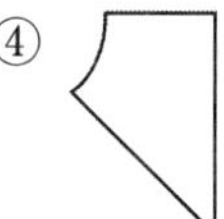   ⑤ 

해설 **도형 조각 분석**
- 제시된 큰 도형은 직선(수평 · 수직 · 대각선)과 원호로만 구성됨
- 내부 분할은 모두 직선 또는 일정한 반지름의 원호임
- ①~④는 직선과 원호의 조합으로 회전 · 확대 시 구성 가능함
- ⑤는 불규칙한 자유 곡선 형태로, 제시 도형의 선 구조에서 만들어질 수 없음

정답 ⑤

186 다음의 도형에서 찾아볼 수 있는 조각을 하나 고르시오. 대구반도체 마이스터고

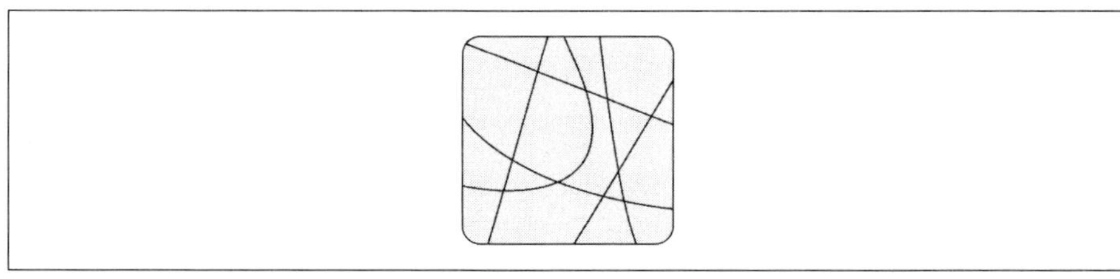

① 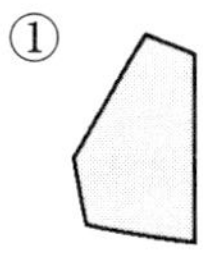   ②   ③

④ 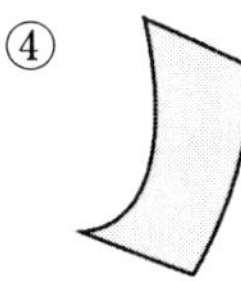   ⑤ 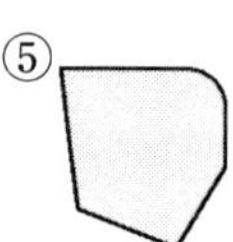

해설 **부분 도형 추론**

- 제시된 큰 도형의 선 연결과 곡선 방향을 분석함
- ①, ②, ③, ⑤는 내부 분할 구조에서 확인 가능함
- ④는 선의 연결 형태가 실제 도형과 일치하지 않음
- 따라서 찾아볼 수 없는 조각은 ④임

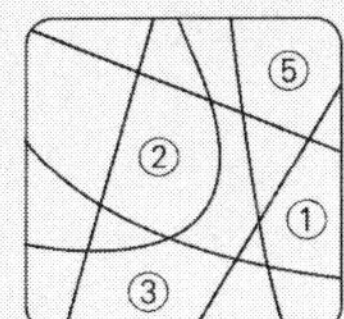

정답 ④

187 **사각형 위에 삼각형이 있는 것은 어느 것입니까?** 미림마이스터고

① 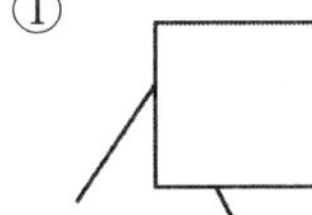 ② 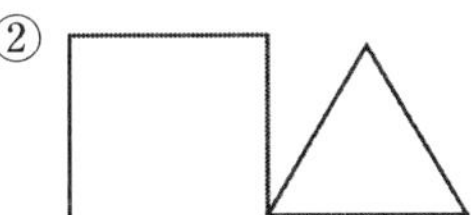

③ 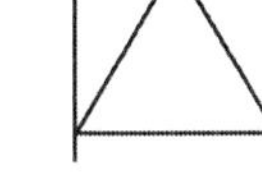 ④ 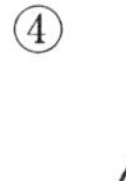

해설 **도형의 위치 관계 판단**

- 문제는 사각형 위에 삼각형이 놓인 형태를 찾는 것임
- ①과 ②는 두 도형이 분리되어 있거나 겹치지 않음
- ④는 삼각형 아래에 사각형이 위치한 형태임
- ③은 사각형 위에 삼각형이 겹쳐진 형태이므로 정답임

정답 ③

188 다음 두 도형을 더하여(좌우대칭 겹침 가능) 만들어지는 모양으로 옳은 것은 무엇입니까?

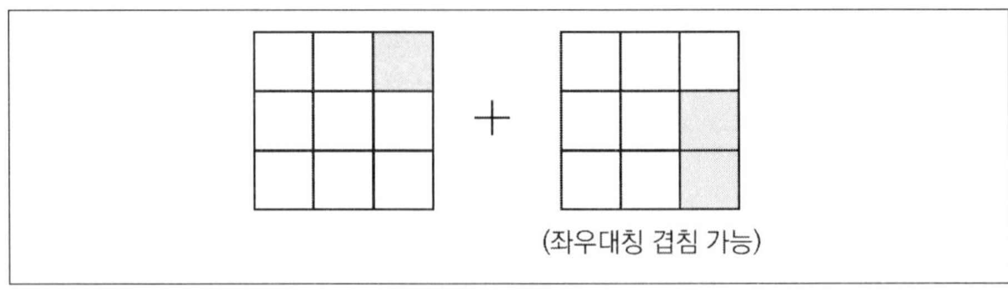

① 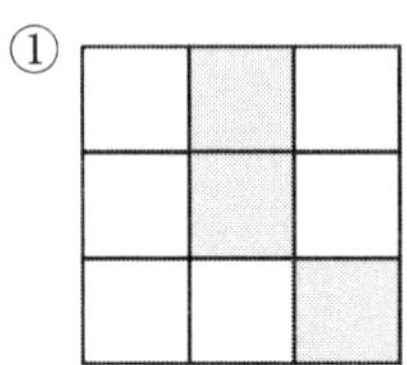 ② 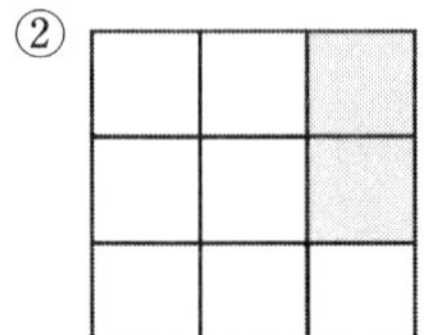 ③ 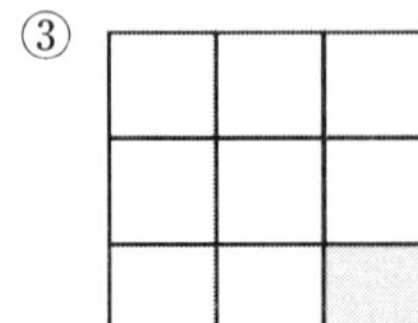

④ 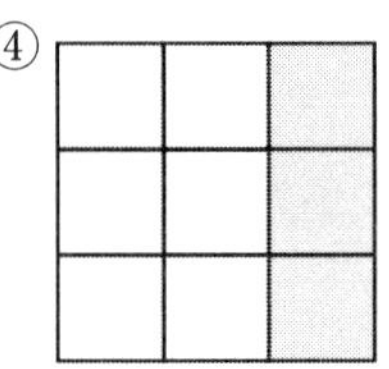 ⑤ 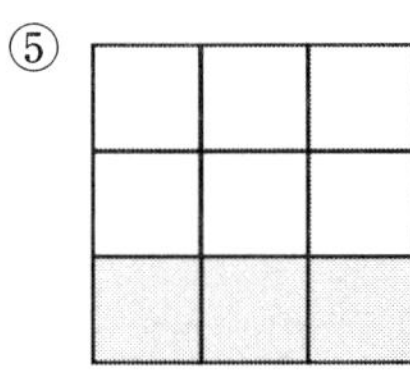

해설

도형 겹침 판단
- 두 도형의 음영 부분을 좌우대칭으로 겹쳐 합성함
- 겹쳐지는 부분은 하나의 영역으로 표시됨
- 전체 음영의 위치 관계를 비교하여 판단함
- 조건을 만족하는 모양은 ④임

정답 ④

189 다음 도형의 빈 공간을 채우기 위해 필요한 도형이 아닌 것을 고르시오. 대구일마이스터고등학교

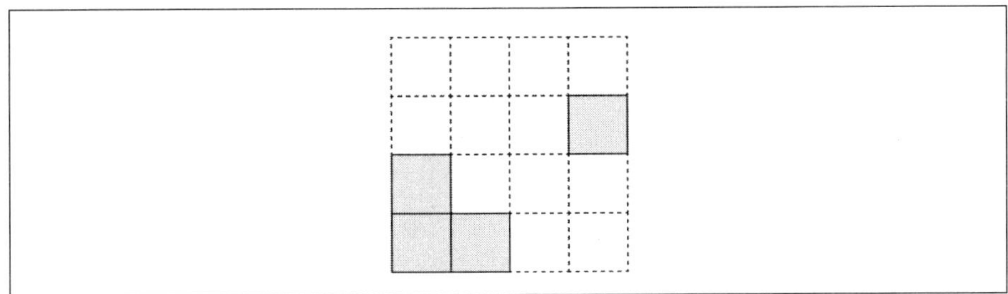

① 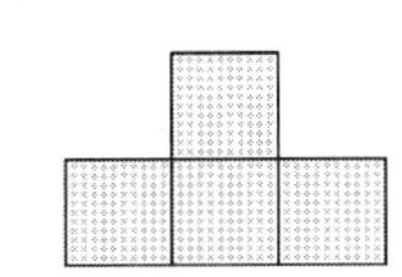

② 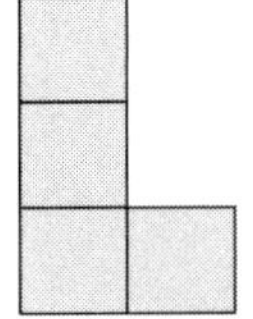

③ 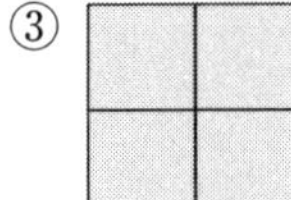

④ 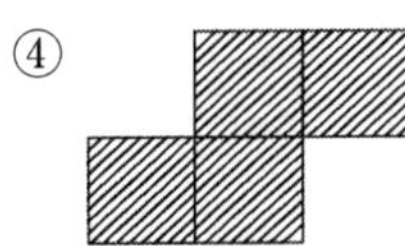

해설

도형 회전 및 배치 판단

- 각 보기의 도형을 회전하여 빈칸에 맞게 배치할 수 있는지 확인함
- ①은 시계방향 180도 회전하면 빈칸을 채울 수 있음

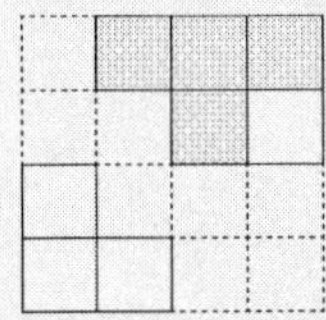

- ③은 그대로 ①번 아래에 배치하면 맞물려 다음과 같이 됨

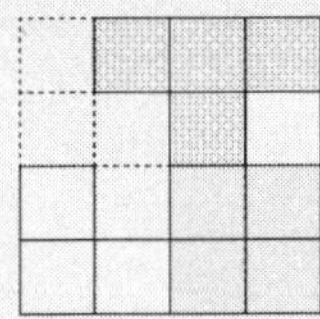

- ④는 시계반대방향 90도 회전하면 배치 가능함

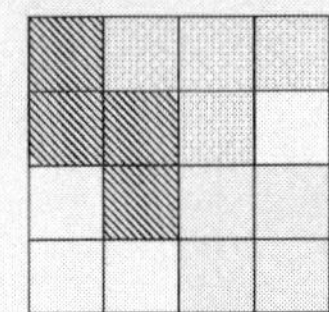

- ②는 회전해도 빈 공간을 정확히 채울 수 없음

정답  ②

190 다음과 같이 도형을 잘랐을 경우 잘려진 면의 모양을 고르시오.   서울도시과학기술고

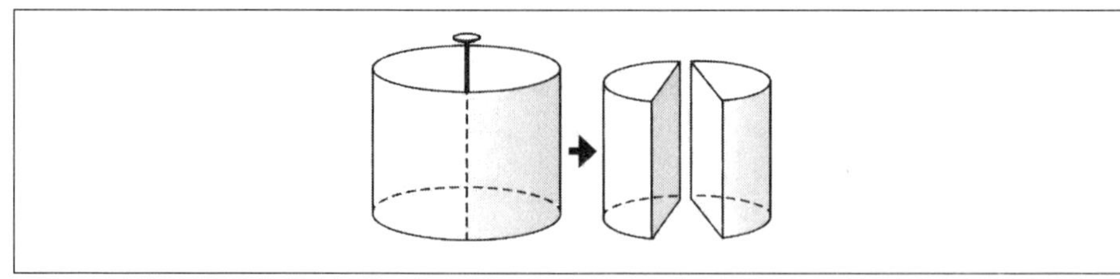

① 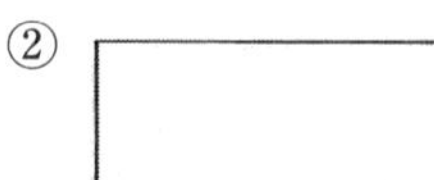

② (직사각형)

③ 

④ 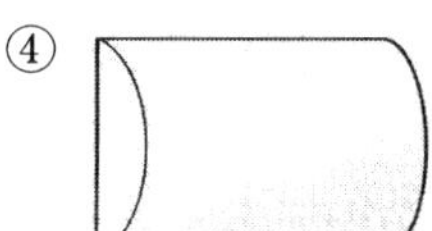

해설

절단면 형태 분석
- 제시된 도형은 원기둥임
- 원기둥을 중심을 지나 세로 방향으로 절단함
- 원기둥의 옆면을 수직으로 자르면 단면은 직사각형임
- 타원형은 수평 절단일 경우 나타남

정답 ②

191 다음의 입체도형을 올바르게 회전시킨 도형을 고르면?   서울도시과학기술고

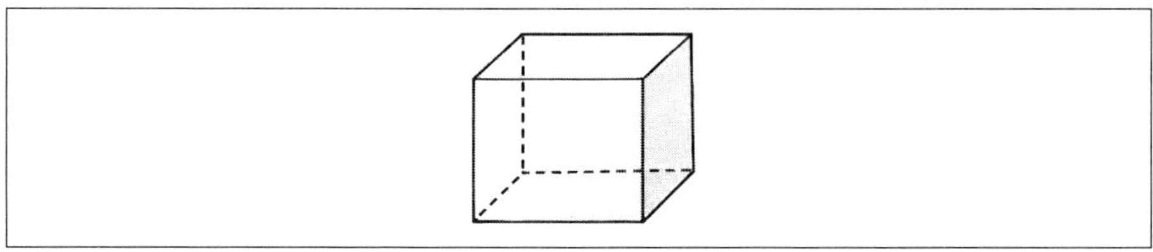

① 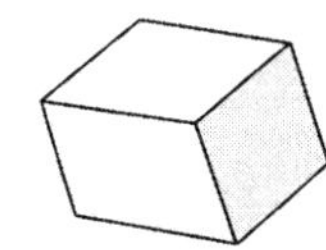

② 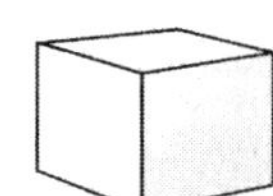

③ 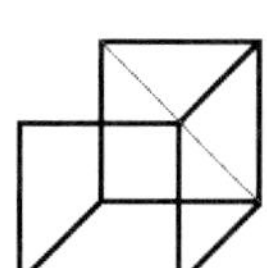

④ 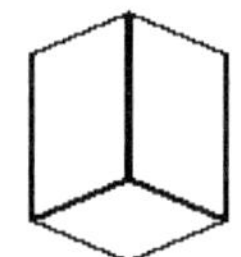

해설 **입체 회전 판단**

- 기준 도형은 앞면과 오른쪽 면, 윗면이 보이는 직육면체임
- 점선은 보이지 않는 내부 모서리를 나타냄
- 회전 시 면의 상대적 위치와 모서리 연결 관계는 유지되어야 함
- ①만이 면의 배치와 보이지 않는 모서리 방향이 일치함

정답 ①

192 다음 도형을 평면에서 회전시켰을 때, 나타날 수 있는 형태가 아닌 것은?

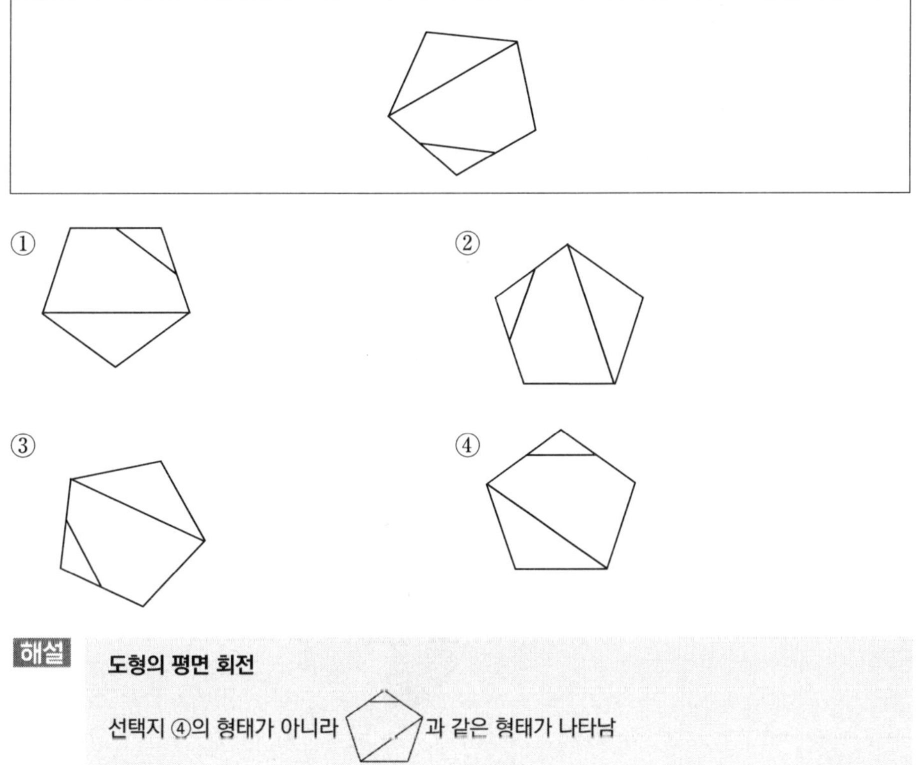

해설 **도형의 평면 회전**

선택지 ④의 형태가 아니라 과 같은 형태가 나타남

정답 ④

193 다음 도형을 시계방향으로 회전하여 얻을 수 있는 모양을 고르면?

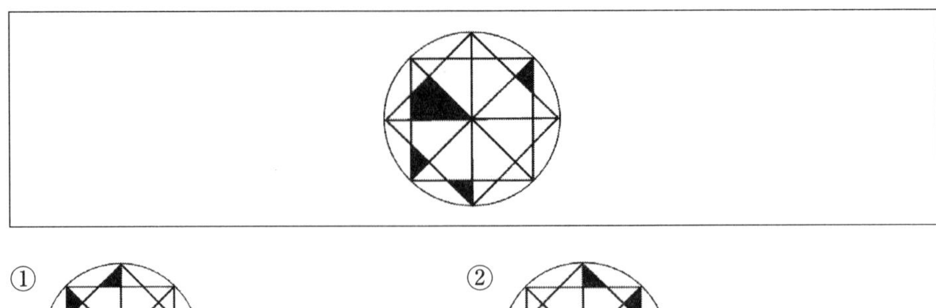

① 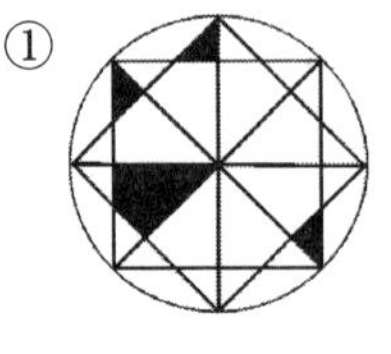 ② 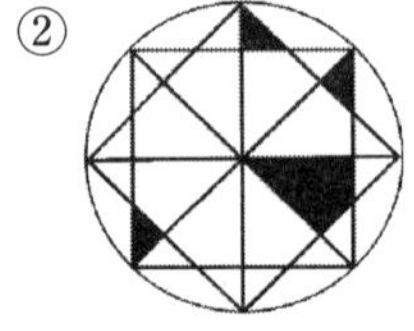

③ 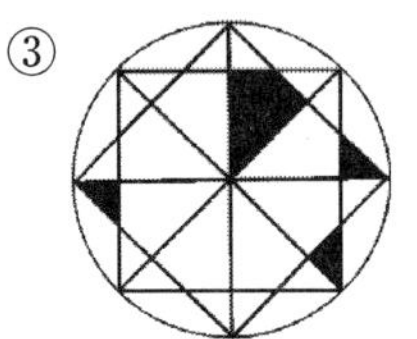 ④ 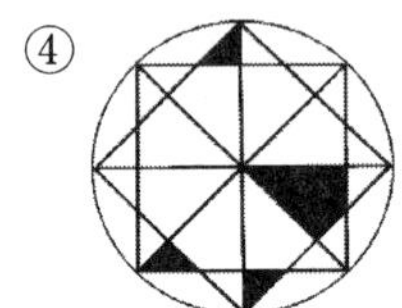

해설

시계방향 회전 판단
- 제시된 도형을 시계방향으로 180° 회전하면 보기 ②와 동일한 위치 관계가 성립함
- 중앙에서 뻗는 선의 방향과 음영 삼각형의 위치가 회전 후 정확히 일치함
- ①·③·④는 회전이 아닌 좌우 또는 상하 대칭 이동을 해야만 일치함
- 따라서 단순 회전만으로 얻을 수 있는 도형은 ②임

정답 ②

194 다음 그림을 뒤집은 후 시계 방향으로 회전하여 얻을 수 있는 모양은?

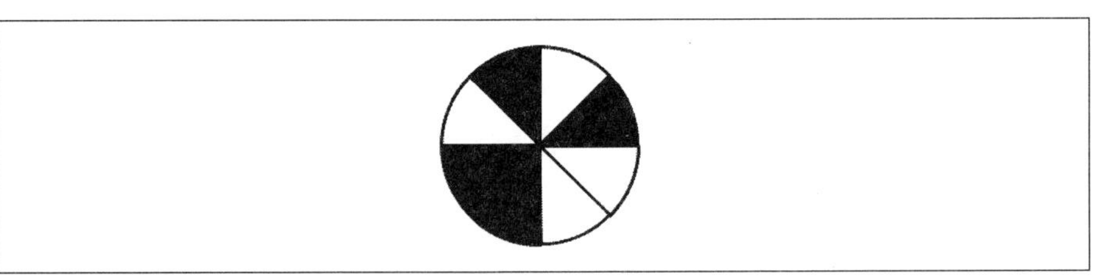

① 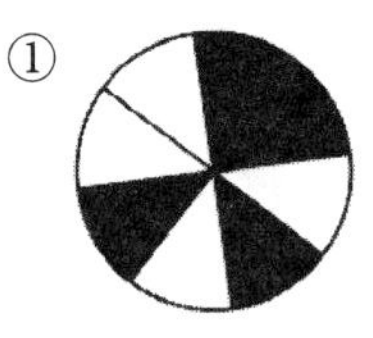 ② 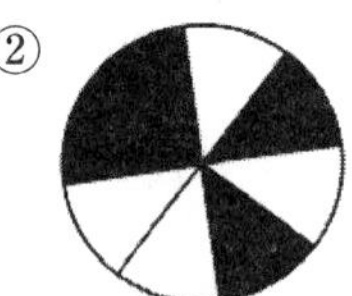

③ 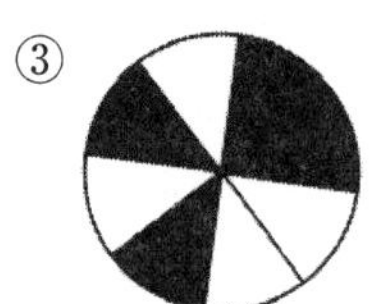 ④ 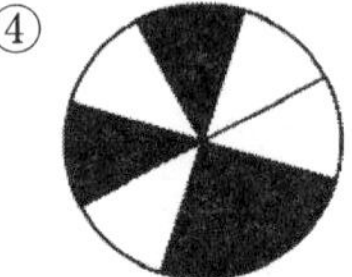

해설 뒤집기 후 시계방향 회전

- 제시된 도형을 먼저 뒤집으면 흑백 부채꼴의 좌우 배열이 반전됨
- 반전된 도형을 시계방향으로 회전하면 흑색 영역의 위치가 순차적으로 이동함
- 이 과정을 정확히 적용한 결과가 보기 ③의 흑백 배치와 완전히 일치함
- ① · ② · ④는 뒤집기와 회전을 적용해도 흑백 영역의 상대적 위치가 일치하지 않음

정답 ③

---

195 다음 도형을 시계방향으로 90도 돌리고, 아래로 뒤집은 후 180도 회전시킨 모양은?

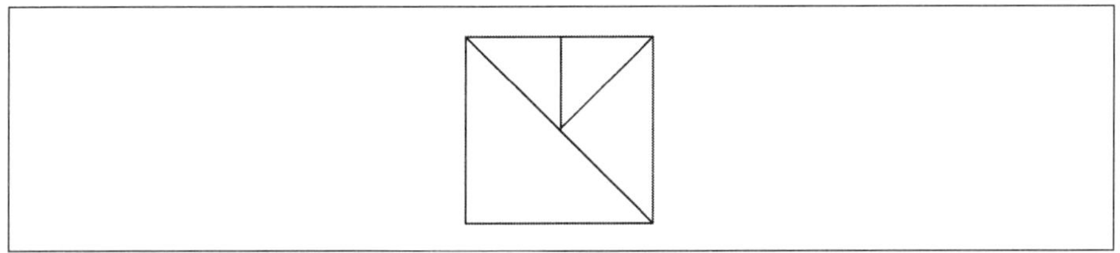

① 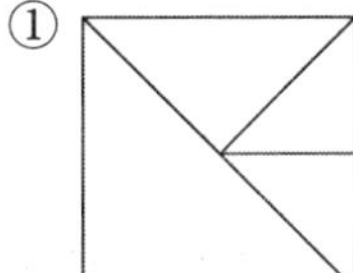 ② 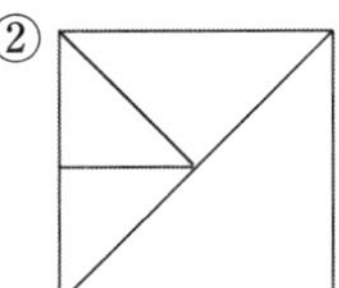

③ 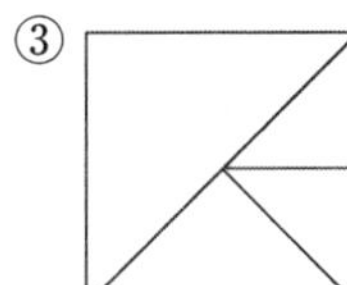 ④ 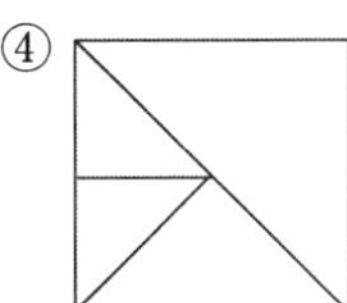

해설 도형 변환 순서 분석

- 원본 도형을 시계 방향으로 90° 회전하여 모든 선의 방향을 동일 각도로 이동시킴
- 이후 도형을 아래로 뒤집어 상하 반전하여 위아래 위치 관계를 바꿈
- 마지막으로 180° 회전을 적용하여 전체 방향을 한 번 더 반전시킴
- 이 세 단계 변환에서 대각선의 방향과 내부 선의 상대적 위치가 일관되게 이동함
- 모든 변환 결과가 정확히 일치하는 도형은 ④번임

정답 ④

196 다음 아래 그림을 시계 방향으로 90도 회전시킨 후 수직선을 중심으로 대칭이동시킨 그림을 고르면?

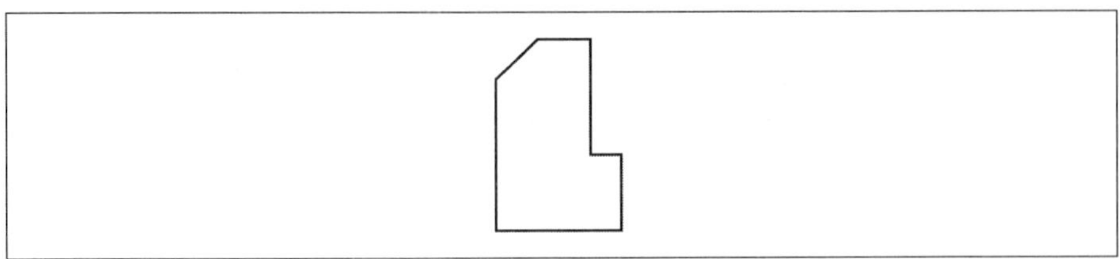

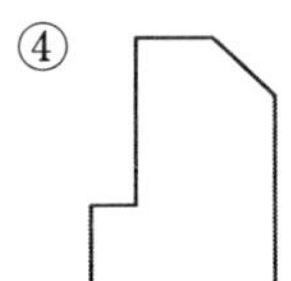

정답 ②

197 다음 아래 그림을 시계 방향으로 90도 회전시킨 후 수직선을 중심으로 대칭이동시킨 그림을 고르면?

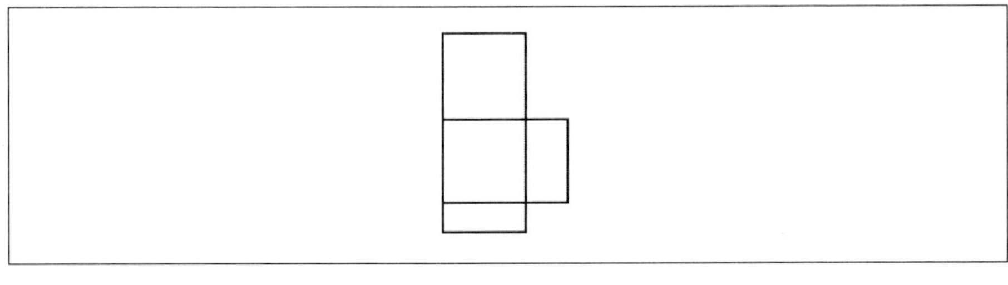

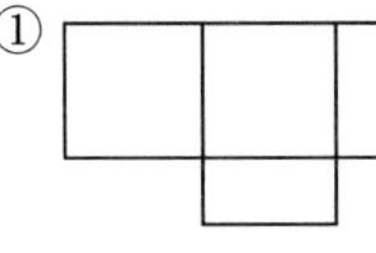

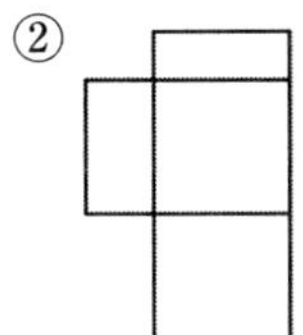

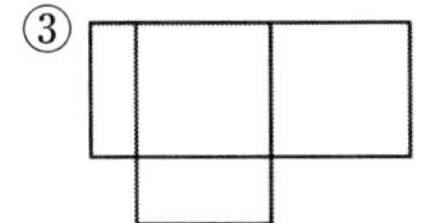

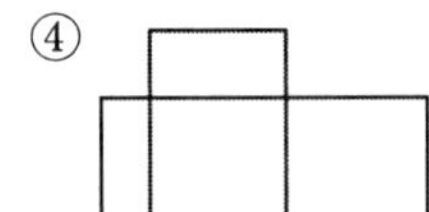

정답 ①

유형 14

도형 회전 · 배열

● 도형 회전 · 배열 핵심 정리

① 도형 회전 원리

   ㉠ 90도 회전
- 시계방향과 반시계방향을 구분함
- 위에 있던 부분은 오른쪽으로 이동함
- 좌표를 기준으로 위치 변화를 추적함

   ㉡ 180도 회전
- 상하 · 좌우가 동시에 바뀜
- 도형의 위아래가 뒤집힌 형태가 됨
- 중심을 기준으로 대칭 이동함

   ㉢ 270도 회전
- 90도 반대 방향 회전과 동일함
- 회전 방향을 정확히 확인함

② 단계별 변화 분석

   ㉠ 변화 요소 찾기
- 위치 변화인지 확인함
- 방향 변화인지 판단함
- 개수 변화인지 구분함

   ㉡ 일정 회전 규칙
- 매 단계 90도씩 회전하는지 확인함
- 180도씩 반복되는지 분석함
- 회전 후 추가 변화가 있는지 검토함

③ 배열 규칙 분석

   ㉠ 위치 이동형
- 도형이 한 칸씩 이동하는지 확인함
- 시계방향 순환 구조인지 분석함
- 반복 주기를 확인함

ⓒ 증가 · 감소형

- 도형 개수가 늘어나는지 확인함
- 특정 방향으로 확장되는지 분석함

ⓒ 교대 배열형

- 두 가지 패턴이 번갈아 나타나는지 확인함
- 홀수 · 짝수 단계가 다른지 판단함

④ 격자 도형 규칙

㉠ 행 · 열 분리 분석

- 가로 변화와 세로 변화를 따로 분석함
- 색이나 모양의 규칙을 분리함

㉡ 대각선 규칙

- 대각선 방향으로 이동하는지 확인함
- 중앙을 기준으로 대칭인지 판단함

㉢ 반복 블록 구조

- 작은 패턴이 반복되는지 확인함
- 일정 간격으로 재배치되는지 분석함

⑤ 복합 회전 · 배열 문제

㉠ 회전 + 이동

- 회전 후 위치가 바뀌는지 확인함
- 두 단계 변화를 분리하여 분석함

㉡ 회전 + 개수 변화

- 회전하면서 도형 수가 증가하는지 확인함
- 규칙을 단계별로 정리함

198 다음 중 나머지 도형과 다른 것을 고르시오.   한국원자력마이스터고/한국반도체마이스터고

① 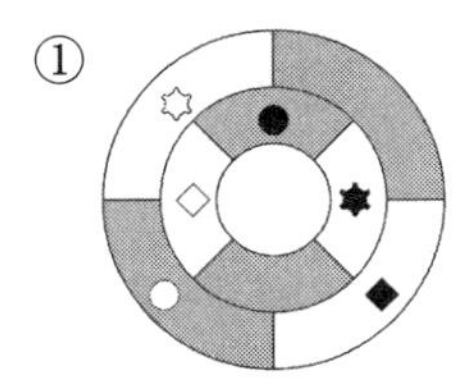　② 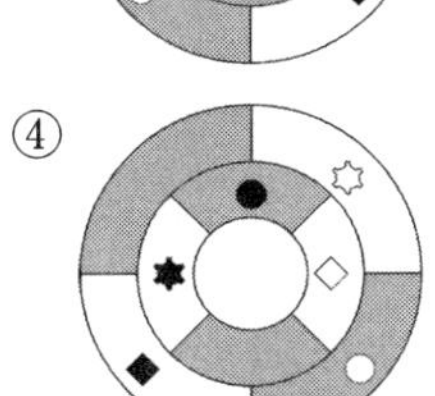　③ 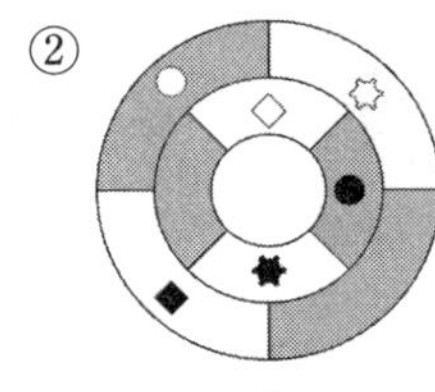

④ 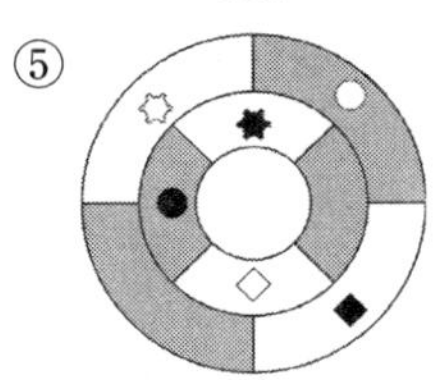　⑤ 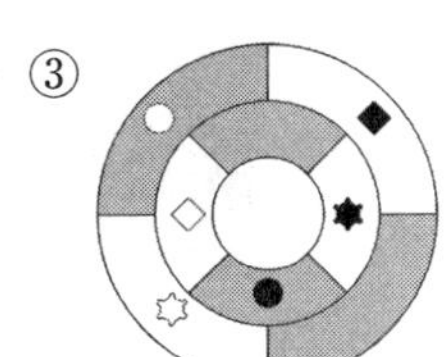

해설　**배열 관계 비교**
- ①, ②, ③, ⑤는 회전하면 동일 구조가 됨
- ④는 기호 배열 순서가 다름
- 회전으로도 일치하지 않음
- 따라서 다른 도형은 ④임

정답 ④

199 다음 그림을 순서대로 바르게 배열한 것은?   한국원자력마이스터고/한국반도체마이스터고

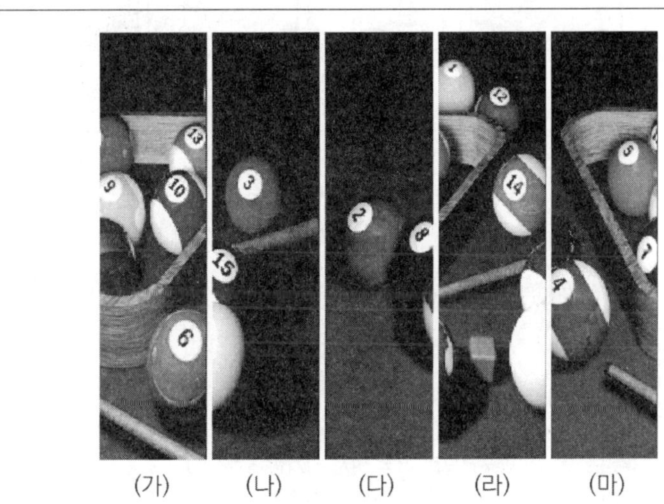

(가)　　(나)　　(다)　　(라)　　(마)

① (다) - (가) - (라) - (나) - (마)　　② (다) - (마) - (가) - (라) - (나)
③ (라) - (나) - (다) - (가) - (마)　　④ (마) - (다) - (가) - (나) - (라)
⑤ (마) - (다) - (가) - (라) - (나)

해설 그림 순서 배열

• 연관성 있는 조각을 연결하여 전체 흐름을 판단함

• 막대 부분은 (마)–(가) 순으로 연결됨
• 13번 볼 모양은 (가)–(라)로 이어짐
• 전체 배열은 (다)–(마)–(가)–(라)–(나)

정답 ②

한국원자력마이스터고/한국반도체마이스터고

200 다음 그림들을 완성된 그림으로 만들기 위한 순서로 맞는 것은?

① (나) - (가) - (라) - (다)　　② (다) - (라) - (가) - (나)
③ (가) - (다) - (라) - (나)　　④ (나) - (라) - (가) - (다)
⑤ (라) - (다) - (나) - (가)

해설 그림 공간 배열

• 차량은 좌→우 방향으로 자연스럽게 연결되어야 함
• (나)는 차량의 앞부분으로 가장 먼저 위치함
• (라)는 계기판과 운전석 전면부에 해당함
• (가)는 운전석/승객석 중앙 부분임
• (다)는 차량의 뒷부분이므로 마지막에 위치함
따라서 올바른 배열은 (나)-(라)-(가)-(다)

정답 ④

구미전자고등학교/포항제철고

201 다음 도형 변화의 규칙을 알아보고 빈칸(?)에 들어갈 알맞은 그림을 찾는다면?

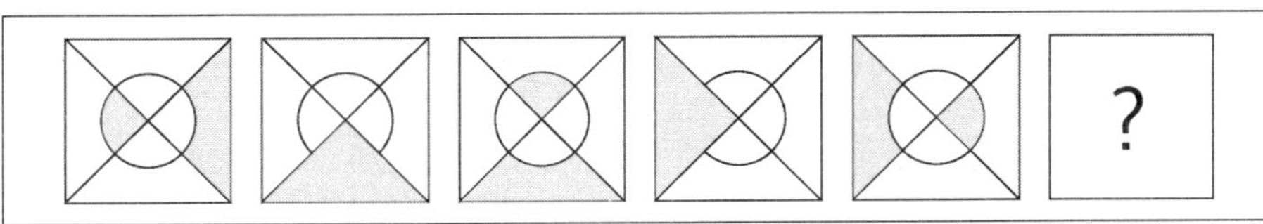

① 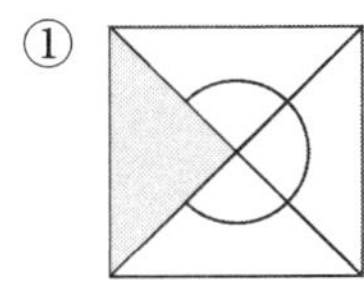 ② 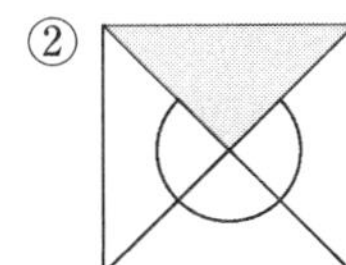 ③ 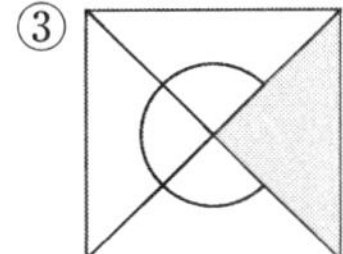 ④ 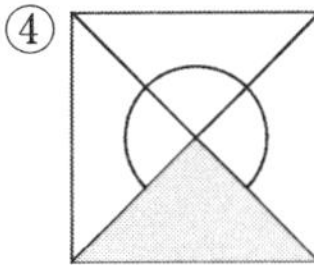

해설

도형 회전 규칙
- 각 도형은 X자 대각선으로 4등분된 정사각형이며 일부 삼각형 영역이 검정색으로 칠해진 구조임
- 검정 영역이 시계방향으로 90도씩 이동하는 규칙을 보임
- 1번에서 시작하여 2번, 3번, 4번, 5번으로 갈수록 검정 부분이 일정하게 시계방향 회전함
- 5번 도형의 검정 영역을 시계방향으로 90도 회전하면 ②번과 동일한 위치가 됨

정답 ②

202 다음 문제를 보고 〈보기〉와 동일한 형태를 지닌 모양을 고르시오.

평택마이스터고/동아마이스터고

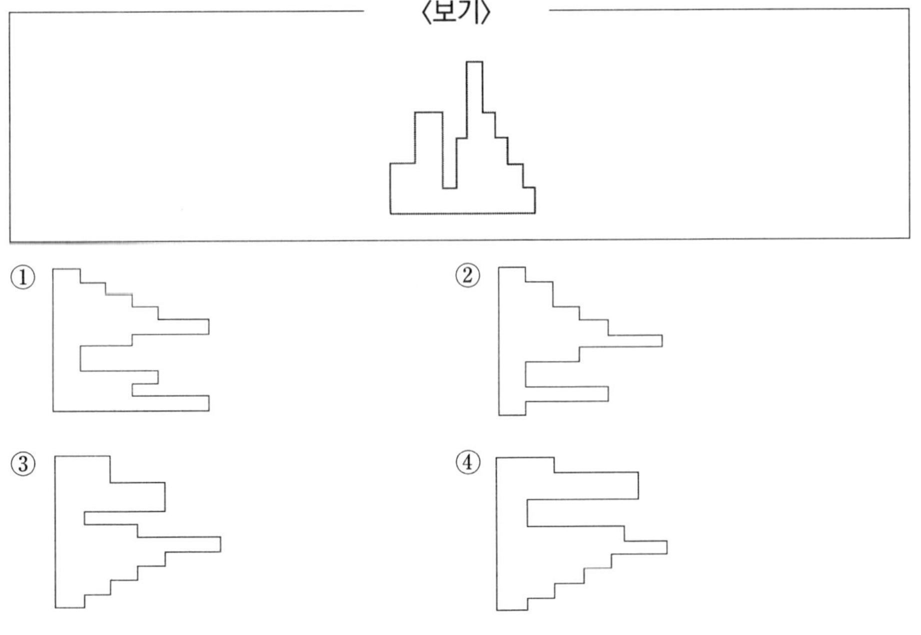

해설

도형 회전 판단
- 보기의 도형을 기준으로 방향 변화를 살펴봄
- 해당 도형을 오른쪽 방향으로 90도 회전하면 동일한 형태가 됨

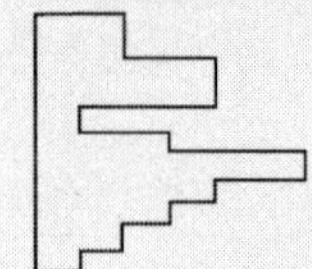

- 회전 후의 계단식 돌출 구조가 ③과 일치함

정답 ③

203 어떤 규칙에 의해 아래 그림과 같이 색칠된 곳과 비어있는 곳이 반복되고 있다면, 다음 (?)에 들어갈 도형으로 알맞은 것은?

한국디지털미디어고

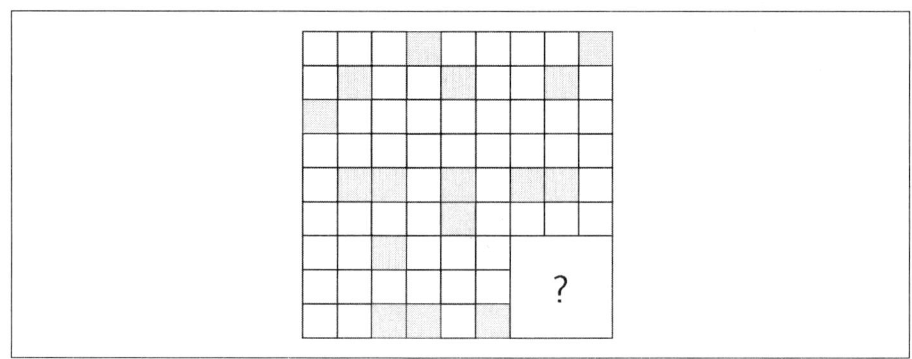

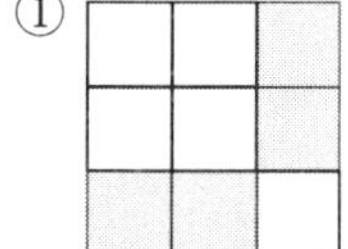 ① 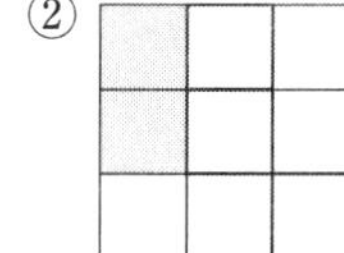 ② 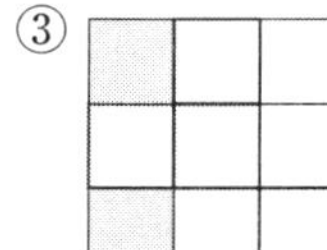 ③ 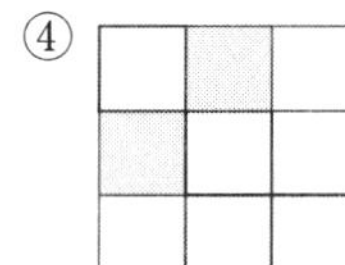 ④

해설

3×3 블록 반복 및 이동 규칙 종합 분석
- 전체 8×8 격자는 3×3 크기의 작은 블록 단위로 반복되는 구조임
- 각 블록 내 검은색 칸의 개수와 위치가 일정한 이동 규칙을 형성함
- 가로 방향으로는 검은색 위치가 한 칸씩 이동하는 순환 패턴을 보임
- 세로 방향으로는 같은 열에 있는 블록들의 하단 행 검은색 개수가 1개로 유지되는 공통 규칙이 존재함
- 마지막 빈칸은 세 번째 열의 세 번째 행에 해당하므로 검은색 칸이 1개여야 함
- 보기 중 조건을 만족하는 것은 ③과 ④이나, 가로 · 세로 흐름을 동시에 고려하면 ③이 전체 배열과 일관됨

정답 ③

204 아래 제시된 판의 빈 공간을 채우기 위해 필요한 블록이 아닌 것은? · 금오공고

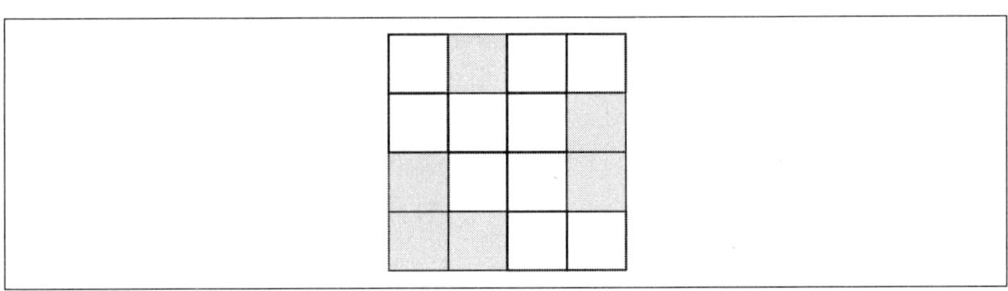

① 

② 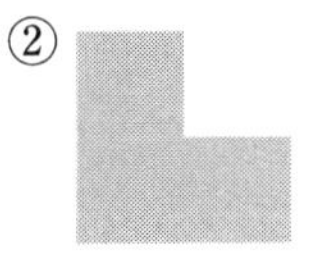

③ 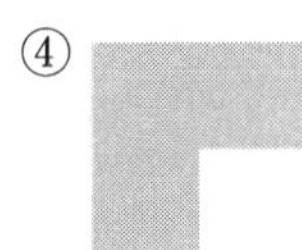

④

해설 **블록 회전 및 채움 분석**
- 제시된 판의 검은 칸 배치를 기준으로 빈 공간 형태를 파악함
- 블록은 회전은 가능하되 뒤집기는 불가한 형태로 판단함
- ①, ②, ④는 회전 시 빈 공간과 일치하는 형태가 존재함
- ③은 어떤 방향으로 회전해도 빈 공간과 정확히 맞지 않음

정답 ③

205 아래 그림에서 각 사각형의 색은 다음 규칙을 따른다. 물음표의 위치에 올 그림은?

> 변이 접한 사각형 중에서
> i) 흑색인 사각형의 개수가 짝수(0 포함)이면, 다음 단계에서는 백색이다.
> ii) 흑색인 사각형의 개수가 홀수이면, 다음 단계에서는 흑색이다.

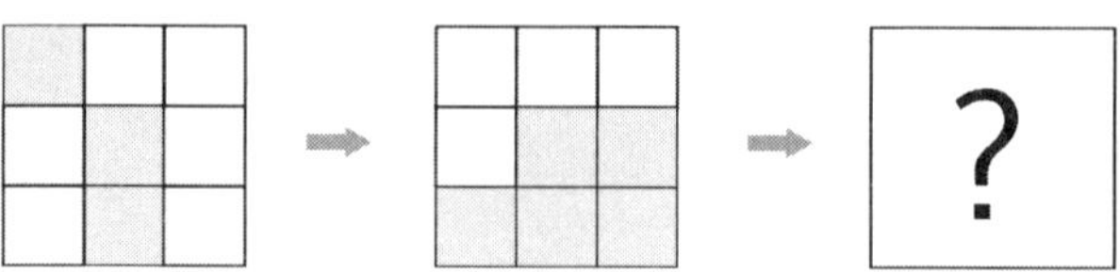

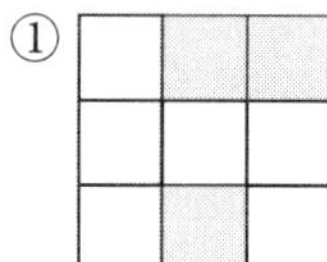 ①   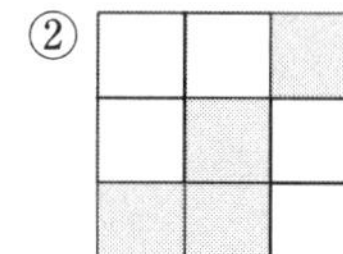 ②   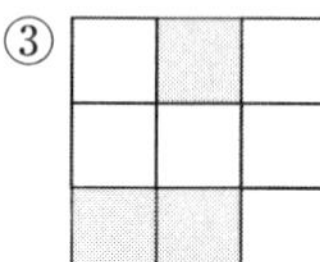 ③   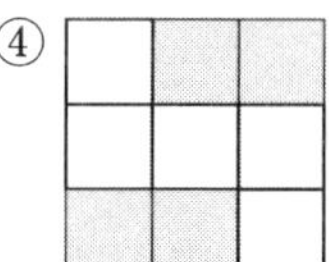 ④

해설

도형 추리
- 각 사각형은 변으로 접한 흑색 사각형의 개수에 따라 다음 단계의 색이 결정됨
- 흑색 사각형의 개수가 짝수(0 포함)이면 다음 단계에서는 흰색이 됨
- 흑색 사각형의 개수가 홀수이면 다음 단계에서는 검은색이 됨
- 2단계 블록에서 각 칸의 주변 흑색 개수를 계산하면
  - 흰색, 흰색, 흰색 → 0, 0, 0(모두 짝수) → 흰색 유지
  - 검은색, 흰색, 흰색 → 1, 0, 1(홀 · 짝 · 홀) → 검 · 흰 · 검으로 변화
- 이 규칙을 전체에 적용한 결과가 ④임

정답 ④

206 다음 그림에서 네 번째에 올 수 있는 것은?

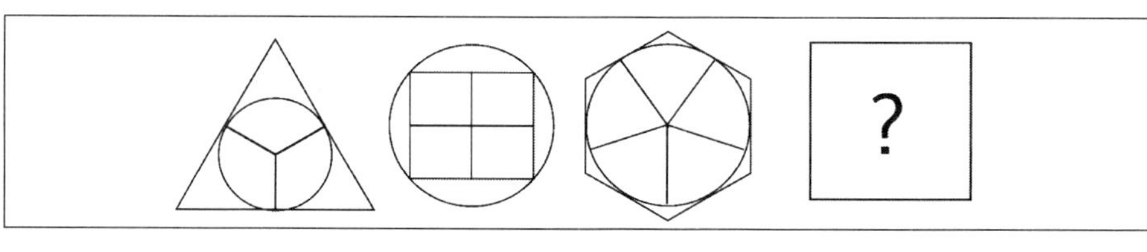

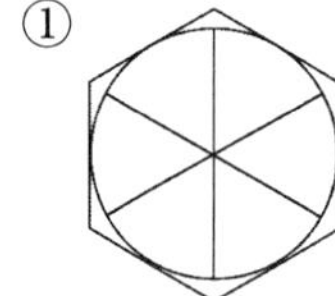 ①   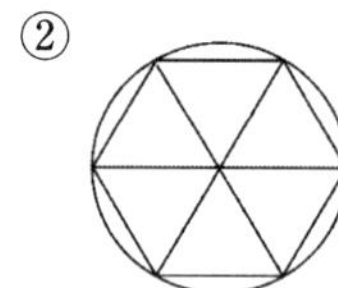 ②   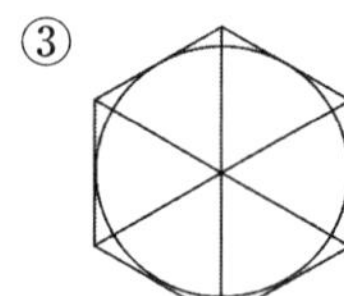 ③   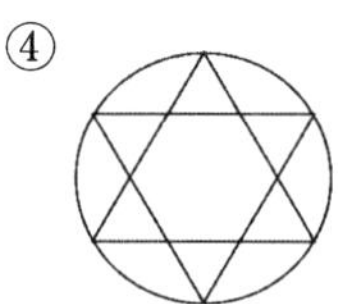 ④

해설
- 원이 외부, 정육각형이 내부에 위치해야 한다.

정답 ②

207 다음 순서에 올 도형으로 알맞은 것은?

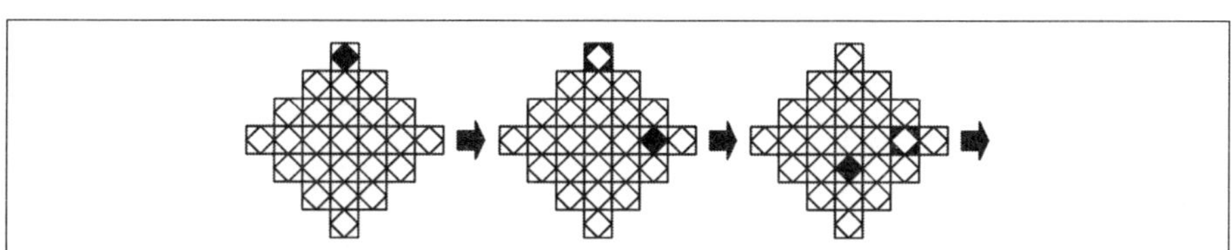

① 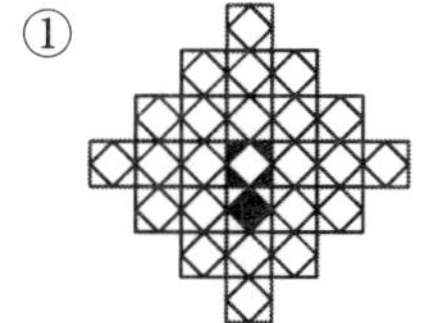 ② 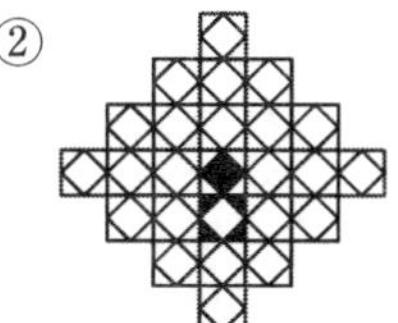 ③ 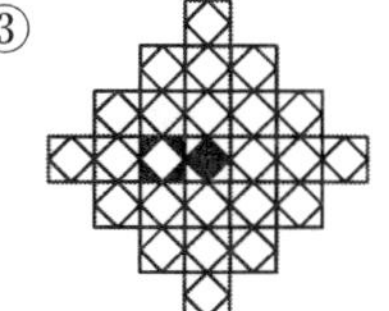 ④ 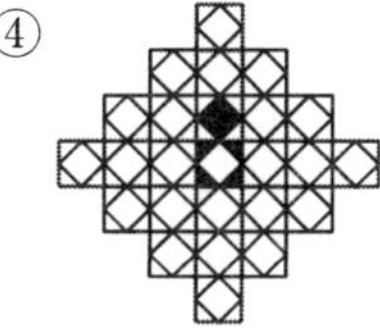

해설 **도형 추리**

- 각 단계의 도형은 변으로 접한 블록 중 검은색의 개수에 따라 색이 결정됨
- 검은색의 개수가 짝수(0 포함)이면 다음 단계에서 흰색이 됨
- 검은색의 개수가 홀수이면 다음 단계에서 검은색이 됨
- 이 규칙을 직전 단계 도형 전체에 적용한 결과가 ②번 도형과 일치함

정답 ②

208 물음표 자리에 들어갈 알맞은 그림은?

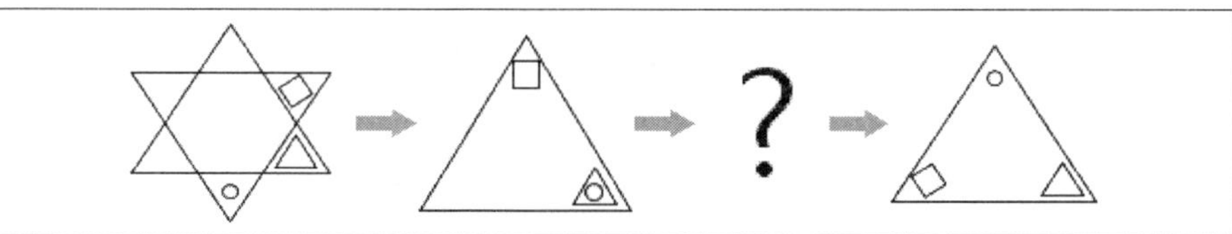

① 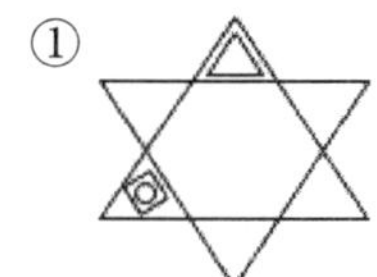 ② 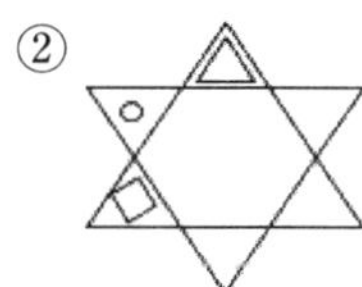 ③ 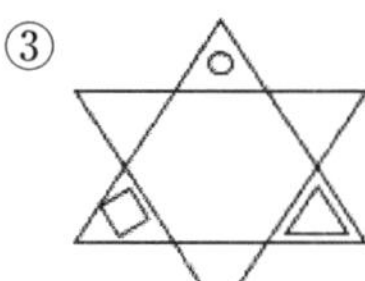 ④ 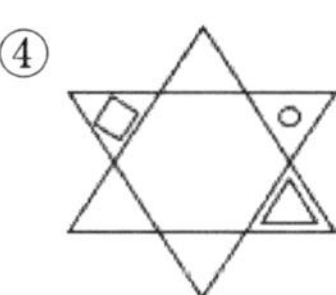

해설 **도형 추리**

- 다음 그림과 같이 정삼각형 ㉠은 그대로 있음
- 도형 안의 ◎은 시계 반대 방향으로 60°씩 회전함
- 같은 규칙을 아래 도형에 적용하면, 표시의 위치와 방향이 ③번 도형과 일치함

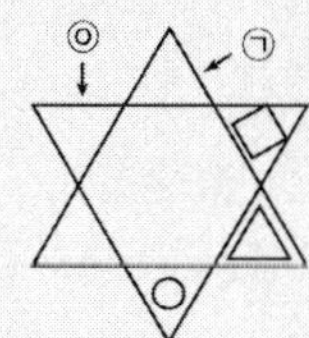

정답 ③

209 물음표 자리에 들어갈 알맞은 모양은?

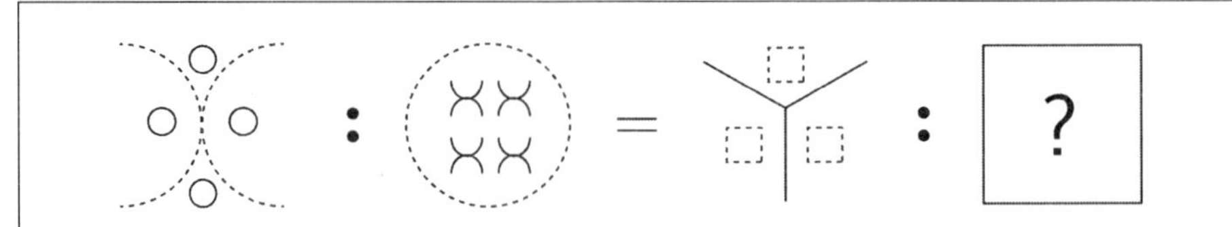

① 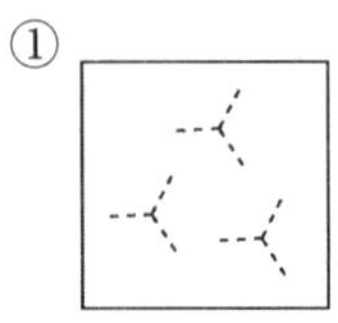 ② 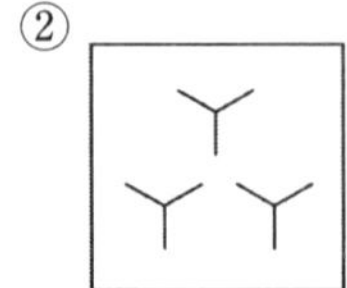 ③ 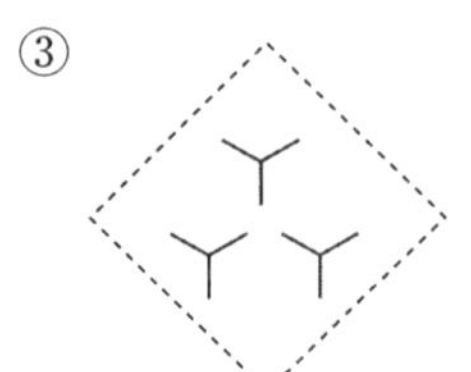 ④ 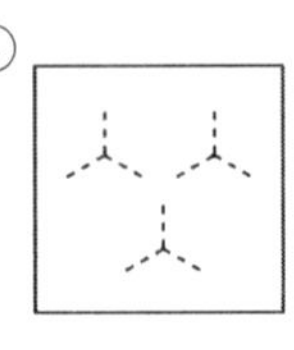

해설 **도형 변환 규칙**
- 큰 도형과 작은 도형의 위치가 서로 교대되는 구조임
- 교대 과정에서 큰 도형은 작은 도형의 형태를, 작은 도형은 큰 도형의 형태를 취함
- 모든 도형은 공통적으로 시계방향으로 90° 회전하는 규칙을 가짐
- 제시된 규칙을 모두 만족하는 선택지는 ①번임

정답 ①

210 다음 중 빈칸에 알맞은 그림은?

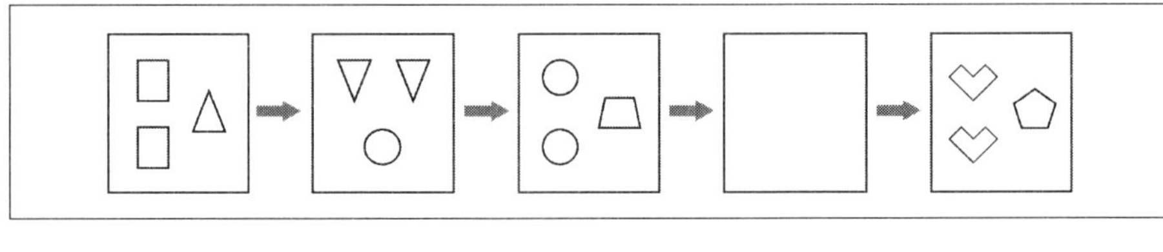

① 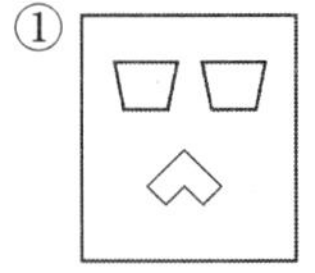 ② 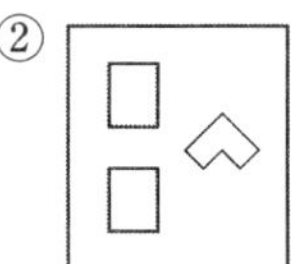 ③ 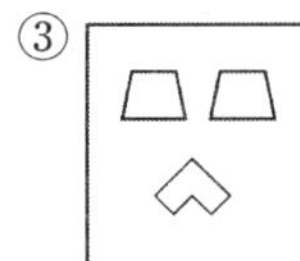 ④ 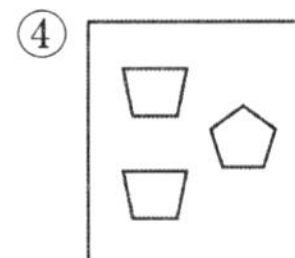

해설 **도형의 회전 및 방향 규칙**
- 도형은 전체적으로 시계방향과 반대 방향으로 90°씩 번갈아 회전함
- □ → △ → ○의 순서로 도형 종류가 반복됨
- ○ → 사다리꼴 → 하트 → 오각형 순서로 변함
- 도형이 오른쪽에 위치할 때는 좁은 부분이 오른쪽을 향함
- 도형이 위쪽에 위치할 때는 좁은 부분이 아래쪽을 향함
- 위 규칙을 모두 만족하는 도형은 ①임

정답 ①

211 아래 왼쪽 짝의 대응관계로 볼 때, 오른쪽 짝의 물음표 위치에 알맞은 모양은?

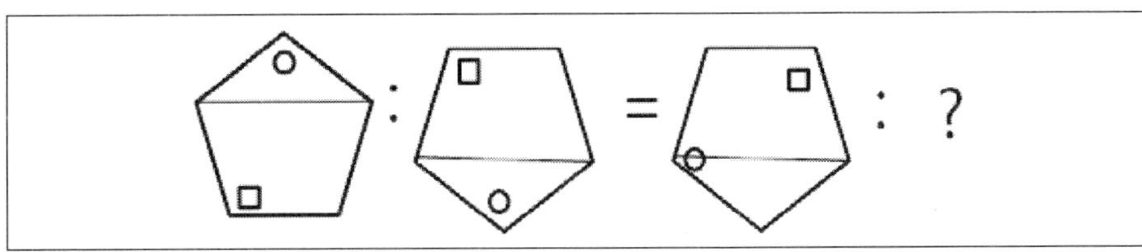

① 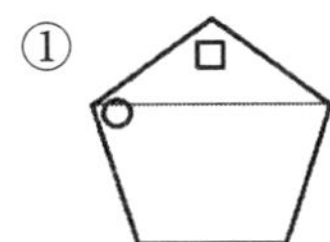　② 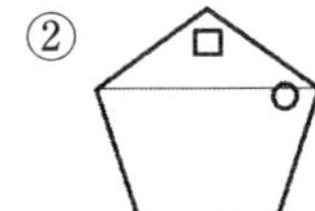　③ 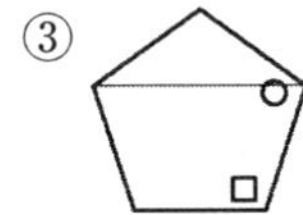　④ 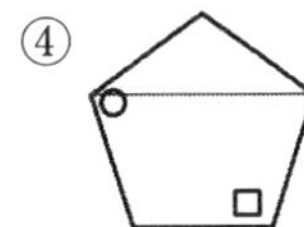

> **해설**
>
> **도형 대응 규칙**
> • 왼쪽 예시에서 기준 도형과 결과 도형을 비교하면 도형은 상하 반전됨
> • 도형의 외곽 형태는 유지되고 내부 기호의 상대적 위치만 상하로 이동함
> • 원형 기호와 사각 기호는 서로 바뀌지 않고 위치만 대응 이동함
> • 같은 상하 반전 규칙을 적용했을 때 오른쪽 물음표에 해당하는 도형은 ④임
>
> **정답** ④

212 아래 물음표 위치에 알맞은 모양은?

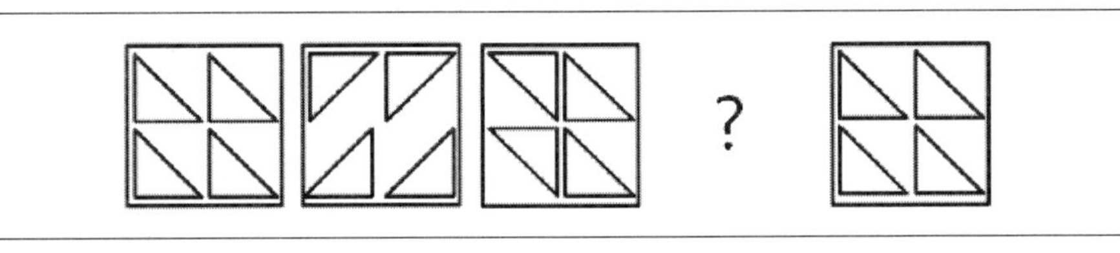

① 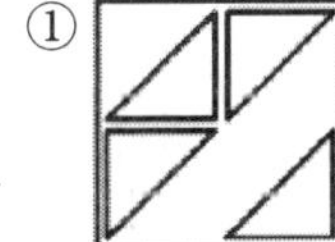　② 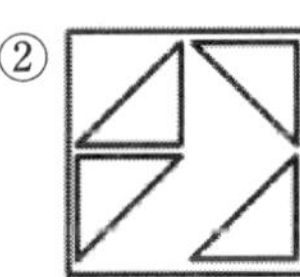　③ 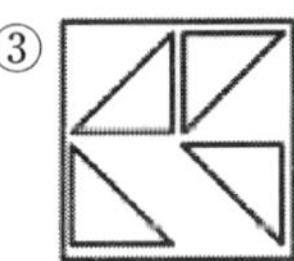　④ 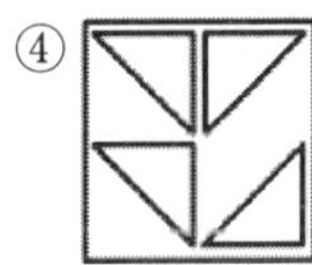

> **해설**
>
> **도형 배열 규칙**
> • 각 큰 정사각형은 2×2로 분할되어 동일한 삼각형이 배치됨
> • 왼쪽에서 오른쪽으로 갈수록 삼각형의 방향이 시계 방향으로 한 단계씩 이동함
> • 1번째 → 2번째 → 3번째 도형에서 각 위치의 삼각형 방향이 동일한 순환 규칙을 가짐
> • 물음표 위치의 도형은 3번째 도형에서 동일한 회전 규칙을 한 번 더 적용한 형태임
>
> **정답** ①

213 아래 물음표 위치에 알맞은 모양은?

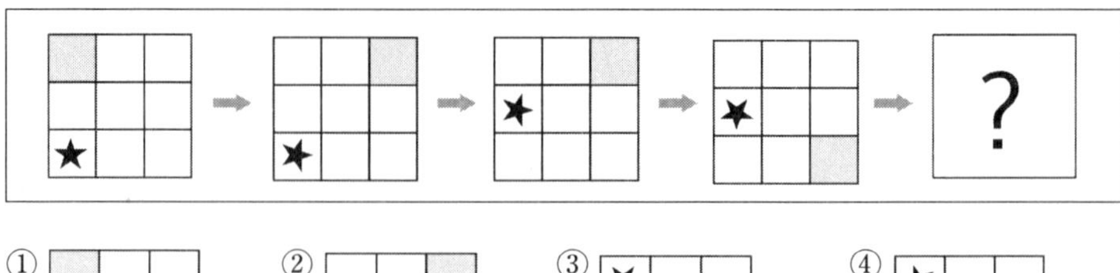

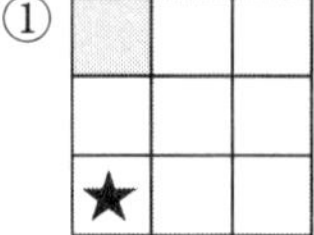 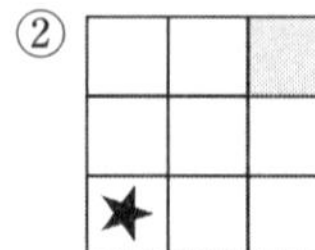 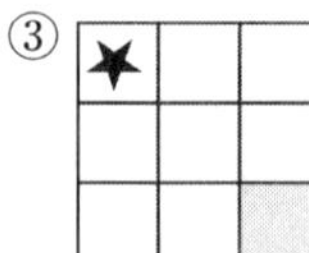 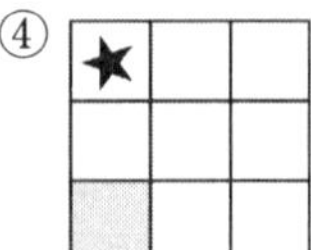

해설 **도형 이동 규칙**
- 각 단계마다 회색 칸과 별의 위치가 동시에 이동함
- 회색 칸은 시계 방향으로 한 칸씩 이동하는 규칙을 가짐
- 별 표시는 아래에서 위 방향으로 한 칸씩 이동하는 규칙을 가짐
- 앞선 단계들의 이동 규칙을 그대로 적용하면 물음표 위치의 형태가 결정됨

정답 ③

214 물음표 자리에 들어갈 알맞은 모양은?

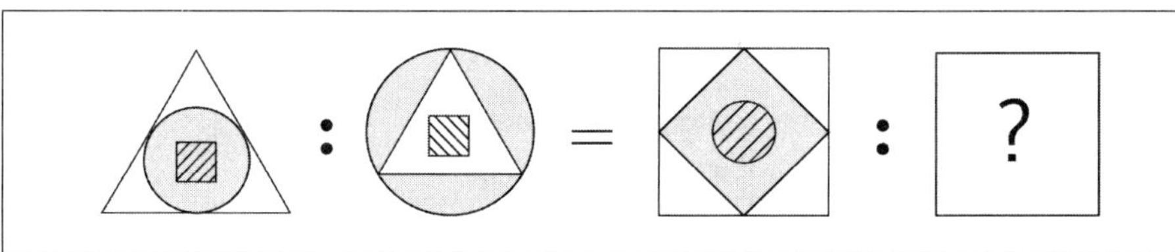

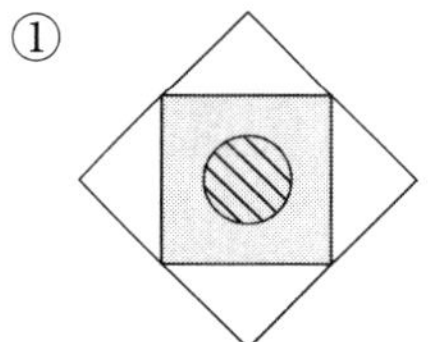 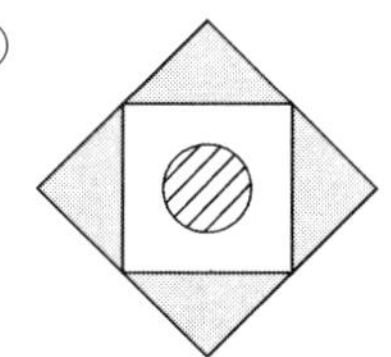 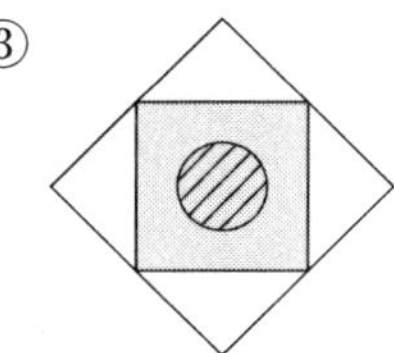 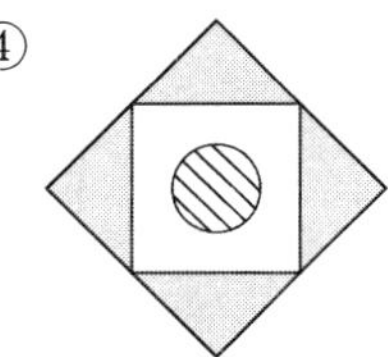

해설 **도형 관계 추리**
- 앞의 대응에서 안쪽 도형과 바깥쪽 도형의 위치가 서로 교체됨
- 도형의 위치가 바뀔 때 색칠 영역은 도형의 중심까지 확장됨
- 같은 규칙을 오른쪽 식에 적용하면 제시된 보기 중 ④번 도형과 일치함

정답 ④

215 왼쪽 짝의 대응 관계로 볼 때, 오른쪽 짝의 물음표 위치에 올 도형은?

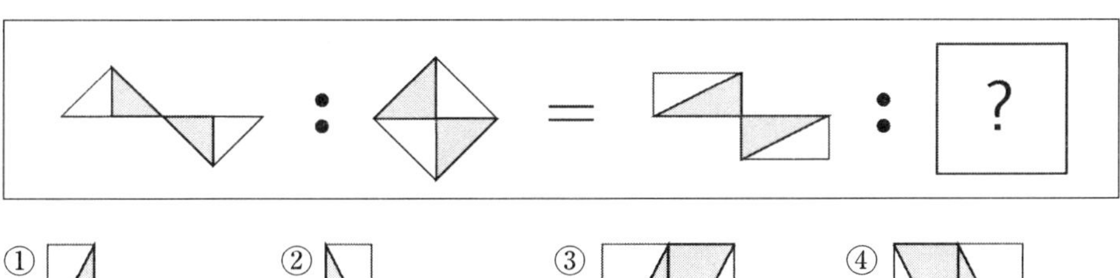

① 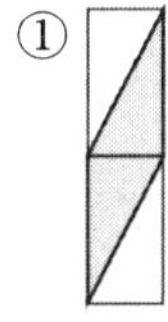　② 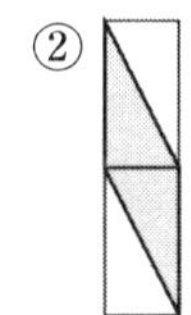　③ 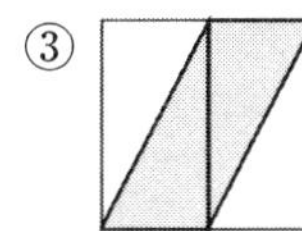　④ 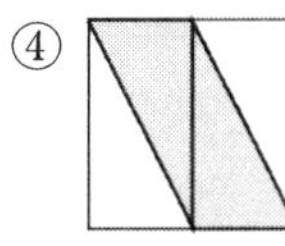

> **해설**
>
> **도형 변환 과정**
> - 첫 번째 직사각형의 위쪽 절반을 취하면 정사각형이 됨
> - 해당 정사각형을 180도 회전하면 색칠 영역이 왼쪽 아래에서 왼쪽 위로 이동함
> - 또는 첫 번째 도형을 정사각형 크기로 축소한 뒤 색칠된 삼각형을 대각선 반대편으로 이동한 형태임
> - 위 변환 과정을 모두 만족하는 도형은 ④번임
>
> **정답** ④

216 왼쪽 짝의 대응 관계와 오른쪽 짝의 대응 관계가 같다고 하기 어려운 것은?

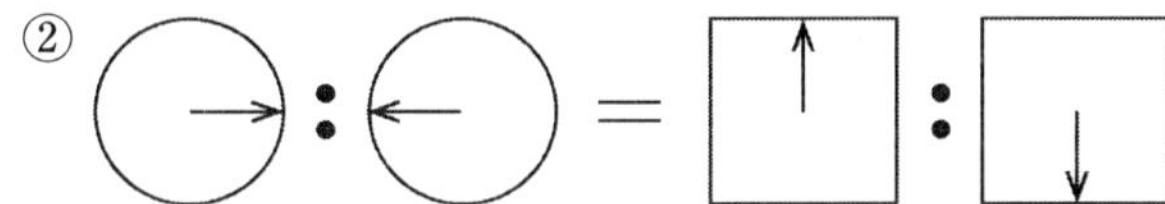

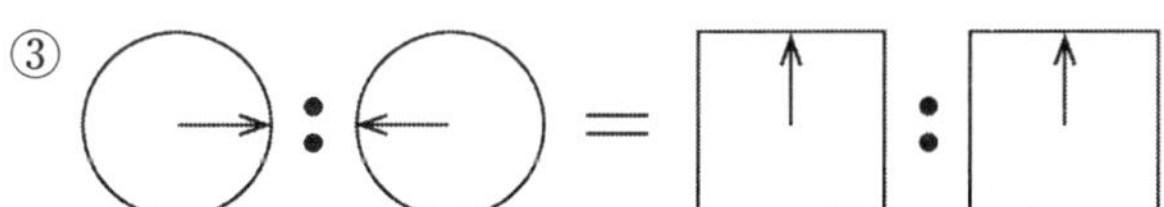

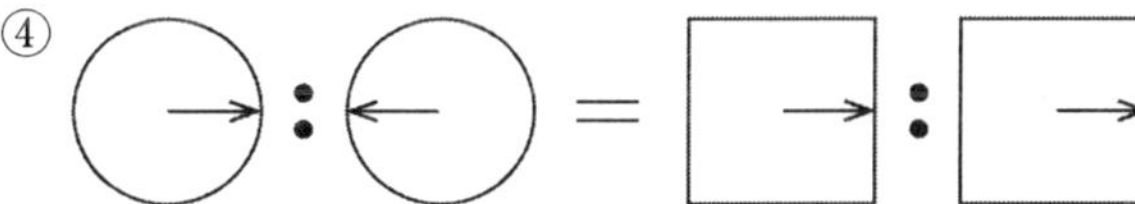

> **해설**
>
> **대응 관계의 동일성 판단**
> - 왼쪽 두 원 그림의 대응 관계는 좌우대칭 또는 180° 회전 관계임
> - ④의 오른쪽 두 그림 역시 좌우대칭 또는 180° 회전을 적용하면 동일한 대응 관계가 성립함
> - ①은 오른쪽 그림이 좌우대칭과 180° 회전 중 하나로만 해석되어 대응이 완전하지 않음
> - ②·③은 오른쪽 그림이 상하대칭 또는 360° 회전에 의해 성립하는 경우로 대응 관계가 같다고 볼 수 없음
>
> **정답** ④

217 다음 그림을 돌리거나 뒤집어서 만들 수 없는 것은?

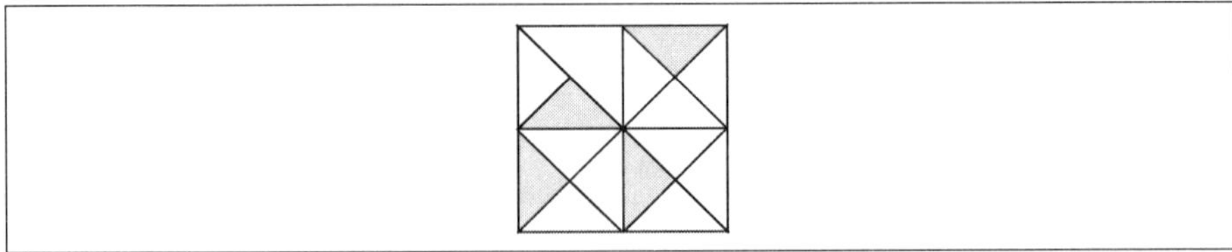

① 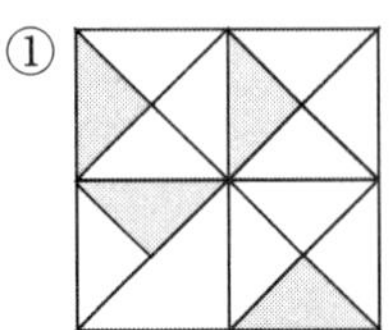 ② 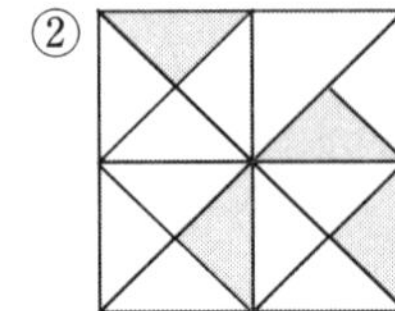 ③ 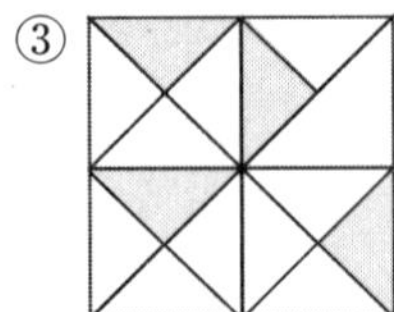 ④ 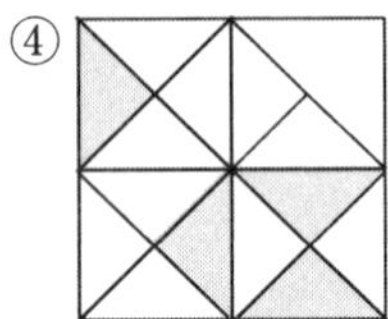

해설

도형 회전 판단
- 기준 도형을 오른쪽으로 90° 회전하면 ①의 모양이 됨
- 기준 도형을 오른쪽으로 180° 회전하면 ②의 모양이 됨
- 기준 도형을 오른쪽으로 270° 회전하면 ③의 모양이 됨
- ④는 회전이나 뒤집기로 만들 수 없는 배치임
- ④에는 오른쪽 아래 방향의 대각선 형태가 존재하지 않음

정답 ④

218 상자 안의 그림을 회전시키거나 뒤집어서 얻을 수 없는 것은?

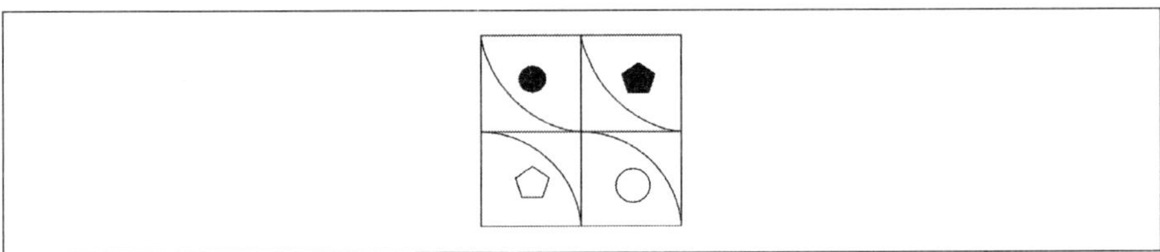

① 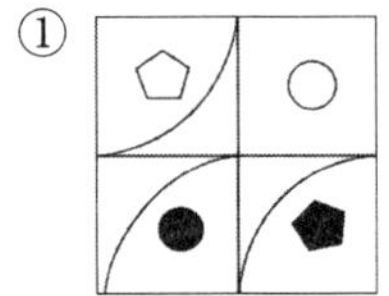 ② 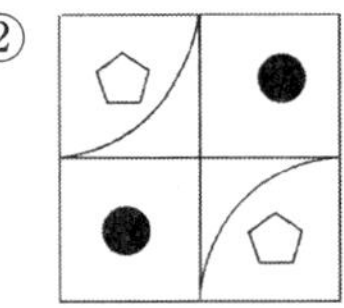 ③ 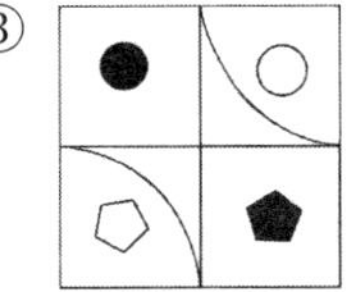 ④ 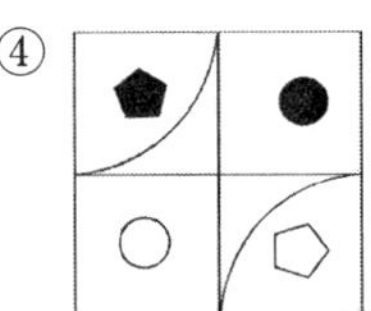

해설

도형 변환 방식 비교
- ①번은 주어진 그림을 위아래로 뒤집은 결과에 해당함
- ③번은 주어진 그림을 시계 방향으로 90° 회전한 뒤 좌우로 뒤집은 결과에 해당함
- ④번은 주어진 그림을 좌우로 뒤집은 결과에 해당함
- ②번은 위의 어떤 회전이나 뒤집기에도 해당하지 않는 배치임
- 따라서 주어진 조건을 만족하는 도형은 ②번임

정답 ②

219 바닥에 그려진 다음 그림들을 중 임의의 위치에서 관찰할 때, 나머지 셋과 다른 그림을 고르면?

① 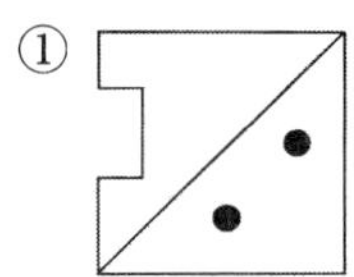 ② 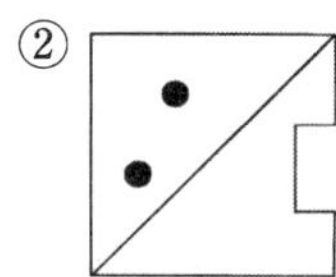 ③ 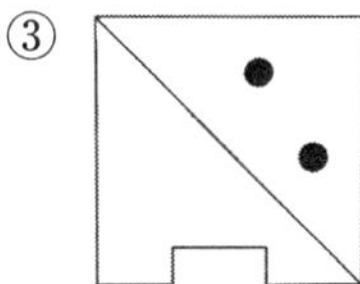 ④ 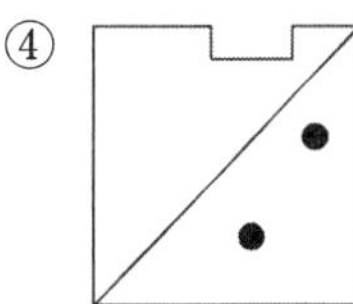

해설

도형 관찰 방향에 따른 동일성 판단
- ①, ②, ③번은 회전시켜 보면 서로 동일한 도형임
- 이 세 도형은 관찰 위치만 달라질 뿐 구조는 동일함
- ④번은 회전만으로는 동일한 모양이 되지 않음
- ④번은 좌우 또는 상하로 뒤집어야만 같은 모양이 됨
- 따라서 나머지 셋과 다른 도형은 ④번임

정답 ④

220 다음에서 〈보기〉와 다른 그림을 고르면?(단 , 도형을 뒤집지 않는 것으로 함)

〈보기〉

1	2	3
4	5	6
7	8	9

① 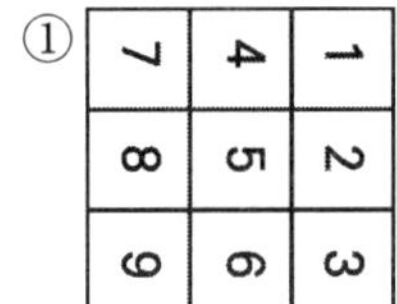 ② 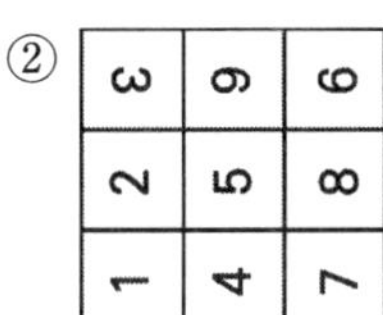 ③ 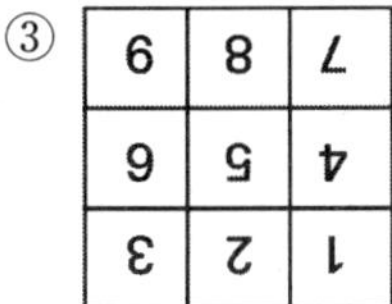 ④ 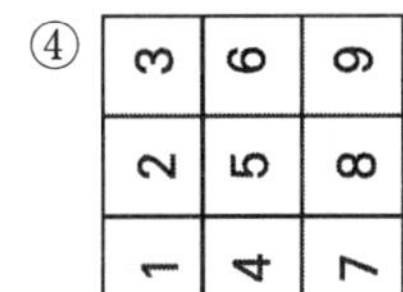

정답 ②

04 의사소통능력(국어)

유형 15
글의 주제 및 내용 · 순서 파악

◉ 글의 주제 및 내용 파악 핵심 정리

① 중심 내용 찾기 3단계 전략

 ㉠ 1단계 : 반복되는 핵심어 찾기

  • 글에서 여러 번 등장하는 단어를 표시함

  • 글 전체를 관통하는 개념에 주목함

  • 예시 · 세부 설명과 구분함

 ㉡ 2단계 : 글의 목적 판단

  • 설명 글인지 주장 글인지 구분함

  • 필자가 무엇을 말하려는지 한 문장으로 정리함

  • 사례는 중심 내용이 아님

 ㉢ 3단계 : 한 문장으로 요약

  • "이 글은 ○○에 대해 설명하고 있다" 형태로 정리함

  • 세부 내용이 아닌 전체 방향을 정리함

  • 선택지와 비교하여 가장 포괄적인 것을 고름

② 일치 · 불일치 함정 포인트

 ㉠ 표현 바꿔치기 함정

  • 지문과 비슷하지만 단어 하나가 바뀜

  • "일부"를 "모두"로 바꾸는 경우 주의함

  • 범위를 넓히거나 줄이는 표현을 확인함

 ㉡ 과장 · 축소 표현

  • 항상, 반드시, 전부 등 극단 표현은 오답 가능성 높음

  • 지문에 없는 내용을 추가하면 오답임

  • 조건이 빠진 선택지 주의함

 ㉢ 순서 왜곡

  • 사건의 흐름을 바꾼 선택지 확인함

- 원인과 결과가 뒤바뀌었는지 점검함

③ 추론 vs 사실 구별법

　㉠ 사실 판단

- 지문에 직접 제시된 내용임
- 문장을 그대로 옮긴 형태임
- 근거가 명확히 존재함

　㉡ 추론 판단

- 지문 내용을 바탕으로 판단한 내용임
- 글에 직접 쓰여 있지는 않음
- 반드시 지문 근거를 찾을 수 있어야 함

　㉢ 구별 절차

- 1단계 : 지문에 문장이 그대로 있는지 확인함
- 2단계 : 없으면 근거가 있는지 찾음
- 3단계 : 근거가 없으면 오답임

예·시·문·항

221 **다음과 같은 글에서 알 수 있는 사실로 가장 적절한 것은?** 한국원자력마이스터고/한국반도체마이스터고

> 듣기·말하기 방법은 세대나 지역 등의 사회·문화적 특성에 따라 다를 수 있으므로, 그 차이를 이해하고 존중해야 합니다.
>
> 지역에 따른 말하기 방법의 차이는 지역 방언을 보면 알 수 있습니다. 지역 방언에는 그 지역 사람들의 삶의 방식과 정서가 녹아 있습니다. 그래서 지역 방언은 그 자체로 가치가 있으므로, 지역 방언의 특성을 인정하고 존중하는 태도를 지녀야 합니다. 다만 공적인 대화를 할 때에는 의사소통을 원활하게 하기 위해 표준어를 쓰는 것이 좋습니다.

① 시대 흐름에 따라 지역 방언을 표준어로 바꾼다.

② 다양한 지역 방언은 그 지역의 특성을 반영하고 있다.

③ 지역 방언을 섞어서 대화하면 의사소통에 도움이 된다.

④ 의사소통에 불편을 초래하는 방언은 하나씩 줄여 나간다.

⑤ 국제화 시대에 지역 방언을 잘 활용하면 오히려 우리나라를 알리는 데 좋다.

해설 **글의 내용 이해**
- 지역 방언에는 그 지역 사람들의 삶의 방식과 정서가 녹아 있음
- 이는 지역 방언이 지역의 특성을 반영함을 의미함
- 글은 방언을 존중하되 공적 상황에서는 표준어 사용을 권함
- 따라서 지문 내용과 가장 일치하는 것은 ②임

정답 ②

222 **다음 글을 읽고 알 수 있는 내용으로 옳지 않은 것은?** 대구반도체 마이스터고

> 옛날 아라비아의 어떤 상인이 임종을 맞게 되었다. 그는 자기 앞에 세 아들을 불러 앉혔다. 그리고는, "내가 너희들에게 남겨 줄 유산이라고는 말이 열일곱 필이 있을 뿐이다. 그러나 이 고장의 습관에 따라 똑같이 나누어 줄 수는 없으니까 맏아들 너는 열일곱 마리의 반을, 둘째 아들 너는 전체의 3분의 1을, 그리고 막내아들 너는 전체의 9분의 1을 갖도록 해라."고 유언을 했다. 얼마 후 아버지는 세상을 떠났다.
>
> 재산을 나누어 가져야 할 삼형제 간에는 오랜 싸움이 계속되었으나 해결할 길이 없었다. 맏아들은 열일곱의 반으로 아홉 마리를 주장했다. 그러나 동생들은 아홉 마리는 2분의 1이 넘으니까 줄 수 없다는 것이다. 여덟 마리 반이 되지만 반 마리는 처리할 수가 없기 때문이다. 둘째 아들은 여섯 마리를 가져야 한다고 고집을

부렸다. 그러나 형과 동생은 다섯 마리밖에는 줄 수가 없다는 것이다. 막내 아들은 두 마리를 가져야 한다고 욕심을 부렸다. 그러나 형들은 두 마리는 열일곱의 9분의 1이 넘으므로 우리들만 손해를 볼 수 없다고 고집을 부렸다. 싸움은 여러 날 계속되었지만 누구도 만족스러운 해결을 내릴 수가 없었다.

　하루는 이들의 집 앞을 한 목사가 지나갔다. 세 아들은 그 목사에게 아버지의 유산 문제를 해결지어 주도록 청을 드렸다. 누구도 만족할 만한 결론을 얻을 수 없었기 때문이다. 모든 이야기를 듣고 난 목사는, "그러면 이렇게 합시다. 내가 타고 온 말 한 마리를 당신들에게 드리지요. 그러면 열여덟 마리가 될 것입니다. 맏형은 그 2분의 1인 아홉 마리를 가지시오. 둘째는 그 3분의 1에 해당하는 여섯 마리를 가지시오. 그리고 막내는 9분의 1에 해당하는 두 마리를 차지하십시오. 그렇게 되면 당신네 세 사람은 모두가 아버지의 약속된 유산보다도 많은 것을 가지게 될 것입니다."라고 말했다. 세 아들은 모두 만족했다. 목사가 얘기해 준 대로 자기들에게 돌아올 말들을 찾아가졌다. 일을 끝낸 목사는, "그러면 나는 다시 길을 떠나야겠습니다."는 인사를 하고 걸어서 대문 앞을 나섰다. 바로 그 때였다. 한 아들이 뒤따라 나오면서, "목사님, 말을 타고 오셨다가 어떻게 이 사막 길을 걸어가실 수가 있습니까? 외양간에 가 보니까 아직도 한 마리가 남아 있습니다. 우리들이 차지할 것은 다 차지했는데도 한 마리가 남았으니 이 말을 타고 가십시오."라고 말했다. 목사는, "그렇습니까? 나에게 한 마리를 다시 주신다니 타고 가겠습니다."라고 말하면서 말을 탔다. 타고 보니 그것은 조금 전 타고 왔던 바로 그 말이었다. 아들들은 목사에게 감사를 드렸다. 그리고 목사는 아까와 같이 자기 말을 타고 갔다.

① 세 아들은 어리석기 그지없는 젊은이들이다.

② 눈앞의 이익을 중시하는 태도는 문제를 해결할 수 없다.

③ 문제를 해결하기 위해서는 이기주의적인 태도를 버려야 한다.

④ 목사는 아들들이 모르는 수학적 계산으로 문제를 해결해 주었다.

⑤ 자신의 욕심만을 앞세우는 사람들이 벌이는 맹목적인 이해다툼의 문제를 지적하고 있다.

해설　**글의 내용 판단**
- 목사는 단순한 수학적 계산만으로 문제를 해결한 것이 아님
- 자신의 말을 내어 주는 배려와 지혜로 갈등을 해소함
- 핵심은 시각 전환과 나눔의 실천에 있음
- 따라서 수학적 계산으로 해결하였다는 ④는 옳지 않음

정답 ④

223 **다음 글에 대한 설명으로 가장 적절한 것은?**   한국원자력마이스터고/한국반도체마이스터고

책은 먼저 많이 읽는 것으로 첫 태도를 삼는다. 많이 읽어야 공부의 바탕이 넓어질 것이 아닌가? 다음으로 정밀하게 읽는 것이 독서의 가장 바른 방법이다. 많이 읽는다 하여 아무런 책이나 마구 읽어서는 안 된다. 이것을 남독이라 하는데 이는 머리를 뒤죽박죽으로 만들어 피로와 혼란을 줄 뿐 아니라 시간을 낭비하게 되는 단점을 갖고 있다. 책이라고 해서 다 유익하고 훌륭한 것은 아니요, 부질없고 방해되는 책도 이 세상에는 적지 않다. 그러므로 독서를 할 때에는 무엇보다도 좋은 책을 골라서 읽는다는 생각을 가져야 할 것이다.

좋은 책이란 무엇인가? 요령 있게 쓰이고 감동 깊게 쓰인 것, 풍부한 내용, 고귀한 사상을 지닌 책을 가리켜 좋은 책이라고 한다. 그러면 읽기 전에 이런 좋은 책을 어떻게 알 수 있는가? 이 물음에 대답하는 말은 지극히 간단하다. 예로부터 이름 있는 책, 훌륭한 문인 학자들이 추장하는 책, 학문의 바탕이 되는 책, 인생 체험에 많은 가르침을 주는 책, 이런 책들이 양서이다.

공부하는 도중의 독서는 흥미만을 표준삼지 말라. 유행하는 책만을 탐내지 말라. 제 실력, 제 정도에 넘치는 책을 함부로 읽지 말라. 멋모르고 주워 읽은 책은 그 책의 가치를 모를 뿐 아니라 뒷날 다시 읽으려 하면 한 번 읽은 것이라 하여 다시 펴기가 싫어지기 쉬운 것이다. 어린 날의 독서 태도는 먼저 이 세 가지를 명심하여야 한다.

책을 읽거든 중요한 대문을 뽑아서 정리해 두는 습관을 길러야 한다. 뒷날 그 책을 참고할 일이 있을 때 수고를 덜어 줄 것이다. 누구의 무슨 책 몇 쪽에 있다는 것을 밝혀 두면 더욱 좋다. 그리고 책을 읽은 뒤의 느낌을 요약해서 적어 두도록 하라. 책 속에 들어 있는 사상을 이해하고 비판하는 공부에 도움이 되는 까닭이다. 또한 책을 읽는 동안에 모르는 말이 나오거든 뒤로 미루지 말고 그 자리에서 사전을 찾는 습관을 기르라. 책에서 얻은 지식을 활용하고 체험하는 노력을 가지는 것이 또한 좋다. 무엇보다 책을 소중히 할 줄 알아야 한다. 이는 그 책을 애써 쓴 사람에 대한 예의요, 공부에 대한 엄숙한 마음을 길러 준다. 책장이 떨어지면 그 자리에서 곧 붙일 것이요, 책가위를 종이로 싸서 두는 것도 이러한 마음의 표현이 아니겠는가?

① 좋은 책을 선택하는 방법에 대하여 안내하고 있다.
② 책이 만들어 진 역사와 가치에 대해 설명하고 있다.
③ 인류 역사에서 책이 나오기까지의 과정을 상세하게 기술하고 있다.
④ 책을 읽는 방법이나 태도 등을 알려 주기 위해 자유롭게 쓴 글이다.
⑤ 책읽기를 통해서 얻는 보람이나 즐거움을 논리적으로 설득하고 있다.

해설

글의 중심 내용 파악
- 글은 좋은 책의 기준뿐 아니라 올바른 독서 태도와 방법을 제시함
- 남독을 경계하고 독서 습관을 구체적으로 안내함
- 중요한 내용 정리, 사전 찾기, 책을 소중히 하는 태도 등을 강조함
- 따라서 독서 방법과 태도를 설명한 글이므로 ④임

정답 ④

224 다음 글에서 필자의 주장을 유추한 것으로 가장 적절한 것은?　　한국반도체마이스터고

> 먹을거리가 부족했던 옛날에는 통통한 몸을 아름답다고 여겼습니다. 하지만 시대가 변해 열량을 쉽게 섭취할 수 있게 되자 아름다운 몸에 대한 기준이 바뀌었습니다. 과거에는 없어서 못 먹었기에 선망의 대상이었던 고열량 식품들도 비만과 성인병의 주범으로 기피당하는 신세가 되었습니다. 이것은 모두 세상의 빠른 변화에 우리 몸이 적응하지 못해 벌어지는 일입니다. 그 변화를 되돌릴 수 없다면 이제는 우리의 식습관과 생활 습관을 바꾸어야 하지 않을까요?

① 식습관과 생활 습관의 변화가 필요하다.

② 세상의 빠른 변화에 우리 몸이 적응하지 못한다.

③ 시대에 따라 아름다운 몸에 대한 기준이 바뀌었다.

④ 옛날 사람들은 통통한 몸을 아름답다고 생각했다.

⑤ 사람들은 고열량 식품을 비만과 성인병의 주범으로 기피한다.

해설

필자의 주장 추론
- 글의 마지막에서 식습관과 생활 습관의 변화를 제안함
- 앞부분 내용은 주장 전개를 위한 배경 설명임
- 핵심 메시지는 변화된 환경에 맞춘 생활 방식 개선임
- 따라서 필자의 **주장은** ①임

정답 ①

225 다음 글을 읽고 인스턴트 식품의 특징으로 가장 옳은 것을 고르시오.   미림마이스터고

> 식생활이 잘못되면 우리는 쉽게 비만에 걸리게 된다. 이러한 식생활에서 특히 문제가 되는 것은 인스턴트 식품이다. 이러한 식품들은 쉽게 비만을 일으키기 때문인데 안타깝게도 현대 사회는 간편하다는 이유로 다양한 인스턴트 식품들을 생산하고 판매하고 있어 문제가 되고 있다.

① 간편하지 않은 생산이다   ② 비만을 걸리지 않게 한다

③ 쉽게 비만을 일으킨다   ④ 현대 사회에서 보기 어렵다

⑤ 다양하지 않은 제품들이 있다

해설

중심 내용 파악
- 인스턴트 식품은 쉽게 비만을 일으킨다고 제시됨
- 잘못된 식생활의 대표적 문제 사례로 설명됨
- 현대 사회에서 간편함을 이유로 생산·판매가 증가한 상황임
- 글의 핵심은 인스턴트 식품의 비만 유발 특성임

정답 ③

※ 다음 글을 읽고 물음에 답하시오.   구미전자고등학교

> 자전거를 탈 때에는 기본적인 안전 수칙 이외에도 건강을 위해 몇 가지 주의사항을 지켜야 한다. 만약 주의사항을 지키지 않고 자전거를 타면 오히려 허리에 건강이 악화될 수도 있다. 그리고 잘못된 자세로 무거운 짐을 얹어야 해서 농어 미세 손상이 반복되어 결국 통증이 생길 가능성이 높아진다.
>
> 자전거를 타려면 우선 안장과 손잡이 높이를 자신에게 맞게 조절해야 한다. 안장이 너무 높으면 척추에 무리가 가고 통증을 유발할 수 있다. 안장이 너무 낮아도 무릎에 좋지 않다. 이때 안장 높이는 발을 페달의 최저점에 놓았을 때 무릎 뒤쪽이 155~160도로 펴진 상태가 좋다. 핸들은 허리를 30도 가량 굽히는 정도의 높이로 적당하다. 라이딩 시에는 허리를 최대 45도까지만 구부리도록 의식하고 자세를 조절하는 것이 좋다.
>
> 자전거를 오래 타게 되면 근육이 뭉치고 혈액 순환이 잘 되지 않아 근육통을 겪을 수 있다. 따라서 자전거는 단시간 타는 것이 좋다. 40분에서 50분 정도 타고 10분에서 20분 정도 충분한 휴식을 취하는 것을 권장한다. 충분한 스트레칭 이후에 자전거를 타야 하며, 라이딩 시에는 처음부터 빠르게 페달을 밟기보다는 15~20분 정도 워밍업 시간을 두고 서서히 속도를 높여가야 한다.

226 윗글에서 알 수 있는 자전거를 탈 때의 주의사항과 일치하지 않는 것은?

① 안장 높이는 발을 페달의 최저점에 놓았을 때 무릎 뒤쪽이 155~160도로 펴진 상태로 조절한다.

② 라이딩 전후 충분한 스트레칭을 해주고, 처음 15~20분 정도 워밍업 후 속도를 높인다.

③ 자전거를 오래 타게 되면 허리와 목에 무리가 가므로 30분마다 한 번 휴식을 취하는 것이 좋다.

④ 핸들은 허리를 30도 가량 굽히는 높이로 조절하고, 라이딩 시에는 허리를 최대 45도 이내로 구부린다.

해설 **내용 불일치 판단**
- 지문에서는 40~50분 주행 후 10~20분 휴식을 권장함
- 30분마다 휴식을 취해야 한다는 내용은 제시되지 않음
- 안장 높이 155~160도, 핸들 30도, 허리 45도 이내는 지문과 일치함
- 따라서 지문과 일치하지 않는 것은 ③임

정답 ③

---

227 이 글의 주제로 가장 알맞은 것은?　　　　　　　　　　　원주의료고 예시문항

> 분청사기는 전통 도자 양식 중 하나로 점토(청자토)로 만든 형상 위에 화장토(백토)를 칠한 전후에 바탕을 장식하고 유약을 발라 구워 낸 그릇을 말한다. 고려 말 퇴락해 가던 상감청자의 뒤를 이어 등장한 분청사기는 조선 중기 이전까지 널리 쓰였다. 우리나라 도자기 중에서는 가장 순박하고 서민적이며, 일상의 생활 용기라고 보기 어려울 정도로 예술적 조형미도 매우 뛰어났다.

① 전통 도자 양식　　　　　　　② 분청사기의 제작 시기
③ 분청사기의 정의와 특징　　　④ 분청사기의 예술적 조형미
⑤ 분청사기가 만들어지는 과정

해설 **중심 내용 종합 판단**
- 분청사기의 개념과 제작 방식이 제시됨
- 등장 배경과 사용 시기가 함께 설명됨
- 순박함과 예술적 조형미 등 특징이 포함됨
- 특정 요소가 아닌 전반적 성격을 설명한 글임

정답 ③

228 다음 글의 주제로 옳은 것을 고르면? ·········· 서울도시과학기술고

> 황새는 부리를 깃털 사이에 파묻고 한쪽 다리로 서서 잡니다. 다른 한쪽 다리는 접어서 깃털 사이에 넣습니다. 이렇게 기댄 채로 자는 이유는 몸의 열이 빠져나가는 것을 막기 위해서입니다. 추위로부터 몸을 보호할 수 있습니다.
>
> 기린도 서서 자는 동물입니다. 기린은 목과 다리가 길어서 누웠다 일어나면 한참의 시간이 걸립니다. 누워서 자는 사이에 사자나 표범 같은 육식 동물이 나타나면 도망가기 어렵습니다. 그래서 기린은 적이 나타나면 빨리 도망갈 수 있도록 주로 서서 잡니다.

① 황새의 생활 ② 황새와 기린의 자는 모습
③ 황새와 기린의 먹는 습관 ④ 황새의 기린의 사는 곳

해설 **중심 내용 파악**
• 황새가 한쪽 다리로 자는 이유를 설명함
• 기린이 서서 자는 이유를 설명함
• 두 동물의 수면 방식과 그 이유를 비교함
• 생활 전반이 아닌 '자는 모습'이 핵심임

정답 ②

※ 다음 자료를 읽고 질문에 답하시오. ·········· 서울도시과학기술고

> 1850년 인류학자 모르페우스는 인류의 문화를 6종류로 구분하였다. 첫째는 유목 문화로, 이 문화권에서는 주로 생선, 낙타, 사슴 등을 포획하는 어업과 목축을 한다. 둘째는 정착 문화로, 농업을 중심으로 생활하며 벼농사나 밀농사를 통해 식량을 확보한다. 셋째는 수렵 문화로, 사냥을 통해 식량을 마련한다. 이러한 문화권에 속하는 나라로는 미국, 캐나다, 북유럽 국가 등이 있다. 넷째는 산업 문화로, 이 문화권에서는 인구가 밀집되어 있으며 교통도 많이 사용한다. 다섯째는 상업 문화로, 무역을 중심으로 경제 활동을 하며 시장을 활성화한다. 여섯째는 관광 문화로, 자연환경이나 문화유산을 활용하여 관광 산업을 발전시킨다.

229 윗 글의 주제는?

① 인류학자의 문화 구분 ② 각 문화권에서의 직업과 차이
③ 인류학자의 문화 구분 방법 ④ 문화권의 특징과 분포

해설 **중심 내용 파악**
• 글은 인류학자가 문화를 여러 유형으로 나눈 내용을 설명함
• 각 문화의 특징은 구분 설명을 위한 내용임
• 직업이나 분포 자체가 중심은 아님
• 문화 분류 자체가 핵심 내용임

정답 ①

230 윗 글을 읽고 추론한 내용 중 올바른 것은 무엇인가?

① 정착 문화권의 사람들은 대부분 농업에 종사한다.

② 수렵 문화권의 사람들은 산업화가 빠르게 진행되었다.

③ 유목 문화권의 사람들은 관광업에 종사할 가능성이 높다.

④ 산업 문화권의 사람들은 인구가 적고 교통이 불편하다.

해설

내용 추론
- 정착 문화는 농업 중심 생활임
- 수렵 문화는 사냥 중심으로 산업화와 관련 없음
- 유목 문화는 가축과 이동 생활이 중심임
- 산업 문화는 인구 밀집과 교통 발달이 특징임

정답 ①

※ 다음 지문을 읽고 문제에 답하시오. 서울도시과학기술고

(A) 자동차 사고에서 인명을 구하는 방법은 여러 가지가 있겠지만 그중에서 가장 일반화된 것이 안전벨트의 착용이다.

(B) 최근 어떤 연구에서는 앞좌석에 탄 사람들이 안전벨트를 착용하고, 뒷좌석에 탄 사람들이 안전벨트를 착용한 경우와 착용하지 않은 경우, 인명피해가 얼마나 차이 나는지 조사하는 실험을 하였다. 실험 결과, 뒷좌석에 탄 사람들이 안전벨트를 착용하지 않은 경우, 착용한 경우에 비해 인명피해가 훨씬 크다는 사실이 밝혀졌다.

(C) 현재 교통법규에 의해 운전자뿐만 아니라 앞 좌석에 탄 사람이 안전벨트를 착용하지 않으면 벌점과 함께 범칙금까지 내게 되어 대부분의 사람들이 안전벨트를 착용한다. 그러나 문제는 뒷좌석에 탄 사람들은 안전벨트 착용이 그다지 신경을 쓰지 않는다는 것이다.

(D) 자동차가 충돌할 경우 뒷좌석에 탄 사람이 앞좌석에 탄 사람에게 엄청난 속도로 충돌하여 커다란 충격을 준다. 앞좌석에 탄 사람은 안전벨트에 의해 자동차의 앞부분과 충돌하는 것을 방지할 수 있지만, 뒷좌석에 탄 사람들과의 충돌은 뒷좌석에 탄 사람이 안전벨트를 착용하지 않을 경우 방지할 수 없다.

231 윗 글의 내용과 일치하는 것은 무엇인가?

① 뒷좌석에 탄 사람은 앞좌석과의 충돌을 예상하여 안전벨트를 착용해야 한다.

② 앞좌석에 탄 사람은 안전벨트를 착용했을 때 옆 사람과의 충돌은 피할 수 있다.

③ 교통사고 발생 시 인명 피해를 줄이는 유일한 방법은 안전벨트이다.

④ 현행법상 뒷좌석에 탄 사람은 안전벨트를 착용하지 않아도 된다.

M·E·M·O

[해설] **내용 일치 판단**
- 지문은 뒷좌석 승객이 안전벨트를 착용하지 않으면 앞좌석 승객에게 큰 충격을 준다고 설명
- 앞좌석 안전벨트는 차량 전면과의 충돌 방지이지 사람 간 충돌 방지는 아님
- 안전벨트가 일반적인 방법이라 했으나 '유일한 방법'이라 하지는 않음
- 지문에는 교통법규상 안전벨트 착용이 규정되어 있음을 밝힘

[정답] ①

232 윗 글 보기 A-D의 순서를 올바르게 배열한 것은 무엇인가?

① A-B-C-D　　　　　　　② A-C-B-D

③ B-A-C-D　　　　　　　④ B-C-A-D

[해설] **글의 전개 순서 판단**
- (A)는 안전벨트의 일반적 중요성을 제시한 도입 부분임
- (B)는 연구 결과를 통해 안전벨트 효과를 구체적으로 설명함
- (C)는 현행 법규와 문제점을 제시함
- (D)는 사고 시 발생하는 실제 충돌 상황을 설명함
- 일반적 설명 → 연구 결과 → 법적 상황 → 충돌 원인 설명의 구조임

[정답] ①

233 윗 글의 맨 마지막에 이어질 내용으로 알맞은 것은 무엇인가?

① 안전벨트 착용을 의무화해야 한다.

② 앞좌석뿐만 아니라 뒷좌석의 사람들도 안전벨트를 착용해야 한다.

③ 교통사고 시 안전벨트 착용이 인명 피해를 최소화할 수 있다.

④ 안전벨트 착용을 통해 교통사고의 사상자를 줄이기 위해 노력해야 한다.

[해설] **내용 추론**
- 지문은 뒷좌석 승객의 안전벨트 미착용 문제를 지적함
- 사고 시 뒷좌석 승객이 앞좌석 승객에게 큰 피해를 준다고 설명함
- 앞좌석뿐 아니라 뒷좌석의 안전벨트 착용 필요성을 강조하는 흐름임
- 따라서 결론은 뒷좌석도 안전벨트를 착용해야 한다는 내용이 적절함

[정답] ②

※ 다음 지문을 읽고 질문에 답하시오.

서울도시과학기술고

> (가) 2006년 12월에 이란 국영방송에서는 우리나라의 드라마 「대장금」을 방영했고, 이란인들에게 「대장금」은 폭발적인 인기를 얻었다. 「대장금」의 성공에 힘입어 다수의 한국 드라마들이 이란에 소개되었고, 이란인들 사이에서 자연스럽게 한국어 학습에 대한 열기가 생겨났다. 현재 이란의 많은 서점에서 한국어 교재를 손쉽게 구할 수 있다. 그러나 한국어로 쓰인 일반 읽기 한국어 교재는 보기 힘들며 제대로 된 한국어 교재가 없다는 것이다. 따라서 제대로 된 한국어 학습 기관과 교재 개발이 시급하다.
>
> (나) 현재 한국어 보급 기관은 한국문화원, 한글학교, 세종학당 등 이름이 제각각이어서 영국·브라질·독일·아르헨티나·중국·중동 등지에 흩어져 있다. 정부에 따르면 전 세계에 있는 한국어 학습 기관은 2,177개에 달하지만 대부분 북미와 일본 등 재외 동포 거주 지역에 집중되어 있다. 정부는 "그 명칭을 세종학당으로 통일하면서 교육과정을 표준화하고 교육의 질을 높여 한국어 교육의 브랜드 가치를 높여 나갈 계획이다."라고 설명했다. 따라서 전 세계에 한국어 교육 체계를 보급 통합 브랜드인 세종학당을 한국어 학습 수요가 급증하는 지역을 중심으로 2015년까지 500개로 확대할 예정이다.

234 윗 글의 주제는 무엇인가?

① 한국어 보급을 위한 국가적인 측면의 노력

② 한국어 교육 기관의 실태와 정부의 정책 소개

③ 한국어 교육의 전 세계적인 브랜드화의 필요성

④ 한국어 교육의 문제점과 이에 대한 비판

해설 **중심 내용 파악**
- (가)는 한국 드라마를 계기로 한국어 학습 열기가 높아졌음을 설명함
- (나)는 정부가 한국어 교육 기관을 통합·확대하려는 정책을 제시함
- 전체적으로 한국어 보급 확대를 위한 국가적 노력을 다룸
- 특정 기관 실태만이 아니라 보급 정책 전반이 핵심인

정답 ①

235 윗 글의 내용과 일치하는 것은 무엇인가?

① 전 세계에 한국어의 인기가 높아짐에 따라 한국어 사전과 교재가 충분히 보급되었다.

② 2015년까지 한국문화원, 한글학교 등은 세종학당으로 전환될 예정이다.

③ 현재 이란에서는 한국어 및 한국어 교육 기관에 대한 인기가 높다.

④ 세종학당은 이란처럼 한국어 학습을 원하는 곳에만 설치된다.

해설 **내용 일치 판단**
- (가)에서 이란에서 한국 드라마 인기로 한국어 학습 열기가 생겼다고 밝힘
- 교재가 충분하다고 한 내용은 없으며 오히려 부족하다고 설명함
- 모든 기관이 세종학당으로 전환된다고 단정하지 않음
- 세종학당은 전 세계적으로 확대 계획임

정답 ③

236 다음 글의 제목으로 가장 적절한 것은?

> 최근 몇 년 사이 디지털 플랫폼은 단순한 정보 전달 수단을 넘어 사회적 의사결정에까지 영향을 미치는 핵심 매개로 자리 잡았다. 개인은 알고리즘이 추천하는 뉴스와 콘텐츠를 통해 세상을 인식하고, 이러한 반복적 노출은 특정 관점이나 해석을 강화하는 방향으로 작용한다. 특히 플랫폼은 이용자의 과거 선택을 분석해 유사한 정보만을 제공하는 경향이 있어, 이용자는 자신도 모르게 제한된 시각 안에 머무를 가능성이 커진다.
>
> 이러한 현상은 정보의 편향성을 심화시키는 한편, 공론장의 다양성을 약화시킨다는 비판을 낳고 있다. 사회적 쟁점에 대해 서로 다른 입장이 존재함에도 불구하고, 개인은 자신의 기존 인식과 일치하는 정보만 접하면서 타인의 관점을 이해할 기회를 잃게 된다. 그 결과 사회적 갈등은 해결되기보다 오히려 고착화되는 양상을 보인다.
>
> 이 때문에 최근에는 디지털 환경에서의 정보 소비 방식에 대한 성찰이 필요하다는 주장이 제기된다. 플랫폼의 편의성을 무조건적으로 수용하기보다, 다양한 출처의 정보를 비교 · 검토하려는 개인의 노력이 민주적 사회 유지에 중요한 조건으로 인식되고 있다.

① 디지털 기술의 발전과 정보 접근성 확대

② 알고리즘 기반 서비스의 기술적 한계

③ 디지털 플랫폼이 사회 인식에 미치는 영향

④ 민주 사회에서 정보 검증의 법적 제도화

해설 **디지털 플랫폼과 사회 인식**
- 글 전반에서 플랫폼과 알고리즘의 작용을 중심 화제로 다룸
- 개인의 정보 인식과 사회적 갈등 문제를 연결해 설명함
- 기술 자체보다 사회적 영향에 초점을 맞춘 내용임
- 글 전체를 포괄하는 핵심 주제를 가장 정확히 반영함

정답 ③

※ 다음 지문을 읽고 질문에 답하시오.　　　　　　　　　서울도시과학기술고

> 고인돌은 한국 청동기 시대의 대표적인 무덤입니다. 제주도를 포함하여 전국에 분포하고 있으나, 황해도와 전라도에 가장 밀집되어 있습니다.
> 고인돌은 다양한 역할을 하였습니다. 첫째, 고인돌은 이웃 마을과의 경계를 표시하고, 마을의 힘을 드러내는 데 사용되었습니다. 고인돌을 세우기 위해서는 적어도 수십에서 수백 명의 사람들이 함께 고인돌에 쓸 돌을 옮겨야 합니다. 그러므로 고인돌이 크다는 것은 그 부족의 인구가 많고, 부족의 힘이 강하다는 것을 의미합니다.
> 둘째, 고인돌은 신앙과 희생의 대상으로 사용되었습니다. 자연환경의 영향을 많이 받았던 옛날 사람들은 거대한 바위는 영원히 죽지 않기 때문에 강한 생명력과 특별한 힘을 지니고 있을 것이라 믿었습니다. 그래서 거대한 바위는 죽은 사람의 혼령이 되어 설 수 있는 특별한 장소라고 생각하여 무덤으로 사용하였습니다. 사람들은 고인돌 속에 죽은 부족장이 영원히 쉬고 있다고 믿었기 때문에 고인돌에서 제사를 지내고 부족의 번영과 안녕을 기도하였습니다.

237 윗 글의 주제는 무엇인가?

① 고인돌의 역할　　　　　　② 우리나라의 고인돌 분포

③ 고인돌과 부족 간의 경쟁　　④ 고인돌과 청동기 신앙

해설 **중심 내용 파악**
- 글은 고인돌의 분포를 언급한 뒤 다양한 기능을 설명함
- 경계 표시, 부족의 힘 과시, 신앙과 제사의 대상 등 역할을 제시함
- 특정 분포나 신앙만이 아니라 기능 전반을 다룸
- 선체 내용을 포괄하는 것은 고인돌의 역할임

정답 ①

238 윗 글의 내용 중 올바른 것은 무엇인가?

① 고인돌은 전라도와 황해도 지역의 대표적인 상징물이다.

② 고인돌은 본래 부족의 힘을 나타내기 위해 만들어졌으나, 이후 신앙의 대상으로 사용되었다.

③ 고인돌은 이웃 마을과의 경계를 나타내고 부족의 힘을 과시하기 위해 사용되었다.

④ 고인돌은 변함없는 자연을 예찬하기 위해 만든 예술작품이다.

> **해설** **내용 일치 판단**
> - 글은 고인돌이 마을 경계를 표시하고 부족의 힘을 드러내는 역할을 했다고 설명함
> - 특정 지역의 상징물이라고 하지는 않음
> - 힘 과시분 아니라 신앙·무덤 기능도 함께 제시됨
> - 예술작품이라는 내용은 없음

정답 ③

239 다음 문장을 배열할 때, 그 순서로 가장 적절한 것은?

> (가) 선거가 가까워질수록 대통령 후보들의 표심 잡기 경쟁은 점차 과열되고 있다. 후보들은 국민의 삶을 개선하겠다는 명분 아래 다양한 정책과 공약을 제시하며 지지를 호소하지만, 그중에는 충분한 검토 없이 당장의 호응을 얻기 위한 선심성 약속도 적지 않다는 지적이 제기된다. 이러한 현상은 선거 국면에서 반복적으로 나타나는 문제로 인식되고 있다.
>
> (나) 특히 이러한 선심성 공약 가운데 가장 논란이 되는 것은 복지 공약이다. 유권자들의 과도한 복지 요구와 표를 얻으려는 후보들의 계산이 맞물리면서, 복지는 마치 모든 사회 문제를 해결할 수 있는 만병통치약처럼 제시된다. 그러나 이제 우리는 매번 선거철마다 반복되는 복지 공약에 대해, 그것이 과연 현실적으로 타당한지 차분히 따져볼 필요가 있다.
>
> (다) 국가 재정은 한정되어 있으며, 이미 여러 분야에서 지출 부담이 누적되고 있는 상황이다. 이러한 조건에서 충분한 재원 대책 없이 무상 혜택을 확대하겠다는 약속은 실현 가능성이 낮을 수밖에 없다. 곳간이 비어 있는 상태에서 어떻게 무상으로 모든 국민의 다양한 요구를 충족시킬 수 있단 말인가.
>
> (라) 그렇다면 대통령 후보들은 과연 당선 이후에도 반값 등록금, 무상급식, 무상 의료, 노인 복지 확대와 같은 복지 공약들을 선거 과정에서 약속한 대로 실천할 수 있을까. 구체적인 재정 대안 없이 제시된 이러한 공약들은 결국 실현 가능성의 문제에 직면하게 된다.

① (가) – (나) – (다) – (라)　　　　② (가) – (나) – (라) – (다)

③ (가) – (다) – (나) – (라)　　　　④ (가) – (라) – (다) – (나)

해설 **문장의 논리적 전개**
- [가]에서 선거 국면에서 선심성 공약이 남발되는 전반적 상황을 제시함
- [나]에서 '특히'를 사용해 복지 공약을 핵심 문제로 특정하고, 마지막에 '따져볼 필요가 있다'며 이후 논의 방향을 제시함
- [라]에서 '그렇다면'으로 [나]의 문제 제기를 받아 구체적인 질문을 전개하고, 복지 공약의 실현 가능성 문제를 제기함
- [다]에서 국가 재정의 한계를 근거로 들어 [라]에서 제기한 실현 가능성 의문에 대해 불가능성을 논증함

정답 ②

240 다음 (가)~(라)를 논리적 순서에 따라 바르게 나열한 것은?

> (가) 아스피린은 비교적 오래전부터 사용되어 온 약물이지만, 현재까지도 통증 완화와 염증 억제라는 기본적인 효능으로 인해 다양한 질환의 증상 완화에 활용되고 있다. 특히 소량으로도 일정 수준의 효과를 나타낸다는 점에서 일상적인 진통·소염제로 널리 인식되고 있다.
>
> (나) 그것은 이러한 작용과 더불어, 체내에서 일어나는 일부 생리적 반응에 영향을 미침으로써 체온 조절 과정에도 관여한다. 이로 인해 발열이 동반된 증상에서 해열 효과를 보이는 경우가 많다.
>
> (다) 그런데 이러한 효과가 관찰된다는 사실과는 달리, 아스피린이 통증과 열을 동시에 완화하는 과정이 단일한 원리로 설명될 수 있는지는 여전히 논의의 대상이 되고 있다. 이는 약물의 효과와 작용 기전을 구분해 이해해야 함을 시사한다.
>
> (라) 특히 그것은 통증에 관여하는 산성 물질의 생성 과정을 억제하고, 열 발생과 관련된 복합적인 화학 반응의 진행 속도를 늦추는 방식으로 작용하는 것으로 알려져 있다. 이러한 설명은 앞서 언급된 효과를 구체적으로 보완해 준다.

① (가), (나), (라), (다) ② (가), (다), (나), (라)
③ (가), (라), (나), (다) ④ (가), (나), (다), (라)

해설 **문장의 논리적 전개**
- [가]에서 아스피린의 기본 효능인 진통·소염 작용을 포괄적으로 제시함
- [나]에서 '그것은 이러한 작용과 더불어'로 [가]의 효능을 받아 해열 효과를 추가함
- [라]에서 '특히 그것은'으로 앞서 언급된 효능들을 구체화하며 작용 기전을 설명함
  - → '앞서 언급된 효과'는 [가]와 [나]에서 제시된 효능 전체를 지칭함
  - → '열 발생' 언급은 [나]의 해열 효과 제시 이후에만 논리적으로 성립함
- [다]에서 '그런데'를 통해 앞의 효과·기전 설명 전체를 받은 뒤 한계와 문제점을 제기함

정답 ①

241 다음 글의 주제어로 가장 적절한 것은?

현대 사회에서 개인의 삶의 질은 단순한 소득 수준만으로 설명되기 어렵다. 충분한 소득을 확보하고 있음에도 불구하고 과도한 업무 부담이나 불안정한 고용 상태로 인해 삶의 만족도가 낮아지는 경우가 적지 않다. 반대로 소득이 상대적으로 낮더라도 안정적인 생활 리듬과 사회적 관계를 유지함으로써 높은 만족감을 느끼는 사람들도 존재한다.

이러한 현상은 삶의 질이 경제적 지표만으로 환원될 수 없음을 보여준다. 개인의 여가 활용, 심리적 안정, 사회적 관계망과 같은 요소들이 복합적으로 작용하며 삶의 만족도를 형성한다. 이에 따라 여러 국가에서는 경제 성장 지표와 함께 국민의 주관적 행복 수준을 정책 평가에 반영하려는 시도를 이어가고 있다.

이는 사회 발전의 기준을 단순한 성장에서 벗어나 인간 중심의 관점으로 확장하려는 움직임으로 해석할 수 있다.

① 소득과 행복의 관계

② 경제 성장의 한계

③ 삶의 질에 대한 새로운 인식

④ 국민 행복 지표의 정책 활용

해설

삶의 질에 대한 관점 전환
- 소득 중심 사고에서 벗어난 삶의 질 개념을 제시함
- 행복과 만족도를 구성하는 다양한 요소를 설명함
- 정책 변화 논의는 주제어를 뒷받침하는 근거에 해당함
- 필자의 문제의식과 관점을 가장 포괄적으로 반영함

정답 ③

242 다음 글의 핵심어로 가장 적절한 것은?

기후 변화에 대한 논의는 더 이상 환경 보호의 차원에만 머무르지 않는다. 기후 위기는 산업 구조, 노동 환경, 국가 간 경제 격차 등 사회 전반의 문제와 긴밀하게 연결되어 있다. 예를 들어 기후 재난의 피해는 사회적 취약 계층에 더 집중되는 경향이 있으며, 이는 기존의 불평등 구조를 더욱 심화시키는 결과를 낳는다.

또한 친환경 산업으로의 전환 과정에서 발생하는 일자리 변화는 새로운 기회를 제공하는 동시에 사회적 갈등을 유발하기도 한다. 일부 산업 종사자들은 생계의 위협을 느끼는 반면, 다른 한편에서는 지속 가능한 경제 체제로의 전환이 장기적으로 모두에게 이익이 될 수 있다는 주장도 제기된다. 이처럼 기후 문제는 단일한 해결책으로 접근하기 어려운 복합적 성격을 지닌다.

이 때문에 최근 기후 변화 논의에서는 환경적 관점뿐 아니라 사회적 책임과 공정성에 대한 고려가 강조되고 있다. 이는 기후 위기를 단순한 자연 현상이 아닌, 사회 구조 전반을 재검토하게 만드는 계기로 인식하려는 흐름을 보여준다.

① 환경 보호　　　　② 기후 변화
③ 사회적 불평등　　④ 지속 가능한 발전

해설

기후 변화의 복합적 성격
• 글 전체에서 기후 문제를 중심 화제로 반복적으로 다룸
• 환경 · 경제 · 사회 구조 전반과의 연관성을 설명함
• 다른 개념들은 기후 변화에 종속된 설명 요소에 해당함
• 글의 모든 논의를 통합할 수 있는 핵심어임

정답 ②

243 다음 글의 관점과 일치하는 것은?

> 자연 재해가 발생할 때마다 이를 인간에 대한 자연의 경고나 보복으로 해석하려는 시각이 반복적으로 등장한다. 그러나 이러한 해석은 자연 현상에 인간 중심적인 의미를 부여한 결과에 가깝다. 자연은 인간에게 호의나 적의를 품지 않으며, 일정한 물리적 원리에 따라 작동할 뿐이다.
>
> 이러한 점에서 자연 재해 앞에서 인간에게 요구되는 태도는 자연의 의도를 해석하려는 시도가 아니라, 피해를 줄이기 위한 현실적인 대응이다. 과학 기술은 이러한 대응을 가능하게 하는 중요한 수단 가운데 하나이며, 재난 예측과 대응 체계의 발전은 인간의 생명과 안전을 보호하는 데 기여할 수 있다.

① 자연 재해는 인간의 도덕적 잘못에 대한 자연의 응징이다
② 인간은 자연에 순응해야 하므로 기술적 개입을 최소화해야 한다
③ 과학 기술은 자연 질서를 훼손하므로 재해 대응에 적합하지 않다
④ 자연 재해의 피해를 줄이기 위해 과학 기술의 활용은 필요하다

해설

내용의 일치 판단
• 지문은 자연 재해를 도덕적 의미로 해석하는 관점을 부정함
• 과학 기술을 재해 대응의 유용한 수단으로 제시함
• ④는 지문의 핵심 관점을 정확히 반영함

정답 ④

244 다음 글의 내용과 일치하는 것은?

> 예술 작품을 둘러싼 논의에서 흔히 제기되는 요구 가운데 하나는, 예술가가 작품을 통해 사회적 문제나 인간 삶에 대한 해답을 제시해야 한다는 주장이다. 그러나 이러한 요구는 예술의 본질적 역할을 오해한 결과일 수 있다. 질문을 해결하는 행위와 질문을 정확히 설정하는 행위는 분명히 구분되어야 하기 때문이다.
>
> 예술가의 역할은 독자나 관객이 마주해야 할 문제를 대신 해결해 주는 데 있지 않다. 오히려 예술가는 문제를 명확하게 드러내고, 그 질문을 독자 스스로 성찰하도록 제시하는 데 책임이 있다. 실제로 『안나 카레니나』나 『오네긴』과 같은 작품에서는 특정한 문제에 대한 단일한 해답이 제시되지 않는다. 그럼에도 이러한 작품들이 높은 평가를 받는 이유는, 인간 삶의 핵심적인 문제들이 매우 정교하게 설정되어 있기 때문이다.
>
> 이러한 관점에서 예술가는 판사에 비유될 수 있으며, 그 판결에 해당하는 판단은 각자의 가치관과 경험을 지닌 독자의 몫으로 남겨진다.

① 예술가는 문제 해결을 통해 독자의 공감을 이끌어야 한다

② 『안나 카레니나』와 『오네긴』은 명확한 해답 제시를 목표로 한 작품이다

③ 예술가는 질문을 제시함과 동시에 그에 대한 판단까지 내려야 한다

④ 예술가는 판사의 역할을 맡으며, 판단은 독자의 몫으로 남겨 둔다

해설 **내용의 일치 판단**
- 지문은 예술가의 역할을 문제 해결이 아닌 질문 설정으로 한정함
- 예술가는 판사에 비유되며, 판단은 독자에게 맡긴다고 설명함
- ④는 지문의 비유 구조와 역할 분담을 정확히 반영함

정답 ④

245 다음 글을 읽고 이해한 내용으로 가장 적절한 것은?

살면서 지금껏 겪어보지 못한 재난과 마주하게 되면 누구나 공포를 느끼게 마련이다. 그 '겪어보지 못한' 데에서 나오는 정보의 부재가 계속되면 공포는 불안과 분노로 발전한다. 재난 상황에서 정보를 통제하고 비밀을 유지하려고 하는 정책이 위험한 이유가 바로 이것이다. 부족한 정보와 비밀주의는 가짜뉴스의 자양분이 되고, 이렇게 만들어진 가짜뉴스는 불안해하는 대중들 사이에서 들불처럼 번져나간다. 재난에 직면한 대중이 안심하고 경제활동을 계속할 수 있게 하려면 정보를 통제해야 한다는 지극히 관료주의적이고 행정편의주의적인 믿음과는 달리, 정보를 최대한 솔직하게 공개하고 소통하면 대중의 불안이 감소한다는 다음 연구결과는 이러한 측면에서 중요한 시사점을 제공한다.

"정부 대응에 대한 부정적 평가는 재난의 객관적인 위험도나 피해의 정도와는 큰 상관관계가 없었던 반면, 정보 공개의 투명성 정도와는 강한 반비례 관계를 나타냈다. 정부 관료들은 집단 감염이 발생한 의료기관의 정보를 공개하면 사회적으로 큰 혼란이 일어날 것이라고 예측했지만, 여론의 압력을 견디지 못한 관료들이 관련 정보를 하나씩 공개할 때마다 사회적 불만지수가 감소한 반면 사회적 신뢰 및 만족 관련 지표는 크게 상승했다. 정보 공개의 투명성과 대중의 불안 및 불만이 음의 상관관계를 갖는다는 이러한 결론은 이미 타국의 관련 연구에서도 입증된 바 있다."

사회심리 전문가인 L교수는 위의 연구와 유사한 내용을 다룬 논문에서 "정부의 정보 통제는 시민들을 안심하게 하는 것이 아니라 오히려 불안에 떨게 만들었다."라며 "시민들이 SNS에서 자신들이 가진 극히 제한된 정보를 공유하는 과정에서 가짜뉴스가 함께 퍼지기 시작했다."라고 분석했다. 이어 "이와 같은 상황에서 가짜뉴스 배포자를 처벌하겠다는 정부의 엄포는 시민들의 분노만 부채질할 뿐이었다."라고 덧붙였다.

① 투명한 정보 공개는 사회적으로 큰 혼란을 초래할 수 있다.

② 가짜뉴스는 접근 가능한 정보가 풍부한 상황에서 횡행한다.

③ 재난 상황에서 정보 공개가 제한될 경우 사회적 불만 수준이 높아질 수 있다.

④ 시민들이 위험 정보를 자발적으로 교환하기 시작하면 사회적 만족 정서가 높아진다.

해설 **중심 내용 파악**
- 본문에 따르면 정부 대응에 대한 부정 평가는 정보 공개의 투명성과 강한 반비례 관계를 보임
- 정보 공개가 확대될수록 사회적 불만과 불안은 감소함
- 집단 감염 병원 명단을 공개하자 공포와 불만 정서가 실제로 감소함
- 따라서 정보 공개가 제한될 경우 사회적 불만 수준이 높아질 수 있음

정답 ③

유형 16

어휘 능력

✔ 어휘 능력 핵심 정리

① 유의어 · 반의어 구별 원칙
  ㉠ 유의어 판단
   • 기본 뜻이 비슷한지 먼저 확인함
   • 문장 속에서 서로 바꾸어 써도 자연스러운지 판단함
   • 느낌이나 쓰임이 다른 경우는 유의어가 아님
  ㉡ 반의어 판단
   • 같은 기준에서 반대 의미인지 확인함
   • 긍정 · 부정 관계인지 점검함
   • 중간 단계가 존재하는 개념인지 판단함
  ㉢ 함정 유형
   • 비슷해 보이나 쓰임이 다른 단어 주의함
   • 뜻은 같지만 상황에 맞지 않는 경우 오답임
   • 부분적으로 반대이나 완전한 반대가 아닌 경우 구분함

② 고유어 · 한자어 · 외래어 판별
  ㉠ 고유어
   • 순우리말임
   • 한자로 풀이되지 않음
   • 일상생활에서 자연스럽게 쓰임
  ㉡ 한자어
   • 한자의 뜻을 가짐
   • 두 글자 이상 결합 형태가 많음
   • 뜻을 한자로 유추할 수 있음
  ㉢ 외래어
   • 외국어에서 들어온 말임
   • 발음이 외국어와 유사함
   • 표기법이 정해져 있음

  ② 판별 절차
- 한자로 풀이 가능한지 먼저 확인함
- 외국어 발음 느낌인지 판단함
- 남는 경우 고유어 가능성 높음

③ 문맥상 적절한 어휘 선택
  ㉠ 문장 전체 의미 파악
- 빈칸 앞뒤 내용을 먼저 읽음
- 긍정·부정 분위기를 판단함
- 글의 주제와 연결되는지 확인함

  ㉡ 품사 확인
- 들어갈 단어의 품사를 판단함
- 동사·형용사·명사 형태를 구분함

  ㉢ 의미 적합성 판단
- 문장 흐름이 자연스러운지 확인함
- 과장·축소 표현이 아닌지 점검함
- 가장 일반적이고 자연스러운 표현 선택함

④ 다의어 구별
  ㉠ 기본 의미 확인
- 단어의 대표 뜻을 먼저 떠올림
- 문맥 속 의미로 좁혀 판단함

  ㉡ 문장 속 의미 결정
- 주변 단어와의 관계를 봄
- 상황에 맞는 의미인지 판단함

246 다음 문장의 빈칸에 들어갈 알맞은 말로 가장 먼 것은? 금오공고

> 나금오는 이번 기능사 자격증 시험 합격을 위해 밤낮으로 (　　)하여 공부하였다.

① 몰입　　　　　　　　　　② 집중

③ 열중　　　　　　　　　　④ 직시

해설

문맥 적절성 판단
- '몰입', '집중', '열중'은 한 가지 일에 힘을 쏟는 의미임
- 문장 맥락상 공부에 힘쓴 상황과 어울림
- '직시'(直視)는 현실이나 사실을 똑바로 바라본다는 의미임
- 공부 태도와 직접적 의미 연결이 약함

정답 ④

247 오랜만에 만난 초등학교 동창 친구는 몰라 볼 정도로 키가 컸다. 금오공고

① 괄목하다　　　　　　　　② 단결하다

③ 헛헛하다　　　　　　　　④ 질시하다

해설

관용 표현 의미 판단
- '몰라 볼 정도로'는 매우 달라져 새롭게 보인다는 의미임
- '괄목하다'는 눈을 비비고 다시 볼 만큼 놀라다의 뜻임
- '단결하다'는 힘을 합친다는 의미임
- '헛헛하다', '질시하다'는 문맥과 의미가 다름

정답 ①

248 다음 제시된 단어와 의미가 유사한 단어로 적절하지 않은 것은? 대구반도체 마이스터고

> 파고들다

① 캐다　　　　　② 따지다　　　　　③ 스며들다

④ 덜렁대다　　　⑤ 연구하다

해설

유의어 의미 구별
- 파고들다는 깊숙이 들어가거나 자세히 따져 연구하는 의미임
- 스며들다, 따지다, 연구하다, 캐다 등은 의미상 통하는 표현임
- 덜렁대다는 침착하지 못하고 가볍게 행동하는 뜻임
- 따라서 의미가 가장 거리가 먼 단어는 ④임

정답 ④

249 **다음 제시된 단어와 뜻이 같거나 유사한 의미를 가진 것은?** 한국원자력마이스터고/한국반도체마이스터고

> 행복하다

① 기쁘다   ② 슬프다   ③ 불행하다
④ 사랑하다   ⑤ 변장하다

해설 **유의어 의미 판단**
- '행복하다'는 기쁘고 만족스러운 상태를 의미함
- '기쁘다'는 즐겁고 만족스러운 감정을 나타냄
- ②와 ③은 반대 의미임
- ④, ⑤는 의미상 관련이 없으므로 ①임

정답 ①

250 **다음 단어에서 고유어는 모두 몇 개인가?** 한국원자력마이스터고/한국반도체마이스터고

> 도시, 벌, 밤, 지표, 철새, 길, 식물, 낮, 밤하늘, 이유, 스위치

① 1개   ② 2개   ③ 3개
④ 4개   ⑤ 6개

해설 **고유어 판별**
- 고유어는 우리말에서 본래부터 사용된 순우리말임
- 벌, 밤, 철새, 길, 낮, 밤하늘은 순우리말임
- 도시, 지표, 식물, 이유는 한자어임
- 스위치는 외래어이므로 고유어는 6개임

정답 ⑤

251 **다음 제시된 단어의 뜻과 가장 거리가 먼 단어를 고르시오.** 대구일마이스터고등학교

> 조용하다

① 시끄럽다   ② 편안하다
③ 소중하다   ④ 친절하다

해설 **어휘 의미 비교**
- '조용하다'는 소리가 크지 않고 고요한 상태를 의미함
- '시끄럽다'는 떠들썩하고 소리가 큰 상태로 반대 의미임
- '편안하다', '소중하다', '친절하다'는 의미상 직접적인 반대 개념이 아님
- 따라서 뜻과 가장 거리가 먼 단어는 ①임

정답 ①

252 **다음 문장의 (㉠)에 들어갈 단어로 가장 적절한 것은?** 한국원자력마이스터고/한국반도체마이스터고

> 영철이는 오늘 친구 두 명과 함께 진로 탐색을 위한 기업 방문을 하기로 하였으나 갑자기 발생한 경수의 사정을 특별히 (㉠)하여 다른 친구 한 명과 예정대로 기업을 방문할 계획이다.

① 고려   ② 교류   ③ 연상

④ 신뢰   ⑤ 의지

해설 **문맥상 어휘 판단**
- '고려하다'는 상황이나 사정을 헤아림을 의미함
- 문장은 친구의 사정을 반영하여 계획을 조정하는 내용임
- 교류, 연상, 신뢰, 의지는 문맥에 부적절함
- 따라서 가장 적절한 단어는 ①임

정답 ①

253 **다음 중 빈칸에 들어갈 가장 적절한 단어를 고르시오.** 대구일마이스터고등학교

> 성공을 위해서는 최선을 다해 꾸준히 노력하는 ( )한 태도가 필요하다.

① 나태   ② 성실
③ 초라   ④ 따분

해설 어휘의 문맥 적절성
- 문장은 꾸준히 노력하는 태도를 설명하고 있음
- '성실한'은 정성스럽고 참된 태도를 의미하여 문맥에 적절함
- '나태한'은 게으른 태도로 반대 의미임
- '초라한', '따분한'은 문맥과 의미상 맞지 않음

정답 ②

254 다음 〈보기〉에 주어진 특성에 가장 적합한 단어를 선택하시오. 평택마이스터고/동아마이스터고

〈보기〉

화려하다, 향기롭다

① 꽃 ② 비단
③ 나비 ④ 벌

해설

특성에 따른 어휘 판단
- '화려하다'와 '향기롭다'는 시각적 · 후각적 특성을 나타냄
- 꽃은 화려한 색과 향기를 지닌 대표적 대상임
- 비단은 화려할 수 있으나 향기롭다는 특성과 거리가 있음
- 나비와 벌은 향기를 지닌 존재가 아님

정답 ①

255 다음 보기의 단어와 의미가 가장 가까운 것은? 금오공고

당황하다

① 기쁘다 ② 놀라다
③ 의심스럽다 ④ 담담하다

해설

어휘 의미 판단
- '당황하다'는 갑작스러운 상황에 놀라 어찌할 바를 모르는 상태를 의미함
- 기쁘다는 긍정적 감정으로 의미가 다름
- 의심스럽다는 확신이 없는 상태를 뜻함
- 담담하다는 차분하고 평온한 상태를 의미함

정답 ②

256 다음 분장의 밑줄 진 부문과 그 의미가 가장 가까운 것은? 금오공고

앞을 보지 않고 휴대폰만을 보며 걸으면, 장애물에 부딪혀 크게 다칠 수 있다.

① 들이받다 ② 받치다
③ 밀어내다 ④ 건드리다

해설

어휘 의미 판단
- '부딪혀'는 무엇에 세게 맞는 상황을 의미함
- '들이받다'는 세게 맞부딪히는 의미로 가장 유사함
- '받치다'는 아래에서 괴거나 지탱한다는 뜻임
- '밀어내다', '건드리다'는 충돌 의미가 약함

정답 ①

257 밑줄 친 단어와 동일한 뜻을 지닌 단어를 보기 중에서 찾으시오. 　　　서울도시과학기술고

> 어머니는 형에게 항상 <u>믿음</u>을 주는 사람이 되어야 한다고 말씀하셨다.

① 만족　　　　　　　　　② 신뢰
③ 성의　　　　　　　　　④ 신임

해설

어휘 의미 비교
- '믿음'은 어떤 사람이나 사물을 믿는 마음을 의미함
- '신임'은 믿고 맡기는 마음으로 의미가 가장 가까움
- '신뢰'도 유사하나 '신임'이 더 직접적 대응어임
- '만족', '성의'는 의미가 다름

정답 ④

258 밑줄 친 단어와 동일한 뜻을 지닌 단어를 보기 중에서 찾으면? 　　　서울도시과학기술고

> 정부는 국내 경기 악화로 공무원들의 호화 해외여행에 대한 <u>자제</u>를 촉구했다.

① 억압　　　　　　　　　② 자중
③ 억제　　　　　　　　　④ 통제

해설

어휘 의미 판단
- '자제'는 스스로 행동이나 감정을 삼가는 의미임
- '자중'은 언행을 스스로 조심하는 뜻으로 가장 가까움
- '억압', '억제', '통제'는 외부에서 강제로 누르는 의미임
- 문맥상 스스로 삼감을 의미하므로 '자중'이 적절함

정답 ②

259 밑줄 친 단어와 동일한 뜻을 지닌 단어를 보기 중에서 찾으면? 서울도시과학기술고

> 그는 자기의 <u>깜냥</u>을 매우 잘 알고 있었다.

① 꿈 ② 능력
③ 몸 ④ 생각

해설

어휘 의미 판단
- '깜냥'은 자신의 능력이나 분수를 의미함
- '능력'은 어떤 일을 해낼 수 있는 힘을 뜻함
- '꿈', '몸', '생각'은 의미가 다름
- 문맥상 자신의 수준을 아는 상황임

정답 ②

260 밑줄 친 단어와 동일한 뜻을 지닌 단어를 보기 중에서 찾으시오. 서울도시과학기술고

> 주인 할머니는 요즘 들어 전기세가 많이 나온다고 <u>투덜</u>거리기 일쑤였다.

① 들들 ② 뜨덤
③ 툴툴 ④ 꺽꺽

해설

어휘 의미 판단
- '투덜거리다'는 못마땅한 일을 두고 불평하듯 말함의 의미임
- '툴툴'은 불만스럽게 말하거나 행동하는 모습을 나타냄
- '들들', '뜨덤', '꺽꺽'은 의미가 관련 없음
- 문맥상 불평하는 상황을 나타냄

정답 ③

261 밑줄 친 단어와 동일한 뜻을 지닌 단어를 보기 중에서 찾으시오. 서울도시과학기술고

> 관찰 결과를 이론화하기 위해서는 이를 <u>입증</u>할 수 있는 근거를 제시해야 한다.

① 증명 ② 증언
③ 증빙 ④ 공증

해설

어휘 의미 판단
- '입증'은 사실이나 주장 등이 옳음을 증거로 밝혀 냄의 의미임
- '증명'은 근거를 들어 옳음을 밝힘의 뜻으로 가장 유사함
- '증언'은 증인이 사실을 말함의 의미임
- '증빙', '공증'은 행정적 · 법적 절차의 의미가 강함

정답 ①

M·E·M·O

262 **밑줄 친 단어와 동일한 뜻을 지닌 단어를 보기 중에서 찾으시오.** 서울도시과학기술고

> 지동설의 정당성을 확인하고 이를 <u>공표</u>하였다.

① 공개　　　　　　　　　　② 발표

③ 선서　　　　　　　　　　④ 통보

해설　**어휘 의미 판단**
- '공표'는 여러 사람에게 널리 알림의 의미임
- '발표'는 공식적으로 알리는 뜻으로 가장 가까움
- '공개'와 '통보'는 의미 범위가 다소 다름
- '선서'는 맹세하는 행위로 의미가 다름

정답 ②

263 **밑줄 친 단어와 동일한 뜻을 지닌 단어를 보기 중에서 찾으시오.** 서울도시과학기술고

> 어렸을 적 큰형은 오랜 객지 생활로 아버지의 <u>운명</u>을 지켜보지 못한 것을 평생의 한으로 간직하고 있다.

① 의거　　　　　　　　　　② 서거

③ 사망　　　　　　　　　　④ 일생

해설　**어휘 의미 판단**
- '운명'은 문맥상 '사망'의 의미로 사용됨
- '서거'는 주로 왕이나 고위 인물의 죽음을 높여 이르는 말임
- '의거', '일생'은 의미가 다름
- 문맥상 가장 일반적인 표현은 '사망'임

정답 ③

264 **밑줄 친 단어와 동일한 뜻을 지닌 단어를 보기 중에서 찾으시오.** 서울도시과학기술고

> 노동부는 중소기업의 <u>열악</u>한 노동환경을 개선하기 위해 전폭적인 지원을 약속했다.

① 조열　　　　　　　　　　② 저열

③ 조급　　　　　　　　　　④ 조악

> **해설** 어휘 의미 판단
> - '열악하다'는 매우 나쁘고 부족한 상태를 의미함
> - '조악하다'는 거칠고 품질이 낮은 상태를 뜻함
> - '저열'은 품격이나 수준이 낮음을 의미함
> - '조열', '조급'은 의미가 다름

정답 ④

265 밑줄 친 단어와 동일한 뜻을 지닌 단어를 보기 중에서 찾으시오.　　　서울도시과학기술고

> 어려운 상황에 처한 사람들을 보고 모르는 체 내버려 두지 말고 <u>적극적인</u> 자세로 도와야 한다.

① 능동적인　　　　　　　　② 수동적인
③ 피동적인　　　　　　　　④ 역동적인

> **해설** 어휘 의미 판단
> - '적극적인'은 스스로 나서서 힘쓰는 태도를 의미함
> - '능동적인'은 자발적으로 행동하는 뜻으로 가장 가까움
> - '수동적인', '피동적인'은 반대 의미임
> - '역동적인'은 활발히 움직이는 성질을 뜻함

정답 ①

266 밑줄 친 단어와 동일한 뜻을 지닌 단어를 보기 중에서 찾으시오.　　　서울도시과학기술고

> 국군의 날 귀빈들은 국립묘지에서 의장대를 사열한 뒤 헌화하고 <u>묵념</u>했다.

① 묵과　　　　　　　　　　② 묵향
③ 묵상　　　　　　　　　　④ 묵독

> **해설** 어휘 의미 판단
> - '묵념'은 고인을 기리며 조용히 생각하는 행위임
> - '묵상'은 말없이 깊이 생각하는 뜻으로 가장 가까움
> - '묵과'는 모르는 체하고 넘김의 의미임
> - '묵향', '묵독'은 문맥과 의미가 다름

정답 ③

267 밑줄 친 단어와 동일한 뜻을 지닌 단어를 보기 중에서 찾으시오. 　　　서울도시과학기술고

> 그가 왜 갑자기 내게 잘해 주는지 그 <u>저의</u>(를) 모르겠다.

① 수작　　　　　　　　　　② 짓거리

③ 속내　　　　　　　　　　④ 음모

해설　**어휘 의미 판단**
- '저의'는 겉으로 드러나지 않은 속마음이나 의도를 의미함
- '속내'는 마음속에 품은 생각으로 의미가 가장 가까움
- '수작', '짓거리'는 부정적 행동을 뜻함
- '음모'는 비밀리에 꾸민 계략을 의미함

정답 ③

268 밑줄 친 단어와 동일한 뜻을 지닌 단어를 보기 중에서 찾으시오. 　　　서울도시과학기술고

> 유일하게 형만이 흥분하지 않고 침착하게 그 <u>사태</u>(를) 차근차근 갈피 잡아 올바른 판단을 하려는 침착성이 드러났다.

① 형세　　　　　　　　　　② 시국

③ 장면　　　　　　　　　　④ 상황

해설　**어휘 의미 판단**
- '사태'는 일이 벌어진 형편이나 상태를 의미함
- '상황'은 처한 형편이나 상태를 뜻하여 가장 가까움
- '형세'는 세력이나 기세의 형편을 의미함
- '시국', '장면'은 문맥과 의미가 다름

정답 ④

269 밑줄 친 단어와 동일한 뜻을 지닌 단어를 보기 중에서 찾으시오. 　　　서울도시과학기술고

> 그는 안전하게 약물 치료를 받을 수 있도록 의사 선생님께 <u>복약</u>(과) 음식물에 대한 지시 사항을 듣고 병원문을 나섰다.

① 투약　　　　　　　　　　② 복용

③ 섭취　　　　　　　　　　④ 처방

해설 **어휘 의미 판단**
- '복약'은 약을 먹는 행위를 의미함
- '복용'은 약을 먹음의 뜻으로 가장 가까움
- '투약'은 약을 놓아 주는 행위를 의미함
- '섭취', '처방'은 문맥과 의미가 다름

정답 ②

---

270 밑줄 친 단어와 동일한 뜻을 지닌 단어를 보기 중에서 찾으시오.　　서울도시과학기술고

> 　경영학 분야에서 박식해지려면, 일정 이상의 지식을 갖고 뚜렷한 자기 주관을 개척해 나가려는 노력을 해야 한다.

① 해박　　　　　　　　② 총명
③ 겸허　　　　　　　　④ 무지

해설 **어휘 의미 판단**
- '박식'은 지식이 넓고 많음을 의미함
- '해박'은 지식이 매우 넓고 깊음을 뜻하여 가장 가까움
- '총명'은 슬기롭고 영리함의 의미임
- '겸허', '무지'는 의미가 다름

정답 ①

---

271 밑줄 친 단어와 동일한 뜻을 지닌 단어를 보기 중에서 찾으시오.　　서울도시과학기술고

> 　농경사회에서는 연장자가 지역 사회의 모든 대소사를 관장하며, 발전을 위해 힘썼다.

① 평가　　　　　　　　② 초래
③ 주관　　　　　　　　④ 방치

해설 **어휘 의미 판단**
- '관장'은 어떤 일을 맡아 처리하거나 책임지고 다스림의 의미임
- '주관'은 일을 책임지고 맡아 처리함의 뜻으로 가장 가까움
- '평가', '초래'는 의미가 다름
- '방치'는 돌보지 않고 내버려 둠의 뜻임

정답 ③

272 **밑줄 친 단어와 동일한 뜻을 지닌 단어를 보기 중에서 찾으시오.**   서울도시과학기술고

> 제품을 사용하기 전 반드시 설명서를 읽고 사용법을 <u>숙지</u>해야 한다.

① 수련 　　　　　　　　　② 감당
③ 감내 　　　　　　　　　④ 숙달

해설 **어휘 의미 판단**
- '숙지'는 내용을 잘 익혀 충분히 앎의 의미임
- '숙달'은 익숙해질 정도로 잘 익힘의 뜻으로 가장 가까움
- '수련'은 단련하거나 훈련함의 의미임
- '감당', '감내'는 의미가 다름

정답 ④

273 **밑줄 친 단어의 뜻이 다르게 쓰인 것은?**

① 업무 보고서를 <u>처리</u>하였다. 　　② 민원을 신속히 <u>처리</u>하였다.
③ 폐기물을 규정에 맞게 <u>처리</u>하였다. 　④ 사건의 원인을 철저히 <u>처리</u>하였다.

해설 **다의어 구별**
- ①, ②, ③의 '처리'는 일을 정리하거나 해결한다는 의미임
- 보고서 · 민원 · 폐기물은 실제로 다루거나 정리하는 대상임
- ④는 '사건의 원인'을 처리한다고 하여 의미가 어색함
- 원인은 규명하거나 분석하는 것이 적절한 표현임

정답 ④

274 **보기의 밑줄 친 말과 같은 의미로 사용된 것은?**

> 평생을 애국자로 살다가 여기에 <u>묻히다.</u>

① 떡이 식지 않게 아랫목에 <u>묻었다.</u>

② 베개에 얼굴을 <u>묻고</u> 조용히 울었다.

③ 통장에 <u>묻어 둔</u> 돈이 꽤 된다.

④ 옛 사랑의 감정은 조용히 <u>묻어 두었다.</u>

해설 **다의어 구별**
- 보기의 '묻히다'는 시신을 땅에 넣어 덮는다는 의미임
- ①은 물건을 다른 것 속에 넣어 덮는 의미로 같은 뜻임
- ②는 얼굴을 기대어 가리듯 두는 의미임
- ③, ④는 감추어 드러내지 않는 의미임

정답 ①

유형 17

문법 · 표기 · 표현

✔ 문법 · 표기 · 표현 핵심 정리

① 맞춤법 판단

　㉠ '되'와 '돼' 구별

　　• '돼'는 '되어'의 줄임말임

　　• '되어'를 넣어 자연스러우면 '돼'를 씀

　　• '되'는 어간 형태임

　㉡ '안'과 '않' 구별

　　• '안'은 부사임

　　• '않'은 '않다'의 활용형임

　　• '하지 않다' 형태로 바꿔 확인함

　㉢ 사이시옷

　　• 합성어에서 발음이 달라질 때 쓰임

　　• 한자어에는 일반적으로 쓰지 않음

　　• 의미가 분명한 합성어인지 판단함

② 띄어쓰기 판단

　㉠ 조사 붙여쓰기

　　• 명사와 조사는 붙여 씀

　　• '은/는/이/가/을/를'은 붙임

　㉡ 의존 명사 띄어쓰기

　　• '것, 수, 줄, 만큼' 등은 띄어 씀

　　• 앞말과 구별하여 판단함

　㉢ 단위 명사

　　• 숫자와 단위는 띄어 씀

　　• 예외 표현은 별도로 확인함

③ 표현의 적절성 판단

　㉠ 중복 표현 제거

　　• 같은 의미가 반복되지 않는지 확인함

- '미리 예측하다' 같은 표현 주의함

㉡ **어색한 결합 표현**

- 주어와 서술어의 호응을 확인함
- 어울리지 않는 동사 선택 여부 판단함

㉢ **높임 표현**

- 상대 높임 표현이 맞는지 확인함
- 주체 높임 표현 구분함

④ **동일 의미 문장 판단**

㉠ **핵심 의미 비교**

- 문장의 중심 의미가 같은지 확인함
- 단어가 달라도 의미가 같으면 정답임

㉡ **조건 변화 확인**

- 조건이 추가 · 삭제되었는지 확인함
- 범위가 넓어지거나 줄어들지 않았는지 판단함

275 **윗글의 밑줄 친 ㉠에서 쓰인 '가다'와 쓰임새가 같은 것은?** 구미전자고등학교

① 조그만 조각에는 손이 많이 <u>간다</u>.

② 쉬지 않고 일만 하다가 몸에 속이 <u>간다</u>.

③ 복지 국가로 <u>가는</u> 길은 아직 멀고 험하다.

④ 날이 더우니까 사소한 일에도 신경이 <u>간다</u>.

> **해설** **어휘의 의미 파악**
> • 지문에서 '가다'는 건강에 해가 된다는 의미로 사용됨
> • ②의 '속이 간다'는 몸이 상하거나 해를 입는 뜻임
> • ①과 ④는 관심이나 수고가 든다는 의미임
> • ③은 방향이나 목표로 나아간다는 의미이므로 해당되지 않음
>
> **정답** ②

276 **다음 중 밑줄 친 부분의 표기가 올바른 것은?** 구미전자고등학교

① 문제를 다 <u>마쳐서</u> 대접을 받았다.

② 그것은 나 혼자 하기에 힘이 <u>붙이는</u> 일이다.

③ 서류는 <u>있다가</u> 줄테니 먼저 전화부터 해줘요.

④ 평생을 연구에 몸 <u>바친</u> 사람이 참 대단하지.

> **해설** **올바른 표기 판단**
> • '몸 바치다'는 모든 것을 아낌없이 내놓는다는 의미로 올바른 표현임
> • ①은 '대접'이 아니라 '대접을 받았다' 맥락상 부적절함
> • ②는 '힘에 부치는 일'이 올바른 표현임
> • ③은 '줄 테니'로 띄어 써야 함
> • 따라서 올바른 표기는 ④임
>
> **정답** ④

277 ○○학교에서는 학생들이 잘못 사용하는 표현들을 모아 바르게 사용하도록 다음과 같이 정리하였다. 적절하지 않은 것은?

포항제철고

① 선생님을 도와주러 가야겠다고 생각했습니다.

　→ 선생님을 도와야겠다고 생각했습니다.

② 내일 10시에 회의를 갖도록 하자.

　→ 내일 10시에 회의를 하자.

③ 발표자를 소개시켜 드리겠습니다.

　→ 발표자를 소개해 드리겠습니다.

④ 이 그림을 감상해 보기를 하겠습니다.

　→ 이 그림을 감상해 보겠습니다.

해설　**표현의 적절성 판단**
- '도와주다'는 도움의 방향이 화자에게 향할 때 사용하는 표현임
- 선생님을 돕는 상황에서는 '도와드리다' 또는 '돕다'가 적절함
- ②, ③, ④는 불필요한 표현을 간결하게 고친 올바른 사례임
- 따라서 적절하지 않은 것은 ①임

정답 ①

278 다음 밑줄 친 단어와 동일한 의미로 사용된 문장을 고르시오.

평택마이스터고/동아마이스터고

> <u>가는</u> 말이 고와야 오는 말이 곱다.

① 어느새 겨울이 <u>가고</u> 봄이 왔다.

② 내가 한 발 먼저 <u>갔다</u>.

③ 너에게 소식이 <u>갔느냐</u>?

④ 그의 결심은 오래 <u>가지</u> 못할 것이다.

해설　**어휘 의미 비교**
- '가는 말'에서 '가다'는 말이 다른 사람에게 전달된다는 의미임
- ③의 '소식이 갔느냐'는 소식이 전달되었다는 의미임
- ①과 ②는 이동의 의미로 사용됨
- ④는 지속의 의미로 사용됨
- 따라서 동일한 의미는 ③임

정답 ③

279 다음 중 문장의 밑줄 친 부분의 띄어쓰기가 잘못된 것은?

① 급식실에서는 위생 점검을 꼼꼼히해야한다.

② 행정실 직원은 오늘 서류를 제출하였다.

③ 교무실에서는 회의가 진행되고 있다.

④ 청소 담당자는 교실을 깨끗이하였다.

해설
띄어쓰기
- '꼼꼼히 해야 한다'는 부사와 보조 용언의 결합이므로 띄어 씀이 원칙임
- ② '제출하였다'는 본용언 결합으로 붙여 씀이 맞음
- ③ '진행되고 있다'는 보조 용언 구성이며 올바른 표기임
- ④ '깨끗이 하였다'가 원칙적 표기이므로 제시문은 붙여 써 잘못된 형태임

정답 ①

280 다음 중 "미국에서 3년 머물렀더니 귀가 뚫렸다."에서 '귀가 뚫리다'의 유사어는?

① 경청하다　　　　　　② 주해하다

③ 이해하다　　　　　　④ 헤아리다

해설
관용어 의미 파악
- '귀가 뚫리다'는 말의 뜻을 알아듣게 되었다는 의미임
- 외국어를 자연스럽게 이해하게 된 상황을 나타냄
- '뚫리다'는 깊이 깨닫거나 이해한다는 뜻으로 쓰임
- 따라서 가장 가까운 유사어는 '이해하다'임

정답 ③

281 다음 중 맞춤법 표기가 바른 것은?

① 급식실 위생 점검표를 찬찬히 살펴보았다.

② 창고에서 상자를 옮기다 발을 접질려 넘어졌다.

③ 회의록을 작성할 때는 내용을 솔직이 기록해야 한다.

④ 공문 작성 시 틀린 그림을 찾았다.

해설
맞춤법
- ① '찬찬히'는 '차분하고 천천히'의 의미로 바른 표기임
- ② '접질려'는 구어적 표현이며 문장형은 '접질렸다'가 적절함
- ③ '솔직이'는 잘못된 표기이며 '솔직히'가 맞음
- ④ '틀린 그림'은 의미상 어색하며 '다른 그림'이 적절함

정답 ①

유형 18

속담 · 관용구

✔ 속담 · 관용구 핵심 정리

① 속담의 의미 이해

　㉠ 속담의 특징
- 옛사람들의 경험과 교훈이 담긴 문장임
- 겉뜻과 속뜻이 다를 수 있음
- 비유 표현이 많음

　㉡ 속뜻 파악 방법
- 상황을 먼저 떠올림
- 인물 · 행동의 상징 의미를 해석함
- 실제 의미를 한 문장으로 정리함

　㉢ 자주 출제되는 유형
- 의미와 맞는 상황 고르기
- 의미와 다른 상황 고르기
- 비슷한 속담 찾기

② 관용구의 의미 이해

　㉠ 관용구의 특징
- 두 단어 이상이 결합된 고정 표현임
- 글자 그대로 해석하지 않음
- 전체 의미로 이해함

　㉡ 의미 파악 절차
- 단어 뜻을 그대로 해석하지 않음
- 문맥 속에서 어떤 상황인지 판단함
- 비슷한 일상 표현으로 바꾸어 생각함

③ 의미 적용 판단

　㉠ 상황 비교
- 속담의 교훈과 상황이 맞는지 확인함
- 인물의 행동이 교훈과 일치하는지 판단함

  ⓒ 반대 의미 구별

   • 결과가 다르게 나타나는 경우 오답임

   • 부분적으로 비슷해 보여도 핵심 의미가 다르면 오답임

  ⓒ 과장 해석 주의

   • 지문에 없는 의미를 확대하지 않음

   • 단어 하나에만 집중하지 않음

④ 자주 출제되는 빈출 속담 유형

  ㉠ 협력 실패 유형

   • 사공이 많으면 배가 산으로 간다

   • 너무 많은 사람이 관여하면 일이 잘되지 않음을 의미함

  ㉡ 노력 · 결과 유형

   • 뿌린 대로 거둔다

   • 노력한 만큼 결과가 나타남을 의미함

  ㉢ 기회 · 타이밍 유형

   • 때를 놓치면 안 됨을 강조함

   • 상황 판단이 중요함을 의미함

예 시 문 항

282 다음 ㉠과 ㉡에 들어갈 말로 적절한 것끼리 짝지은 것은?　　　　충남반도체마이스터고

> - 학생1: 우리 오늘 실습 과제 같이 하자.
> - 학생2: 그래? 우리 둘만 하면 어려울 거 같은데, 다른 친구들한테도 한 번 물어 보자.
> - 학생1: 그래. 그럼 우리 반 애들한테 다 물어볼까?
> - 학생2: 그건 좀 심하지. (㉠)이라는 말도 몰라?
> - 학생1: 하긴. 아, 이번 과제 정말 잘 할 수 있겠지?
> - 학생2: 그럼. (㉡)이라고, 정성이 지극하면 결과도 좋을 거야.

	㉠	㉡
①	사공이 많으면 배가 산으로 간다	지성이면 감천
②	산으로 간다	되로 주고 말로 받는다
③	되로 주고 말로 받는다	지성이면 감천
④	지성이면 감천	사공이 많으면 배가 산으로 간다

해설　**속담의 의미 파악**
- 많은 사람에게 모두 묻자는 상황은 '사공이 많으면 배가 산으로 간다'와 관련됨
- 이는 사람이 많으면 일이 오히려 잘되지 않을 수 있음을 의미함
- 노력하면 좋은 결과가 있다는 뜻은 '지성이면 감천'임
- 따라서 ㉠은 사공이 많으면 배가 산으로 간다, ㉡은 지성이면 감천이므로 ①임

정답 ①

적 중 예 상 문 제

283 '낮말은 새가 듣고, 밤말은 쥐가 듣는다.'라는 속담은 어떠한 현상 때문인가?

① 파동의 직진　　　　　② 파동의 반사

③ 파동의 굴절　　　　　④ 파동의 진동

해설　**파동의 굴절**
- 소리는 온도에 따라 전파 경로가 달라지는데 이 현상을 비유하여 만든 속담임
- 낮에는 지표면 부근의 공기가 더 따뜻하여 소리가 위쪽으로 굴절함
- 밤에는 지표면 부근이 더 차가워 소리가 아래쪽으로 굴절

정답 ③

284 다음 아래의 보기와 같은 상황을 가장 잘 나타내는 한자성어는?

> 체육대회 준비를 맡은 민수는 행사 기획과 정리 업무가 많아 매일 늦게까지 남아 준비를 했다. 친구들은 "힘들지 않느냐"고 말했지만, 그는 포기하지 않고 끝까지 맡은 일을 성실히 해냈다. 결국 학교 대표로 모범 학생 표창을 받게 되었다.

① 작심삼일(作心三日) ② 우공이산(愚公移山)
③ 새옹지마(塞翁之馬) ④ 배수진(背水陣)

해설 **한자성어 의미 파악**
- '우공이산'은 끈기와 인내로 어려운 일을 끝까지 해내는 의미임
- 보기의 상황은 힘든 환경에서도 포기하지 않고 노력한 사례임
- 작심삼일은 결심이 오래가지 못함을 뜻함
- 새옹지마는 인생의 길흉화복이 바뀜을 의미함
- 배수진은 물러설 수 없는 결단 상황을 뜻함

정답 ②

285 다음 설명에 부합하는 한자성어는?

> - 맑게 갠 하늘에서 갑자기 떨어지는 벼락이라는 뜻
> - 돌발적(突發的)인 사태(事態)나 사건(事件)을 이르는 말

① 청천벽력(靑天霹靂) ② 청산유수(靑山流水)
③ 동고동락(同苦同樂) ④ 갑신정변(甲申政變)

해설 **청천벽력의 의미**
- 아무런 예고 없이 갑자기 일이난 일을 뜻함
- 전혀 예상하지 못한 사건이나 사태를 비유함
- 평온한 상황에서 돌연 발생한 충격적 일을 의미함
- 돌발성과 예기치 못함을 강조하는 성어임

정답 ①

286 **다음 중 뜻을 바르게 풀이하지 못한 것은?**

① 소 잃고 외양간 고친다. → 이미 일을 그르치고 나서 뒤늦게 손을 써도 소용이 없다.

② 방에 가면 더 먹을까 부엌에 가면 더 먹을까? → 어느 쪽으로 붙는 것이 유리할까 하고 망설이다.

③ 곶감 꼬치에서 곶감 빼 먹듯 한다. → 애써 모아 둔 재산을 하나하나 잇달아 헐어 써 없애 버리다.

④ 뚝배기보다 장맛이 좋다. → 속에 숨어 있는 장점을 감추기 위해 겉으로는 아닌 척 하다.

> **해설** **속담 의미 파악**
> - ①은 이미 일이 잘못된 뒤에 수습해도 소용없다는 뜻임
> - ②는 이쪽저쪽 눈치를 보며 유리한 쪽을 고르려는 태도를 뜻함
> - ③은 모아 둔 것을 조금씩 계속 써서 없애는 상황을 비유함
> - '뚝배기보다 장맛이 좋다'는 겉모습보다 내용이 더 훌륭함을 뜻함

정답 ④

05 의사소통능력(영어)

유형 19

의사소통능력(영어) 기초 어휘

◆ 의사소통능력(영어) 기초 어휘 핵심 정리

① 일상 의사소통 표현

　㉠ 부탁 · 요청

- may / could / would 공손한 요청 표현
- mind 신경 쓰다
- request 요청하다

　㉡ 감사 · 응답

- thanks / thank you 감사하다
- appreciate 감사하다

　㉢ 동의 · 반대

- agree 동의하다
- disagree 반대하다

② 서비스 · 업무 상황 표현

　㉠ 호텔

- reserve 예약하다
- reservation 예약
- check in 체크인하다
- check out 체크아웃하다
- stay 숙박하다
- room 방

　㉡ 이메일

- email 이메일
- send 보내다
- receive 받다
- reply 답장하다
- forward 전달하다
- attach 첨부하다
- attachment 첨부파일
- subject 제목
- file 파일
- report 보고서

　㉢ 전화

- hold on 기다리다
- call back 다시 전화하다
- out of the office 부재중
- put through 연결하다

　㉣ 은행

- wire 송금하다
- withdraw 인출하다

- deposit 예금하다
- loan 대출
- interest 이자
- passbook 통장

　　account 계좌
　　exchange 환전하다
　　transaction fee 수수료
　　application 신청서

ⓜ 일반 업무 동사

- produce 생산하다
- rescue 구조하다
- repeat 반복하다

　　cancel 취소하다
　　represent 대표하다
　　work 일하다

③ 시간 · 날짜 · 달력 관련 어휘

㉠ 하루의 흐름

- morning 아침
- evening 저녁
- dawn 새벽

　　afternoon 오후
　　night 밤
　　midnight 자정

㉡ 시간 단위

- second 초
- hour 시간
- week 주
- year 년

　　minute 분
　　day 하루
　　month 달

㉢ 요일

- Monday 월요일
- Wednesday 수요일
- Friday 금요일
- Sunday 일요일

　　Tuesday 화요일
　　Thursday 목요일
　　Saturday 토요일

㉣ 달(월)

- January 1월
- March 3월
- May 5월
- July 7월
- September 9월
- November 11월

　　February 2월
　　April 4월
　　June 6월
　　August 8월
　　October 10월
　　December 12월

　　㉺ 달력

　　　　• calendar 달력

　　㉻ 미래 표현

　　　　• will ~일 것이다　　　　　• shall ~일 것이다

④ 수 · 순서 · 단위 표현

　　㉠ 기수 (Cardinal Numbers)

　　　　• one~ten 1~10　　　　　• eleven~nineteen 11~19

　　　　• twenty, thirty, forty, fifty, sixty, seventy, eighty, ninety 20~90

　　　　• hundred 백　　　　　• thousand 천

　　　　• million 백만

　　　　• billion 십억　　　　　• trillion 일조

　　㉡ 서수 (Ordinal Numbers)

　　　　• first 첫 번째　　　　　• second 두 번째

　　　　• third 세 번째　　　　　• tenth 열 번째

　　　　• twentieth 스무 번째　　　　　• hundredth 백 번째

　　　　• fifth 다섯 번째

　　㉢ 횟수 (Frequency)

　　　　• once 한 번　　　　　• twice 두 번

　　　　• three times 세 번　　　　　• four times 네 번

　　㉣ 단위 (Units)

　　　　• cm 센티미터　　　　　• kg 킬로그램

　　　　• feet(ft) 피트　　　　　• pound(lb) 파운드

⑤ 신체 · 감각 관련 어휘

　　㉠ 신체 부위

　　　　• hand 손　　　　　• foot 발

　　　　• palm 손바닥　　　　　• finger 손가락

　　　　• wrist 손목　　　　　• thumb 엄지손가락

　　　　• eye 눈　　　　　• nose 코

　　　　• height 키　　　　　• weight 몸무게

　　㉡ 감각 동사

　　　　• see 보다　　　　　• smell 냄새 맡다

- hear 듣다
- speak 말하다
- taste 맛보다
- feel 느끼다

⑥ 크기 · 수량 · 성질 관련 어휘

　㉠ 크기

- big 큰
- large 큰, 넓은
- huge 거대한
- grand 웅대한, 규모가 큰
- great 대단한, 큰
- small 작은
- tiny 아주 작은
- medium 중간의, 보통의
- average 평균의, 보통의
- major 주요한, 큰 쪽의
- main 주된, 가장 중요한
- spare 여분의

　㉡ 수량

- many 많은 (셀 수 있는 명사)
- much 많은 (셀 수 없는 명사)
- a lot 많은
- several 몇몇의
- some 약간의, 몇몇의
- few 거의 없는, 소수의
- any 어떤, 어느
- extra 여분의, 추가의
- more 더 많은
- most 가장 많은
- normal 보통의, 정상의

　㉢ 성질 · 형용사

- sensitive 민감한
- hard 어려운, 단단한, 열심히
- vertical 수직의
- absent 결석한
- present 출석한

⑦ 가족 · 관계 어휘

- father 아버지
- mother 어머니
- son 아들
- daughter 딸
- sister 자매
- aunt 이모, 고모, 숙모
- cousin 사촌
- wife 아내

⑧ 학교 · 교육 어휘

- elementary school 초등학교
- middle school 중학교
- high school 고등학교
- college 대학
- kindergarten 유치원

⑨ 학문 · 개념 어휘
- information 정보
- ability 능력
- passion 열정
- genetics 유전학
- psychology 심리학
- linguistics 언어학
- ethics 윤리학
- philosophy 철학

⑩ 기억 · 망각 관련 어휘

㉠ 기억
- remember 기억하다
- remind 상기시키다

㉡ 망각
- forget 잊다

㉢ 기타 관련 어휘
- find 찾다
- require 요구하다
- offense 공격, 위반, 불쾌감

예시문항

287 다음 제시된 단어와 같은 범주에 속하지 않는 단어는?　　대구반도체 마이스터고/한국반도체마이스터고

> Friday

① Sunday　　　　② Monday　　　　③ October

④ Saturday　　　⑤ Wednesday

해설　**단어 사용 범위 구분**
- Friday는 요일을 나타내는 단어임
- Sunday, Monday, Saturday, Wednesday도 모두 요일에 해당함
- October는 월을 나타내는 단어로 범주가 다름
- 따라서 제시어와 사용 범위가 다른 것은 ③임

정답 ③

288 다음 제시된 단어와 의미가 반대되는 단어로 가장 알맞은 것은?　　한국반도체마이스터고

> remember

① forget　　　　② find　　　　③ remind

④ require　　　　⑤ offense

해설　**반의어 파악**
- remember는 '기억하다'의 의미임
- 반대 의미는 '잊다'에 해당함
- forget은 '잊다'의 뜻을 가짐

정답 ①

적 중 예 상 문 제

289 다음 제시된 단어와 같은 범주에 속하지 않는 단어는?

> January

① March ② April ③ Monday
④ July ⑤ December

해설 **단어 사용 범위 구분**
- January는 월(月)을 나타내는 단어임
- March, April, July, December도 모두 월에 해당함
- Monday는 요일을 나타내는 단어임

정답 ③

290 다음 제시된 단어와 의미가 반대되는 단어로 가장 알맞은 것은?

> agree

① allow ② disagree ③ answer
④ decide ⑤ explain

해설 **반의어 파악**
- agree는 '동의하다'의 의미임
- 반대 의미는 '반대하다'에 해당함
- disagree는 '동의하지 않다'의 뜻임

정답 ②

291 다음 제시된 영단어의 뜻으로 가장 알맞은 것은?

> produce

① 소비하다 ② 수입하다 ③ 생산하다
④ 제공하다 ⑤ 증명하다

해설 **기본 동사 어휘**
- produce는 '생산하다'의 의미임
- provide는 '제공하다'를 의미함
- 동사 의미 구분 문제임

정답 ③

292 다음 제시된 영단어의 뜻으로 가장 알맞은 것은?

> vertical

① 수평의　　　　② 수직의　　　　③ 대각선의
④ 평행한　　　　⑤ 곡선의

해설　**공간 개념 어휘**
- vertical은 '수직의' 의미임
- horizontal은 '수평의'를 의미함
- 방향 개념 구분 문제임

정답 ②

293 다음 제시된 영단어의 뜻으로 가장 알맞은 것은?

> ability

① 결핍　　　　② 능력　　　　③ 희망
④ 열정　　　　⑤ 도전

해설　**추상 명사 어휘**
- ability는 '능력'을 의미함
- passion은 '열정'을 의미함
- 의미 구분 문제임

정답 ②

294 다음 우리말에 해당하는 영단어로 가장 알맞은 것은?

> 화요일

① Friday　　　　② Thursday　　　　③ Tuesday
④ Saturday　　　　⑤ Wednesday

해설　**시간 · 요일 어휘**
- 요일 표현에서 화요일은 Tuesday임
- Monday 다음, Wednesday 이전에 해당함

정답 ③

295 다음 우리말과 의미가 같은 영단어로 가장 알맞은 것은?

> 손바닥

① finger　　② hand　　③ wrist

④ palm　　⑤ thumb

[해설] **신체 관련 어휘**
- palm은 손 안쪽 부분을 의미함
- finger는 손가락을 뜻함

[정답] ④

296 다음 우리말을 영어로 옳게 나타낸 것은?

> 다섯 번째의

① first　　② fourth　　③ fifth

④ fifteen　　⑤ fifty

[해설] **수 · 서수 표현**
- five의 서수형은 fifth임
- fifteen은 15를 의미하는 기수임

[정답] ③

297 다음 우리말의 영어 표현으로 옳은 것은?

> 초등학교

① college　　② high school　　③ middle school

④ elementary school　　⑤ kindergarten

[해설] **학교 · 교육 어휘**
- elementary school은 초등학교임
- kindergarten은 유치원임

[정답] ④

298 다음 우리말에 해당하는 동사로 가장 알맞은 것은?

> 구조하다

① rebuke　　② repeat　　③ represent
④ rescue　　⑤ request

해설 **기본 동사 어휘**
- rescue는 위험에서 구해 내는 의미임
- request는 요청하다의 의미임

정답 ④

299 다음 우리말과 의미가 같은 영단어로 가장 알맞은 것은?

> 취소

① cancel　　② cancer　　③ candle
④ cane　　⑤ clone

해설 **기본 동사 어휘**
- cancel은 취소하다의 의미임
- cancer는 암을 뜻하는 명사임

정답 ①

300 다음 우리말에 해당하는 형용사로 가장 알맞은 것은?

> 결석한

① absent　　② empty　　③ false
④ present　　⑤ unsure

해설 **상태 표현 어휘**
- absent는 결석한의 의미임
- present는 출석함을 뜻함

정답 ①

301 다음 우리말을 영어로 옳게 나타낸 것은?

> 생산하다

① present ② produce ③ profess
④ prove ⑤ providee

해설 **기본 동사 어휘**
- produce는 생산하다의 의미임
- prove는 증명하다를 뜻함

정답 ②

302 다음 우리말에 해당하는 명사로 가장 알맞은 것은?

> 정보

① condition ② creation ③ information
④ formation ⑤ variation

해설 **추상 명사 어휘**
- information은 정보의 의미임
- creation은 창조를 뜻함

정답 ③

303 다음 수를 영어로 옳게 나타낸 것은?

> 1000

① hundred ② thousand ③ million
④ billion ⑤ trillion

해설 **수 표현**
- 1000은 thousand임
- hundred는 100을 의미함

정답 ②

304 다음 관계가 성립하도록 괄호 안에 들어갈 말로 가장 알맞은 것은?

hands : gloves = feet : (   )

① glasses　　　② hats　　　③ mufflers
④ pants　　　⑤ shoes

해설　**신체 부위-착용물 관계**
　• gloves는 hands에 착용함
　• feet에 착용하는 것은 shoes임

정답 ⑤

305 다음 관계가 성립하도록 괄호 안에 들어갈 말로 가장 알맞은 것은?

big : small = (   ) : short

① brief　　　② grand　　　③ large
④ long　　　⑤ wide

해설　**반의어 관계**
　• big의 반대말은 small임
　• short의 반대말은 long임

정답 ④

306 다음 배열의 순서가 자연스럽도록 괄호 안에 들어갈 말로 가장 알맞은 것은?

morning - (   ) - evening - night

① afternoon　　　② dawn　　　③ dinner
④ midnight　　　⑤ twilight

해설　**시간의 순서**
　• morning 다음은 afternoon임
　• afternoon → evening → night 순임

정답 ①

307 다음 순서가 이어지도록 괄호 안에 들어갈 말로 가장 알맞은 것은?

January - February - March - ( )

① April ② August ③ July

④ May ⑤ December

해설 **달의 순서**
- March 다음은 April임
- 12달이 들어있는 것은 calendar임

정답 ①

308 다음 수의 흐름이 이어지도록 괄호 안에 들어갈 말로 가장 알맞은 것은?

eleven - twelve - ( ) - fourteen

① three ② third ③ thirteen

④ thirty ⑤ thirteenth

해설 **숫자 순서**
- 11 → 12 → 13 → 14 순임
- thirteen은 13임

정답 ③

309 다음 관계가 성립하도록 괄호 안에 들어갈 말로 가장 알맞은 것은?

eye : see = nose : ( )

① feel ② hear ③ smell

④ speak ⑤ taste

해설 **감각 기능**
- eye는 see함
- nose는 smell함

정답 ③

310 다음 시간 단위의 흐름이 자연스럽도록 괄호 안에 들어갈 말로 가장 알맞은 것은?

second - ( ) - hour - day

① minute   ② month   ③ time
④ week   ⑤ year

해설 **시간 단위**
• second 다음은 minute임
• minute → hour → day 순임

정답 ①

311 다음 관계가 성립하도록 괄호 안에 들어갈 말로 가장 알맞은 것은?

father : mother = son : ( )

① aunt   ② cousin   ③ daughter
④ sister   ⑤ wife

해설 **성별 대응**
• father–mother는 남녀 대응임
• son의 대응은 daughter임

정답 ③

312 다음 대응 관계가 성립하도록 괄호 안에 들어갈 말로 가장 알맞은 것은?

height : □ cm = ( ) : □ kg

① depth   ② pound   ③ volume
④ weight   ⑤ width

해설 **측정 단위**
• height는 cm로 측정함
• kg는 weight의 단위임

정답 ④

유형 20

짧은 대화 이해

✅ 짧은 대화 이해 핵심 정리

① 대화 장소 · 상황 추론

  ㉠ 식당 상황

- menu, order, bill, waiter 등장함
- 주문 · 추천 · 계산 대화임
- How would you like it? → 음식 조리 방식 질문임

  ㉡ 병원 · 약국 상황

- appointment, clinic, medicine 등장함
- 증상 설명 대화임
- How long have you had ~ ? → 증상 기간 질문임

  ㉢ 학교 상황

- assignment, exam, homeroom 등장함
- 숙제 · 시험 일정 대화임
- When is it due? → 제출 기한 질문임

  ㉣ 교통 상황

- bus stop, platform, transfer 등장함
- 시간 · 노선 안내 대화임
- How long does it take? → 소요 시간 질문임

  ㉤ 상점 · 환불 상황

- receipt, refund, exchange 등장함
- 교환 · 환불 요청 대화임
- Do you have the receipt? → 영수증 확인임

② 일치 · 불일치 판단

  ㉠ 시간 · 요일 비교

- Monday와 next Monday 구별함
- this Friday와 Friday 구별함
- before와 after 구별함

  ㉡ 수량 · 가격 비교

    • 할인 전·후 금액 구별함

    • percent와 price 혼동 주의함

    • half와 double 의미 구별함

  ⓒ 계획 변경 여부

    • originally와 finally 구별함

    • change와 cancel 구별함

    • instead 의미 확인함

③ 화자 의도 파악

  ㉠ 요청 유형

    • Can you help me? → 도움 요청임

    • Could I borrow ~ ? → 빌림 요청임

    • Would you mind opening ~ ? → 정중한 부탁임

  ㉡ 제안 유형

    • Let's go now → 함께 하자는 의미임

    • Why don't you try ~ ? → 권유 의미임

    • How about ~ ? → 제안 의미임

  ⓒ 불만·항의

    • This is not what I ordered → 불만 표현임

    • There must be a mistake → 오류 지적임

  ㉣ 조언·충고

    • You should ~ → 조언임

    • You'd better ~ → 강한 조언임

④ 공통 어휘 의미 다의어 확장

  ㉠ keep

    • keep doing → 계속하다

    • keep safe → 안전하게 유지하다

  ㉡ take

    • take a bus → 타다

    • take time → 시간이 걸리다

  ⓒ run

    • run a company → 운영하다

    • run fast → 달리다

예 시 문 항

313 다음 대화가 이루어지는 장소로 가장 적절한 것은?

대구반도체 마이스터고

> A: Can I take your order?
> B: Yes, I'd like the seafood spaghetti and the green salad.
> A: Would you like some juice?
> B: Yes, apple juice, please.

① 거실   ② 식당   ③ 가구점
④ 문방구   ⑤ 편의점

해설

대화 상황 파악

〈지문 해석〉
A: 주문을 받을까요?
B: 네, 해산물 스파게티와 채소 샐러드를 먹고 싶어요.
A: 주스를 좀 드시겠어요?
B: 네, 사과 주스 주세요.
• "Can I take your order?"는 주문을 받을 때 사용하는 표현임
• 음식을 주문하고 주문받고 있으므로 '식당'임을 알 수 있음
• 식사 주문이 이루어지는 상황으로 판단됨
• 따라서 가장 적절한 장소는 ② 식당임

정답 ②

314 다음 대화 내용과 일치하는 것을 고르시오.

원주의료고

> A : I am sorry that you received the wrong item. We'll send the right one
>   right away.
> B : Thank you. When will I receive it?
> A : It should arrive the day after tomorrow.
> B : Let's see. Today is Tuesday. So you mean Thursday?
> A : Yes. That's correct, sir.
> B : Oh, I won't be home on that day. Can you ship it a day later?
> A : Certainly. I will make a note.

① B는 잘못된 물품을 배송 받았다.

② A는 내일 도착할 수 있게 발송하겠다고 했다.

③ B는 목요일에 제대로 된 물건을 수령할 수 있다.

④ B는 물건이 도착하는 날 집에 없을 예정이다.

⑤ A는 예정 도착일을 하루 더 늦춰야 한다.

해설 **대화 내용 일치 판단**
- A가 잘못된 물품을 받았다고 명확히 언급함
- B는 이미 잘못된 상품을 수령한 상태임
- 도착일은 모레이며 목요일로 확인됨
- 이후 하루 늦춰 달라고 요청한 상황임

정답 ①

315 다음 빈칸 안에 공통으로 들어갈 단어로 가장 적절한 것은?

충남반도체마이스터고

- Students must _________ the school rules every day.
- I _________ in touch with my old friends through social media.

① stay

② make

③ keep

④ follow

해설 **공통 어휘 판단**
- 'keep the school rules'는 규칙을 지키다는 의미로 사용됨
- 'keep in touch'는 연락을 유지하다는 관용 표현임
- stay와 make는 두 문장에 모두 자연스럽게 쓰이지 않음
- follow는 첫 문장에는 가능하나 두 번째 문장과 맞지 않음
- 따라서 두 문장에 공통으로 들어갈 단어는 keep이므로 ③임

정답 ③

316 다음 대화를 읽고 밑줄 친 부분에 들어갈 말로 가장 알맞은 것은?

> W: May I ask what the problem is?
> M: I ordered a green shirt a week ago and when I received it, it was black. That's not all. I ordered a medium, but you sent me a small.
> W: I do apologize. There must have been a big mistake. Would you like to exchange it?
> M: No. ________________

① I will buy this one.
② Can I get a refund?
③ I don't like this style.
④ Can I see the receipt?
⑤ I don't like your manner.

해설 **환불 요청 표현**
- 주문한 색상과 사이즈가 모두 다르게 배송된 상황임
- 교환 제안을 거절하고 다른 해결 방법을 요구함
- refund는 '환불'의 의미로 문맥에 가장 적절함

정답 ②

317 다음 대화를 읽고 밑줄 친 부분에 들어갈 말로 가장 알맞은 것은?

> W: Can I help you?
> M: Yes. _____________________ There's a hole in the pocket.
> W: Oh, I'm sorry. Can I take a look at them?
> M: Sure. Here are the pants and the receipt.

① I like these pants very much.
② Would you exchange these pants?
③ I've never seen this type of fancy pants.
④ Do you have a larger size of these pants?
⑤ I would like to get one more pants of this type.

해설 **교환 요청 상황 표현**
- 바지 주머니에 구멍이 있어 문제를 제기하는 상황임
- receipt를 함께 제시하는 것으로 보아 교환 또는 환불 상황임
- exchange는 '교환하다'의 의미로 문맥에 가장 적절함

정답 ②

318 다음 대화를 읽고 밑줄 친 부분에 들어갈 말로 가장 알맞은 것은?

> A: Inho, what do you think about the movie Spider-Man 3?
> B: I watched it with my friend yesterday. The special effects were really awesome in the movie. Also, I like the star. He acts really well.
> A: ___________________ Actually, he's my favorite actor.

① He is really awful!   ② He let me down!

③ I don't agree with you.   ④ He is the worst actor.

⑤ I couldn''t agree with you more!

해설 **강한 동의 표현**
- 배우와 영화에 대해 긍정적으로 평가하는 상황임
- Actually, he's my favorite actor라고 이어짐
- I couldn't agree with you more는 강한 동의 표현임

정답 ⑤

319 다음 대화를 읽고 빈칸에 들어갈 영화표 총 금액으로 가장 알맞은 것은?

> C: Hi. Three tickets for Harry Potter, please.
> S: We have three scheduled times for that movie: 3:30, 6:30, and 9:30 p.m.
> C: 6:30 p.m., please. Can I have seats in the center?
> S: Let me check. Yes, you can.
> C: How much is the ticket? One adult and two kids.
> S: It is 7,000 won for adults and 5,000 won for children under 13.
>   Then it will be ___________________.

① 12,000원   ② 17,000원   ③ 19,000원

④ 21,000원   ⑤ 24,000원

해설 **가격 계산**
- 성인 1명은 7,000원임
- 어린이 2명은 각 5,000원으로 총 10,000원임
- 7,000 + 10,000 = 17,000원임

정답 ②

320 다음 대화를 읽고 밑줄 친 (A)에 들어갈 말로 가장 알맞은 것은?

David: Can I have next week's allowance today? I'm out of money.

Mom: David! This happened last week, too. Why are you (A) _______?

David: On my way home yesterday, I bought a shirt that was on sale.

Mom: But you promised you wouldn't do that again. Do you mean you think it's okay to shop impulsively?

David: No, I'm sorry. (B) I should've been more careful with my money.

---

① broke　　　　② tough　　　　③ smart

④ angry　　　　⑤ bored

해설　**돈이 없는 상태 표현**

- I'm out of money는 돈이 다 떨어졌다는 의미임
- allowance를 미리 달라고 하는 상황임
- broke는 '돈이 없는' 상태를 의미함

정답 ①

---

321 다음 대화를 읽고 말미에 나타난 여자 고객의 심경으로 가장 알맞은 것은?

M: Hello? Good Buy Home Shopping. How may I help you?

W: I'd like to complain about the skin whitening product I bought.

M: What seems to be the problem?

W: I've been using it for about two months, but I don't see any improvement in my skin.

M: If you return the product, we can exchange it.

W: No, I want a refund. I paid $30.00 for these two stupid little bottles!

M: Sorry, but we only allow exchanges. We don't offer refunds.

---

① happy　　　　② angry　　　　③ nervous

④ satisfied　　　⑤ excited

해설　**감정 파악**

- complain이라고 말하며 불만을 제기함
- stupid little bottles라는 표현을 사용함
- 환불을 강하게 요구하는 것으로 보아 화가 난 상태임

정답 ②

M·E·M·O

322 다음 대화를 읽고 밑줄 친 부분에 들어갈 말로 가장 알맞은 것은?

> M: We've been watching ads for 10 minutes. When will it start?
> W: It's almost 6:20. It'll start soon.
> M: Okay, give me the popcorn. I need something to snack on.
> W: Here. ＿＿＿＿＿＿＿＿＿＿＿＿
> M: Sure. It's basic etiquette in a theater.
> W: Good. But last time you forgot.

① Did you practice the song?

② Did you kick the front seat?

③ Did you turn off your cell phone?

④ Did you try to see the action movies?

⑤ Did you lock the door when you leave?

해설

극장 예절 표현
- theater에서의 기본 예절에 대한 대화임
- basic etiquette는 기본적인 예의를 의미함
- 영화관에서는 휴대전화 전원을 꺼야 함

정답 ③

323 다음 대화를 읽고 밑줄 친 부분에 들어갈 말로 가장 알맞은 것은?

> M: You know what? CN Blue will have a concert in Daejeon this summer.
> W: Really? So are you going to the concert?
> M: Sure! Miyoung and I are going. Why don't you join us?
> W: That sounds like fun. ＿＿＿＿＿＿＿＿＿

① I can't wait!　　　　② It can't be worse!

③ I beg your pardon?　　④ First come, First served!

⑤ I feel terribly sorry for that!

해설

기대 표현
- 콘서트에 함께 가자는 제안 상황임
- That sounds like fun은 긍정 반응임
- I can't wait은 매우 기대된다는 의미임

정답 ①

324 다음 대화를 읽고 밑줄 친 부분에 들어갈 말로 가장 알맞은 것은?

> M: Did you hear that? James Z's new song was number one yesterday.
> W: Wow, that's surprising!
> M: Yeah, it seems most people are _ hip-hop these days.
> W: I like it too. It's so cool.

① into　　　　　　　　② against
③ bored with　　　　　④ ignorant of
⑤ sick and tired of

해설 **be into 표현**
- 힙합이 인기를 끌고 있다는 맥락임
- be into는 ~에 빠지다의 의미임
- most people are into hip-hop이 자연스러운 표현임

정답 ①

325 다음 대화를 읽고 밑줄 친 부분에 들어갈 말로 가장 알맞은 것은?

> M: May I take your order?
> W: Could I have a minute to go over the menu?
> M: Sure, _________
> W: What's today's special?
> M: It's spaghetti and meatballs with potato soup.

① hurry up!　　　　　　② it's your turn.
③ don't bother!　　　　④ take your time.
⑤ don't mention it!

해설 **식당 대화 표현**
- go over the menu는 메뉴를 살펴보다의 의미임
- 손님이 시간을 달라고 한 상황임
- take your time은 천천히 하라는 의미임

정답 ④

326 다음 대화를 읽고 밑줄 친 부분에 들어갈 말로 가장 알맞은 것은?

> M: Wow, are all these people waiting for waffles?
>
> W: Yeah. Actually, it's not surprising. I've heard people sometimes stand in line for more than 30 minutes to have waffles here.
>
> M: Really? Their waffles __________________. I can't wait to have one!

① are hard to chew　　② must be easy to buy

③ must have bad smell　　④ must be so delicious

⑤ have a strange taste

해설

강한 추측 표현
- 30분 이상 줄을 선다고 언급함
- I can't wait to have one이라고 말함
- must be so delicious가 문맥에 가장 자연스러움

정답

M·E·M·O

유형 21

실용 영어

● 실용 영어 핵심 정리

① 표지판 이해

　㉠ 금지 표현

- No + 명사 → ~ 금지 의미임
- No smoking → 흡연 금지임
- No food or drinks → 음식물 반입 금지임
- Do not + 동사 → ~ 하지 말 것임

　㉡ 의무 표현

- Must + 동사 → 반드시 ~ 해야 함
- Must wear a helmet → 헬멧 착용 의무임
- Fasten your seat belt → 안전벨트 착용임

　㉢ 주의 표현

- Watch your step → 발밑 주의임
- Wet floor → 바닥 미끄러움 주의임
- Keep off the grass → 잔디 출입 금지임

② 안내문 · 공지문 이해

　㉠ 운영 시간

- Open from A to B → A부터 B까지 운영함
- Closed on Mondays → 월요일 휴관임
- Last admission at 5 p.m → 입장 마감 시간임

　㉡ 일정 변경

- The schedule has changed → 일정 변경됨
- Due to the weather → 날씨로 인한 변경임
- Postponed → 연기됨

　㉢ 행사 안내

- The event will be held on ~ → 행사 일정임
- Admission is free → 무료 입장임

- Reservation required → 예약 필요함

③ 이메일 · 메시지 이해

  ㉠ 목적 파악

- I'm writing to ~ → 메일 목적 제시함
- I would like to ask about ~ → 문의 목적임
- Please send me ~ → 요청 목적임

  ㉡ 일정 조정

- I can't make it → 참석 불가 의미임
- Can we reschedule? → 일정 변경 요청임
- Let me know if ~ → 답변 요청임

  ㉢ 확인 표현

- I'm writing to confirm ~ → 확인 목적임
- Thank you for your reply → 답장 감사 표현임

④ 광고 · 포스터 이해

  ㉠ 할인 정보

- 20% off → 20퍼센트 할인임
- Buy one get one free → 하나 사면 하나 무료임

  ㉡ 기간 정보

- Until July 30 → 7월 30일까지임
- For three days only → 3일간만 진행함

  ㉢ 대상 정보

- Students only → 학생만 가능함
- Members only → 회원만 가능함

⑤ 시간표 · 일정표 읽기

  ㉠ 출발 · 도착 시간 구별함

  ㉡ a.m./p.m. 구별함

  ㉢ 출발지 · 도착지 확인함

  ㉣ 요일 · 날짜 정확히 확인함

327 ○○도서관에서 근무하는 박○○씨가 다음과 같은 표지판에 맞는 영어 문구를 작성할 때 알맞은 것은?

한국원자력마이스터고/한국반도체마이스터고

① No noise

② No parking

③ No food and beverages

④ No cellphone

⑤ No pets

해설 **표지판 의미 이해**
- 금지 표시가 음식과 음료 그림 위에 있음
- 해당 표현은 "No food and beverages"로 음식 및 음료 반입 금지를 의미함
- 다른 선택지는 소음, 주차, 휴대전화, 애완동물 관련 내용임
- 따라서 알맞은 영어 문구는 ③임

정답 ③

328 다음 대화를 읽고 밑줄 친 부분에 들어갈 말로 가장 알맞은 것은?

> A : May I leave here earlier today?
> B : Why? Do you have any problems?
> A : My father is having surgery this evening
> B : 

① We have a lot of things to do.

② Go ahead. I hope it's nothing serious.

③ Is he getting any better after the surgery?

④ Can you finish your work as soon as possible?

⑤ You cannot say that. Don't you know we are so busy?

해설 **상황에 맞는 응답**
- 가족의 수술로 조퇴를 요청하는 상황임
- 공감과 허락의 표현이 필요함
- Go ahead는 허락 의미임

정답 ②

329 다음 내용을 읽고 배송이 무료인 이유로 가장 알맞은 것은?

> This invoice is a confirmation that your order for the items below has been received.
> 10 boxes of A4 paper ($10.50/box)
> 5 boxes of black pens ($6.95/box)
> 1 box of paper cups ($3.00/box)
> The total, including 10% sales tax, is $157.02.
> For all orders of $100 and over, the delivery is free.

① 첫 주문이므로
② 신장개업하였으므로
③ 특가세일 상품이므로
④ 오랫동안 거래를 해온 단골이므로
⑤ 일정 금액 이상의 배송은 무료이므로

해설 **안내문 이해**
- $100 이상 주문 시 배송 무료라고 명시됨
- 총 금액이 $157.02임
- 금액 조건 충족으로 무료 배송임

정답 ⑤

330 다음 질문들이 주로 이루어지는 장소로 가장 적합한 곳은?

> • Tell me about yourself.
> • Why did you apply for this job?
> • Do you have any experiences in this field?
> • How do you handle your stress?
> • What are your strengths?

① school　　　　② hospital　　　　③ company
④ restaurant　　　⑤ police station

 **면접 상황 파악**
- 자기소개와 지원 동기 질문임
- 경험과 강점에 대한 질문임
- 회사 면접 상황임

정답 ③

331 다음 대화를 읽고 밑줄 친 부분에 들어갈 말로 가장 알맞은 것은?

> A : Hello, may I speak to Mr. Oliveira? This is Ji-Eun Kim.
> B : Well...Let me check if he's here. Oh, sorry. He's not in the office.
> A : Then...Can I leave a message, please?
> B : Sure.
> A : Please tell him to call me at 611-8318.
> B : ___________________________
> A : Oh, never mind. I'll call back again.
> B : Okay.

① Don't mention it.　　　　② It's nothing at all.
③ Beg your pardon, Ms. Kim?　　④ It's good to see you again.
⑤ You have the wrong number.

 **선화 응대 표현**
- 전화번호를 전달하는 상황임
- 상대가 다시 말해 달라고 요청하는 흐름임
- Beg your pardon은 재확인 표현임

정답 ③

332 다음은 무엇에 관한 공지인가?

To : All staff
From : Sean O'Brien, Manager of the Human Resources Department
Subject : Regulations for leave of absence

  I am pleased that we have 10 new employees this month. In light of this, I think it's a good time to review our leave policy. Annual leave can be used anytime you want. But you must request leave two weeks before you leave. Employees with fewer than five years of service can have ten days of annual leave. The other employees can have fifteen days of annual leave. For more information, please contact me at 611-8318.

① 구내식당 식단　　② 회사의 징계규정　　③ 휴가 관련 규정
④ 사장의 정년퇴임식　　⑤ 전기 아껴쓰기 운동

해설　　**공지문 주제 파악**
- leave policy를 재검토한다고 언급됨
- 연차 사용 조건과 일수 안내임
- 휴가 관련 규정 공지임

정답 ③

333 다음 안내문을 읽고 환불 가능 기간으로 가장 알맞은 것은?

  You can get a refund if the product is returned to the store you originally purchased. It should be returned with the price tag still attached and the receipt within seven days of purchase. When you get a refund, our staff may ask you to do some survey as to why you were not satisfied with your purchase.

① 3일　　　② 5일　　　③ 7일
④ 10일　　　⑤ 14일

해설　　**환불 규정 이해**
- within seven days of purchase라고 명시됨
- 구입 후 7일 이내 반환 조건임
- 영수증과 가격표 필요함

정답 ③

334 다음 구인 광고에서 찾는 직업으로 가장 알맞은 것은?

> Do you like talking with people?
> Do you want to introduce Kyung-bok palace to foreigners?
> Can you speak English?
> Do you want to share good memories with foreigners?
> If you're interested, please apply for our company. Our company has been introducing our history to travellers for over 20 years. For more information, please call at 123-4567.

① teacher   ② janitor   ③ historian
④ carpenter   ⑤ tour guide

해설   **구인 광고 이해**
- 외국인에게 경복궁을 소개하는 업무임
- 영어 사용 가능 조건임 • 관광 안내 직무임

정답 ⑤

※ 다음 내용을 읽고 질문에 답하시오.   부산항공고 예시문항

> T: Next week, our class will go on a field trip.
> S: Really? Where will we go?
> T: We will visit KAI, Korea Aerospace Industries. It is well known in aviation.
> S: That sounds great! I want to see how airplanes are made.
> T: Yes, I think it will be a great ⓐ <u>opportunity</u> to think about your career in aviation.
> S: I'm so excited. ⓑ <u>I look forward to visiting there with my friends</u>!
> T: 교사 S: 학생

335 밑줄 친 단어 ⓐ opportunity의 의미로 가장 적절한 것은?

① 위험   ② 기회
③ 계획   ④ 성공

해설   **어휘 의미 파악**
- opportunity는 '어떤 일을 할 수 있는 좋은 때'를 의미함
- 문맥상 진로를 생각해 볼 좋은 기회를 뜻함

정답 ②

336 밑줄 친 문장 ⓑ의 의미로 가장 적절한 것은?

① 나는 친구들과 그곳에 가는 것이 걱정된다.

② 나는 친구들과 그곳에 가는 것이 기대된다.

③ 나는 친구들과 그곳에 가는 것이 두렵다.

④ 나는 친구들과 그곳에 가는 것이 귀찮다.

해설 **문장 해석**
- look forward to는 '~을 기대하다'의 의미임
- visiting은 동명사 형태로 '방문하는 것'을 뜻함
- excited라는 앞 문장과도 의미가 연결됨
- 따라서 '기대된다'가 가장 적절함

정답 ②

06 NCS형 직무 상황 판단

유형 22
NCS형 문제해결능력

● NCS형 문제해결능력 핵심 정리

① 문제해결능력이란?

　㉠ 개념

　　• 목표와 현상을 분석하여 과제를 도출하고 최적의 해결안을 찾아 실행·평가하는 능력임

　　• 문제가 발생했을 때 논리적·창의적으로 접근하는 직업기초능력임

　　• 단순 암기가 아닌 '상황 분석 → 판단 → 실행' 능력을 평가함

　㉡ 마이스터고 적성평가에서의 의미

　　• 실생활·직무 상황 제시 후 해결 절차를 묻는 형태로 출제됨

　　• 자료 해석, 조건 비교, 원인 추론, 대안 선택 유형이 핵심임

　　• 정답은 '가장 체계적이고 합리적인 절차'에 해당하는 선택지임

② 문제해결의 기본 절차

　㉠ 1단계 : 문제 인식 (WHAT?)

　　• 무엇이 문제인지 정확히 규정함

　　• 목표와 현재 상태의 차이를 확인함

　　• 불필요한 정보와 핵심 정보를 구분함

　㉡ 2단계 : 원인 분석 (WHY?)

　　• 겉으로 드러난 현상이 아니라 근본 원인을 찾음

　　• 조건·자료·수치를 비교하여 인과관계를 파악함

　　• 단순 추측이 아닌 근거 중심 판단이 중요함

　㉢ 3단계 : 해결안 도출 (HOW?)

　　• 가능한 여러 대안을 탐색함

　　• 각 대안의 장단점을 비교함

　　• 목표 달성에 가장 적합한 방안을 선택함

② 4단계 : 실행 및 평가

- 선택한 방안을 적용함
- 결과를 확인하고 개선 여부를 판단함
- 피드백을 통해 재조정함

③ NCS형 문제 풀이 방법론

㉠ 문제 읽기 전략

- 상황 제시문에서 핵심 조건에 밑줄 긋기
- 목표가 무엇인지 먼저 확인하기
- "가장 적절한 것", "체계적인 절차" 등의 요구어 파악하기

㉡ 선택지 판단 기준

문제 인식 → 원인 분석 → 대안 탐색 → 실행 → 평가

이 순서를 따르는지 확인함

- 원인 분석 없이 바로 실행하는 선택지는 오답 가능성 높음
- 결과 평가가 없는 선택지도 오답 가능성 높음

㉢ 계산 · 자료형 문제 접근법

- 수치 비교 전 단위 통일
- 조건을 표나 간단한 정리식으로 구조화
- 감으로 풀지 말고 단계별 논리 확인

④ 문제해결에 필요한 사고 방식

㉠ 창의적 사고

- 기존 지식을 재조합하여 새로운 해결책 도출
- 고정관념에서 벗어나 다양한 가능성 탐색

㉡ 논리적 사고

- 전후 관계와 인과관계가 일치하는지 점검
- 주장과 근거가 연결되어 있는지 확인

㉢ 비판적 사고

- 제시된 정보가 타당한지 검토
- 선택지의 오류 · 비약 · 과장 여부 판단

337 학교 프로젝트 수업에서 민수는 문제해결 방법에 대해 배우게 되었다. 선생님은 문제를 크게 창의적 문제와 분석적 문제로 나눌 수 있다고 설명하였다. 다음 중 창의적 문제에 대한 설명으로 옳지 않은 것은?

① 아직 뚜렷한 문제가 없더라도 더 좋은 방법을 찾기 위한 문제로, 문제 자체가 명확하지 않을 수 있다.

② 개인의 아이디어, 직관, 감각 등이 중요하게 작용한다.

③ 하나의 정답만 있는 것이 아니라 여러 해결 방법이 존재한다.

④ 새로운 아이디어를 통해 숨겨진 욕구를 충족시키는 효과가 있다.

⑤ 공식과 논리를 적용하여 하나의 정답을 정확히 도출하는 방식으로 해결한다.

> **해설** **창의적 문제의 특징**
> • 창의적 문제는 문제 상황이 명확하지 않으며 새로운 가능성을 탐색하는 과정임
> • 정답이 하나로 정해져 있지 않고 다양한 해결 방안이 존재함
> • 직관, 감각, 독창적 사고가 중요한 역할을 함
> • 공식과 논리를 통해 하나의 정답을 찾는 방식은 분석적 문제의 특징임
>
> **정답** ⑤

338 한 중학교에서 학교 축제 발표팀을 구성하려고 한다. 참여 대상은 댄스부, 밴드부, 과학동아리, 방송부, 미술부이다. 다음 조건을 모두 만족하도록 할 때, 발표팀에 참여해야 하는 최소 인원은 몇 명인가?

〈조건〉

• 방송부와 과학동아리가 모두 참여하지 않으면 댄스부는 반드시 참여한다.
• 방송부와 과학동아리는 함께 참여할 수 없다.
• 미술부와 방송부는 함께 참여할 수 없다.
• 댄스부, 밴드부, 과학동아리 중 한 동아리는 반드시 참여해야 한다.

---

① 1명 　　　　② 2명 　　　　③ 3명
④ 4명 　　　　⑤ 5명

> **해설** **조건 논리 최소 인원 분석**
> • 댄스부 · 밴드부 · 과학동아리 중 한 동아리는 반드시 참여해야 함
> • 방송부와 과학동아리는 동시에 참여할 수 없음
> • 미술부와 방송부도 함께 참여 불가함
> • 조건을 모두 만족하는 최소 조합은 댄스부와 방송부 참여로 2명이므로 최소 인원은 2명임
>
> **정답** ②

M·E·M·O

339 다음 조건을 모두 고려할 때, 민수가 이번 주에 결석(하루 체험학습 신청)을 할 수 있는 요일은 언제인가?

<조건>

- 민수는 이번 주에 하루 체험학습을 신청하려고 한다.
- 목요일에는 동아리 발표 준비를 위해 외부 기관에 방문해야 한다.
- 다음 주 금요일까지 과학 탐구 보고서를 제출해야 한다.
- 같은 조 친구와 이틀 연속으로 보고서 실험을 진행해야 하는데, 친구는 수요일에 학원 일정이 있어 학교에 늦게 온다.
- 금요일에는 전교 체육대회가 있어 결석할 수 없다.

① 월요일　　　　② 화요일　　　　③ 수요일
④ 목요일　　　　⑤ 금요일

해설

조건 일정 분석
- 조 친구가 수요일에 늦게 오므로 이틀 연속 실험은 월 · 화에 진행하는 것이 적절함
- 금요일은 전교 체육대회가 있어 결석 불가함
- 목요일은 외부 방문 일정이 있으나 체험학습 신청은 가능함
- 따라서 결석이 가능한 요일은 목요일임

정답 ④

340 다음은 일정한 규칙에 따라 계산한 결과이다. 다음의 규칙을 따를 때, 12+8의 값으로 가장 알맞은 것은?

5+3=28
9+3=612
8+6=214
6+2=48
7+3=410

① 230　　　　② 320　　　　③ 420
④ 520　　　　⑤ 620

해설

수 배열 규칙 분석
- 일반적인 덧셈 결과가 아니라 두 수의 합과 차를 차례로 이어 붙이는 규칙임
- 예를 들어 5+3은 합 8과 차 2를 이어 붙여 28이 됨
- 12+8은 합 20과 차 4를 이어 붙이는 방식으로 계산함
- 따라서 정답은 420임

정답 ③

341 한 중학교 학생회에서 체육대회 운영을 위해 장비 보관함의 네 자리 비밀번호를 새로 정하려고 한다. 다음 조건을 모두 만족할 때, 옳은 것을 고르시오.

〈조건〉

- 비밀번호를 구성하는 숫자 중 소수는 사용할 수 없다.
- 네 자리 수는 4의 배수여야 한다.
- 비밀번호는 홀수로 시작해야 한다.
- 같은 숫자를 두 번 이상 사용할 수 없다.
- 0은 사용할 수 없다.

① 비밀번호는 반드시 홀수이다.

② 비밀번호의 마지막 숫자는 1이다.

③ 가능한 비밀번호는 996 또는 986이다.

④ 조건을 만족하는 비밀번호는 3개이다.

⑤ 조건을 만족하는 비밀번호 중 가장 큰 수는 9861이다.

해설

조건 추론 분석
- 소수(2, 3, 5, 7)를 사용할 수 없으므로 사용 가능한 숫자는 1, 4, 6, 8, 9임
- 0은 사용할 수 없고, 같은 숫자도 중복 불가임
- 홀수로 시작해야 하므로 첫 자리는 1 또는 9임
- 4의 배수는 마지막 두 자리 수가 4의 배수여야 함
- 모든 조건을 만족하는 수 중 가장 큰 수는 9861임

정답 ⑤

유형 23

NCS형 자원관리능력

● NCS형 자원관리능력 핵심 정리

① 자원관리능력의 이해

  ㉠ 자원관리능력이란

    • 시간 · 예산 · 물적자원 · 인적자원을 효율적으로 계획하고 활용하는 능력임

    • 필요 자원 확인 → 확보 → 계획 → 실행 → 관리의 과정임

  ㉡ 마이스터고 출제 특징

    • 마이스터고 입학 문제에서는 '시간 자원' 중심으로 출제됨

    • 여러 업무를 제한된 시간 안에 배치하는 문제 유형임

    • 총 소요시간 계산, 일정표 완성, 우선순위 판단 문제가 핵심임

    • "가장 효율적인 계획"을 묻는 형태가 다수 출제됨

② 시간관리능력의 개념

  ㉠ 시간관리능력이란

    • 주어진 시간 자원을 효율적으로 활용하는 능력임

    • 목표 설정 → 우선순위 결정 → 소요시간 계산 → 계획 수립의 절차임

  ㉡ 시간계획의 기본 과정

    • 명확한 목표 설정   • 일의 우선순위 결정

    • 예상 소요시간 계산   • 시간 계획표 작성

③ 우선순위 판단

  ㉠ 긴급하고 중요한 일 → 최우선 배치

  ㉡ 중요하지만 긴급하지 않은 일 → 계획 배치

  ㉢ 긴급하지만 중요하지 않은 일 → 신속 처리

  ㉣ 긴급하지도 중요하지도 않은 일 → 후순위

342 다음 중 시간 자원의 특성에 대하여 잘못 이해하고 있는 사람은? 한국반도체마이스터고

① 김 사원: 시간은 매일 주어지는 기적이다. 우리에게는 매일 24시간이라는 황금과 같은 선물이 주어진다.

② 이 사원: 시간은 똑같은 속도로 흐른다. 어떤 때는 시간이 빠르게 가는 것 같이 느껴지지만 사실 시간은 일정한 속도로 진행한다.

③ 박 사원: 시간의 흐름을 멈추게 할 수 있다. 사실 시간은 무지막지한 힘을 가지고 있지만 융통성이 있어서 임의대로 조절할 수 있다.

④ 최 사원: 시간은 꾸거나 저축할 수 없다. 자기의 시간만을 가지고 있을 뿐이며, 그 때 그 때 주어지는 시간을 써야만 한다.

⑤ 윤 사원: 시간은 사용하기에 따라 가치가 달라진다. 모든 자원이 그렇듯이 시간이란 자원도 잘 사용하면 무한한 이익을, 잘못 사용하면 엄청난 손해를 가져다준다.

해설　**시간 자원의 특성**
- 시간은 모든 사람에게 동일하게 24시간이 주어지는 자원임
- 시간은 일정한 속도로 흐르며 임의로 조절할 수 없음
- 시간은 저장하거나 빌릴 수 없는 한정된 자원임
- 시간의 흐름을 멈추거나 조절할 수 있다는 이해는 잘못된 인식임

정답 ③

M·E·M·O

343 다음과 같은 자원관리 사례에서 K 사장에게 지적할 수 있는 문제점으로 가장 적절한 것은?

> 동료 몇몇과 함께 작은 건축업을 하는 K 사장. K 사장에게는 따로 비서가 없어 자신의 사무실 내 물품은 스스로 정리해야 했다. 어느 날 사무실을 둘러보니 너무 어지러워 도저히 일을 할 수 없을 것 같아 사무실 정리를 시작했다. 곳곳에 널려 있는 물건들을 모조리 수납장과 상자에 집어넣어 깔끔하게 정리하니 오랜만에 깔끔한 기분이 들어 좋았다. 하지만 다음 날부터 K 사장은 짜증이 나기 시작했다. 일을 하려고 필요한 서류를 찾았으나 찾지 못한 것이다. 서류를 계속 찾아보았지만 보이지 않았고, 결국 수납장과 상자를 뒤지기 시작했다. 그렇게 서류를 찾아서 일을 다시 시작하려 했지만, 이번에는 다른 물건이 보이지 않았다. 서류뿐 아니라 많은 물품이 수납장과 상자에 무분별하게 들어 있었던 것이다. 그리하여 몇 시간 동안 뒤져서 필요한 물품을 찾았을 때, 사무실은 다시 난장판이 되어 있었다. 이를 본 K 사장은 허무할 수밖에 없었고, 다시 이를 정리하는 데 오랜 시간이 소요되었다.

① 자원을 체계적, 효과적으로 관리하지 못하였다.

② 보유하고 있는 자원을 효과적으로 관리하고 있다.

③ 사용하지 않아도 될 물건을 다른 자원과 함께 보관하였다.

④ 자원을 보관하기 위하여 이에 대한 활용 여부를 판단하였다.

⑤ 자원 관리를 하려고 적절한 과정을 거치는 것이 오히려 비효율적이었다.

해설

자원 관리의 문제점
- 물품을 분류하지 않고 무분별하게 수납장에 보관함
- 필요한 서류와 물품을 즉시 찾지 못하는 비효율이 발생함
- 체계적 정리 기준과 관리 방법이 부재한 상태임
- 자원을 효과적으로 관리하지 못한 사례에 해당함

정답 ①

344 반도체마이스터고 지원을 준비 중인 민수는 수행평가, 자격증 준비, 동아리 활동을 병행하고 있다. 민수는 효율적인 시간관리를 위해 계획을 세우려 한다. 다음 중 시간계획의 기본원리에 대한 설명으로 옳지 않은 것은?

① 한정된 시간을 효율적으로 활용하기 위해서는 먼저 구체적인 목표를 설정해야 한다.

② 과제의 중요도와 제출 마감 기한을 기준으로 우선순위를 정해야 한다.

③ 시험 준비처럼 큰 과제는 예상 소요시간을 계산한 뒤 계획에 반영하는 것이 효과적이다.

④ 시간표를 작성하여 하루 일과를 체계적으로 정리하는 것이 도움이 된다.

⑤ 가능한 한 하루의 모든 시간을 빈틈없이 계획표에 채워 사용해야 한다.

> **해설** **시간관리 기본원리**
> • 시간계획은 목표 설정 → 우선순위 결정 → 소요시간 산정 → 계획 수립의 과정임
> • 중요도와 긴급도를 기준으로 업무를 배치하는 것이 핵심임
> • 효율적인 시간관리는 예비시간을 포함하여 계획을 세워야 함
> • 모든 시간을 빈틈없이 채우는 계획은 현실적으로 비효율적이므로 옳지 않음
>
> **정답** ⑤

345 고등학생 지훈이는 시험 기간을 앞두고 시간관리를 철저히 하기로 마음먹었다. 담임 선생님은 불필요한 시간 낭비를 줄이고 효율적으로 공부하라고 조언하였다. 다음 중 시간을 낭비하는 경우라고 보기 가장 적절하지 않은 것은?

① 지훈이는 컴퓨터에 저장된 수행평가 자료를 찾는 데 시간이 오래 걸린다.

② 친구들과 같은 내용을 여러 번 반복해서 이야기한다.

③ 공부 시간에 휴대전화 메시지를 주고받으며 많은 시간을 보낸다.

④ 모르는 문제를 해결하기 위해 친구에게 전화로 질문한다.

⑤ 공부를 시작하기 전에 무엇을 할지 오래 고민만 하고 실행하지 않는다.

> **해설** **시간낭비 판단 기준**
> • 시간낭비는 학습 목표와 직접 관련 없는 활동을 의미함
> • 자료 정리 미흡이나 반복 대화는 비효율적 시간 사용에 해당함
> • 학습 시간 중 휴대전화 사용은 집중력을 저해함
> • 모르는 문제를 해결하기 위한 질문은 학습 과정이므로 시간낭비가 아님
>
> **정답** ④

346 중학생 민서는 시험을 앞두고 하루 24시간을 효율적으로 활용하려고 노력하고 있다. 시간을 낭비하는 원인을 외적 요인과 내적 요인으로 나누어 보았을 때, 다음 중 외적 요인에 해당하는 것은?

① 공부하기 싫어하는 무기력한 태도

② 등굣길 버스 지연으로 인한 교통 혼잡

③ 책상이 어지러워 필요한 교재를 찾는 데 시간이 걸리는 경우

④ 과제를 시작하지 못하고 계속 망설이는 태도

⑤ 공부 계획을 세우지 않은 경우

해설 **시간낭비 요인 구분**
- 외적 요인은 외부 환경이나 상황에 의해 발생하는 요인임
- 교통 지연, 외부 소음, 돌발 상황 등이 이에 해당함
- 내적 요인은 개인의 태도나 습관에서 비롯된 요인임
- 무기력, 우유부단함, 계획 부족은 내적 요인에 해당함

정답 ②

347 다음 표는 학생 민수가 과목별로 공부한 시간에 따라 모의고사에서 받은 점수를 나타낸 것이다.(단, 세 과목의 반영 비율은 동일하다고 가정) 민수는 국어, 수학, 과학을 준비하며 총 15시간을 가장 효율적으로 배분하였다. 그러나 갑작스러운 학교 행사 준비로 인해 3시간을 사용하게 되어, 실제 공부할 수 있는 시간이 12시간으로 줄어들었다. 이때 민수는 어느 과목의 공부 시간을 줄이는 것이 가장 합리적인가?

공부시간	국어	수학	과학
6시간	97	87	84
5시간	95	85	83
4시간	85	80	80
3시간	73	70	75
2시간	60	58	65
1시간	45	46	55
0시간	25	30	40

① 국어 1시간, 수학 1시간, 과학 1시간 줄인다.

② 국어 1시간, 과학 2시간 줄인다.

③ 수학 1시간, 과학 2시간 줄인다.

④ 수학 2시간, 과학 1시간 줄인다.

해설 **한계점수 감소 비교**
- 15시간 배분 시 세 과목에 각각 5시간씩 투자하는 것이 총점이 최대임
- 시간을 줄일 때는 점수 감소가 가장 작은 과목부터 줄이는 것이 합리적임
- 5시간→4시간 감소 시 점수 감소는 국어 10점, 수학 5점, 과학 3점임
- 이후 감소까지 고려하면 수학 1시간, 과학 2시간을 줄이는 것이 총점 감소가 최소임

정답 ③

유형 24

도표 · 그래프 해석

◉ 도표 · 그래프 해석 핵심 정리

① 원그래프 해석

  ㉠ 비율 비교 상황 : 전체를 100%로 보고 가장 큰 비율과 가장 작은 비율을 비교함

  ㉡ 합계 판단 상황 : 특정 항목 두 개 이상을 더해 전체와 비교함

  ㉢ 증가 · 감소 판단 상황 : 연도별 비율 변화를 확인함

  ㉣ 비율 차이 계산 상황 : 두 항목의 퍼센트 차이를 계산함

② 막대그래프 해석

  ㉠ 수치 비교 상황 : 막대 길이를 비교하여 값의 크기를 판단함

  ㉡ 추세 판단 상황 : 증가 · 감소 경향을 확인함

  ㉢ 최고 · 최저값 판단 상황 : 가장 높은 값과 가장 낮은 값을 찾음

  ㉣ 단위 확인 상황 : 명, %, 개 등 단위를 반드시 확인함

③ 표 자료 해석

  ㉠ 행 · 열 교차 상황 : 조건에 맞는 행과 열을 동시에 확인함

  ㉡ 합계 계산 상황 : 부분 값을 더해 전체 값을 구함

  ㉢ 평균 계산 상황 : 합계를 항목 수로 나눔

  ㉣ 조건 만족 항목 찾기 : 특정 조건을 동시에 만족하는 값을 찾음

④ 복합 도표 해석

  ㉠ 두 자료 비교 상황 : 서로 다른 그래프를 함께 비교함

  ㉡ 자료 해석 오류 판단 상황 : 지문 설명과 도표 내용 일치 여부를 확인함

  ㉢ 부분과 전체 관계 판단 : 일부 수치를 전체와 비교함

  ㉣ 변화율 판단 상황 : 이전 값 대비 증가 · 감소율을 계산함

⑤ 도표 해석 기본 원칙

  ㉠ 질문을 먼저 읽음

  ㉡ 단위와 기준을 확인함

  ㉢ 계산이 필요한 경우 정확히 수행함

  ㉣ 극단 표현을 주의함

예시문항

※ 다음 그림은 전국 대학생들의 작년 라면 소비 내역을 나타낸 것이다. 이 그래프를 이용하여 다음 질문에 답하시오.

평택마이스터고/동아마이스터고

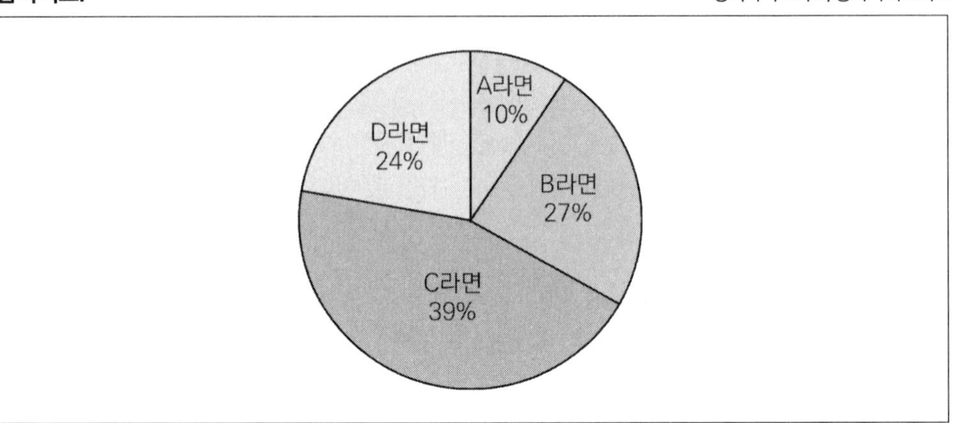

348 전국 대학생들의 작년 전체 라면 소비량이 10,000개라고 하면 라면 소비량이 가장 많은 라면은 무엇이고, 그 라면의 소비량은 얼마인가?

① B라면: 2,700개   ② B라면: 270개
③ C라면: 3,900개   ④ C라면: 390개

해설

원그래프 해석
- 원그래프에서 C라면의 비율이 39%로 가장 큼
- 전체 소비량이 10,000개이므로 39%를 계산함
- 10,000 × 0.39 = 3,900개임
- 따라서 가장 많이 소비된 라면은 C라면이며 소비량은 3,900개임

정답 ③

적 중 예 상 문 제

349 다음 그래프는 우리나라의 온실가스 총배출량의 추이를 나타내고 있다. 효율적인 온실가스 감축을 위한 정부의 환경관리 정책으로 가장 적절한 것을 고르시오.

① 음식물 쓰레기를 자원화하여 활용한다.

② 생활쓰레기를 철저히 분리수거 한다.

③ 탄소배출권 거래 제노의 노입을 보류한다.

④ 탄소 배출 감소 대책을 마련한다.

해설

환경 정책
• 온실가스 감축의 핵심은 탄소 배출을 직접적으로 줄이는 정책임
• 따라서 가장 적절한 것은 탄소 배출 감소 대책을 마련하는 ④임

정답 ④

350 아래의 〈표〉는 어느 중학교에서 3학년 학생들을 대상으로 설문조사를 실시하여 하루 공부시간에 따른 수학 성적 등급(상·중·하) 현황을 정리한 것이다. 이에 대한 〈보기〉의 설명 중 옳은 것을 모두 고르면?

〈표〉 하루 공부시간과 수학 성적 등급 현황 (단위: 명)

하루 공부시간	상	중	하	합계
3시간 초과	158	41	2	201
2시간 초과 3시간 이하	126	142	32	300
1시간 초과 2시간 이하	12	20	17	49
1시간 이하	5	12	14	31

〈보기〉

가. 하루 공부시간이 줄어들수록 '하' 등급에 속하는 학생의 비율은 증가한다.

나. 하루 공부시간이 1시간을 초과하는 학생들 중 '중' 등급 학생의 비율은 40% 이상이다.

다. '상' 등급 학생의 비율은 3시간 초과 공부하는 학생이 1시간 이하 공부하는 학생보다 43%p 더 높다.

라. '상' 등급 학생의 총 수가 '중' 등급 학생의 총 수보다 86명이 많다.

① 가, 나   ② 가, 다

③ 가, 라   ④ 나, 다

해설

도표 분석

- '하' 등급 비율은 2/201 → 32/300 → 17/49 → 14/31로 증가하므로 가는 참임
- '상' 등급 총수는 301명, '중' 등급 총수는 215명으로 86명 차이이므로 라는 참임
- 나와 다는 계산 결과 조건을 충족하지 못하므로 거짓임
- 따라서 옳은 것은 가, 라

정답 ③

351 다음은 최근 5년간 마이스터고 계열별 '실습지도 교원 1인당 담당 학생 수'를 나타낸 자료이다. 자료에 대한 설명으로 옳지 않은 것을 고르면?

(단위: 명)

구분	2019	2020	2021	2022	2023
반도체 · 나노 계열	65.8	63.2	60.5	58.3	56.8
전기 · 에너지 계열	72.5	69.8	67.2	64.9	63.2
기계 · 자동화 계열	78.9	75.6	72.3	69.5	67.2
바이오 · 식품 계열	18.5	17.8	17.2	16.8	16.5

① 조사 기간 동안 모든 계열에서 교원 1인당 담당 학생 수는 지속적으로 감소하였다.

② 2023년 전기 · 에너지 계열의 교원 1인당 담당 학생 수는 2019년에 비해 약 13% 감소하였다.

③ 2022년 기계 · 자동화 계열의 교원 1인당 담당 학생 수는 전년 대비 약 5% 감소하였다.

④ 2019년과 2023년을 비교할 때 감소 폭이 가장 큰 계열은 기계 · 자동화 계열이다.

해설

감소율 계산 및 비교
- 2022년 기계 · 자동화 계열 감소율은 (69.5 − 72.3) ÷ 72.3 × 100 ≒ −3.9%임
- 약 5% 감소로 보기에는 차이가 있어 오답임
- ① 모든 계열에서 매년 수치가 감소 추세임
- ② 전기 · 에너지 계열 감소율은 약 12.8%로 약 13%에 해당함
- ④ 기계 · 자동화 계열은 2019년 대비 2023년 감소 폭이 가장 큼

정답 ③

07 전공 기초 이해

유형 25
과학 기초

✅ 과학 기초 핵심 정리

① 물질의 기본 성분

ㄱ 원자 : 물질을 이루는 가장 작은 기본 단위

ㄴ 원소 : 같은 종류의 원자로 이루어진 순수한 물질

ㄷ 원소 기호 : 원소를 알파벳 기호로 나타낸 것

- H : 수소 → 물(H_2O)을 구성하는 원소임
- O : 산소 → 우리가 숨 쉬는 공기 중에 포함됨
- C : 탄소 → 연필심(흑연)의 주성분임
- Fe : 철 → 못, 자동차, 건물 뼈대에 사용됨
- Cu : 구리 → 전선의 주요 재료임
- Al : 알루미늄 → 음료수 캔, 창틀에 사용됨
- Na : 나트륨 → 소금($NaCl$)의 성분임
- Cl : 염소 → 수돗물 소독에 사용됨
- Ca : 칼슘 → 우유에 들어 있으며 뼈와 치아 형성에 도움을 줌
- K : 칼륨 → 바나나에 많이 들어 있는 영양소임
- Si : 규소 → 스마트폰, 컴퓨터 반도체의 재료임
- Ag : 은 → 장신구, 전기 접점에 사용됨
- Au : 금 → 장신구, 전자제품 부품에 사용됨
- He : 헬륨 → 풍선에 넣는 기체임
- N : 질소 → 공기의 대부분을 차지함

ㄹ 분자 : 두 개 이상의 원자가 결합한 입자

② 힘과 운동

ㄱ 중력 : 지구가 물체를 중심 방향으로 끌어당기는 힘

ㄴ 낙하 운동 : 중력에 의해 아래로 떨어지는 운동

  ⓒ **관성** : 외부 힘이 없으면 현재 상태를 유지하려는 성질

  ⓔ **가속도** : 속도가 일정하게 변하는 정도

③ **탄성과 용수철**

  ㉠ **탄성** : 힘을 제거하면 원래 모양으로 돌아가는 성질

  ⓛ **탄성력** : 늘어나거나 압축된 물체가 되돌아가려는 힘

  ⓒ **훅의 법칙** : 늘어난 길이에 비례하여 힘이 증가함

④ **에너지 개념**

  ㉠ **위치 에너지** : 물체의 높이에 따라 달라짐

  ⓛ **운동 에너지** : 물체의 속도에 따라 달라짐

  ⓒ **에너지 보존** : 에너지는 형태만 바뀌고 사라지지 않음

⑤ **물질의 상태**

  ㉠ **고체** : 모양과 부피가 일정함

  ⓛ **액체** : 부피는 일정하고 모양은 변함

  ⓒ **기체** : 모양과 부피가 모두 변함

  ⓔ **상태 변화** : 온도 변화에 따라 고체 · 액체 · 기체로 변함

⑥ **기초 화학 반응**

  ㉠ **연소** : 산소와 반응하여 열과 빛을 냄

  ⓛ **산화** : 산소와 결합하는 반응

  ⓒ **물의 분해** : 전기 분해로 수소와 산소 생성함

예시문항

한국반도체마이스터고/한국반도체마이스터고

352 〈다음〉 물질은 용수철이다. 물질에 작용하는 힘에 대한 설명으로 옳은 것은?

〈다음〉

① 물질의 자기력을 이용하여 나침판을 만들었다.

② 물질의 전기력을 이용하여 먼지떨이를 만들었다.

③ 물질의 탄성을 이용하여 체중계를 만들었다.

④ 물질의 마찰력을 이용하여 미끄러지지 않는 등산화를 만들었다.

⑤ 물질의 중력을 이용하여 낙하산을 만들었다.

해설 **용수철과 탄성**
- 용수철은 외력이 작용하면 늘어나거나 줄어드는 탄성을 가짐
- 탄성은 힘을 제거하면 원래 형태로 돌아가려는 성질임
- 체중계는 용수철의 탄성 변형을 이용하여 무게를 측정함
- 따라서 용수철의 특성을 활용한 예는 ③임

정답 ③

353 다음에서 설명하는 것으로 바른 것은?

대구반도체 마이스터고/한국반도체마이스터고

- 물질을 이루는 기본 성분이다.
- 이것의 종류를 구별하는 방법 중에는 불꽃 반응이 있다.
- 돌턴은 "모든 물질은 더 이상 쪼개지지 않는 입자, 즉 이것으로 이루어져 있다." 고 주장하였다.
- 이것은 매우 작아서 눈으로 볼 수 없다.

① 분자　　　　② 원자　　　　③ 전자

④ 양성자　　　⑤ 원자핵

해설 **원자의 개념 이해**
- 물질을 이루는 기본 단위는 원자임
- 불꽃 반응은 원소의 종류를 구별하는 방법임
- 돌턴은 모든 물질이 원자로 이루어졌다고 주장함
- 따라서 설명에 해당하는 것은 ② 원자임

정답 ②

한국원자력마이스터고

354 다음은 사과가 나무에서 떨어지는 모습이다. 이 현상과 같은 힘이 작용하는 것은?

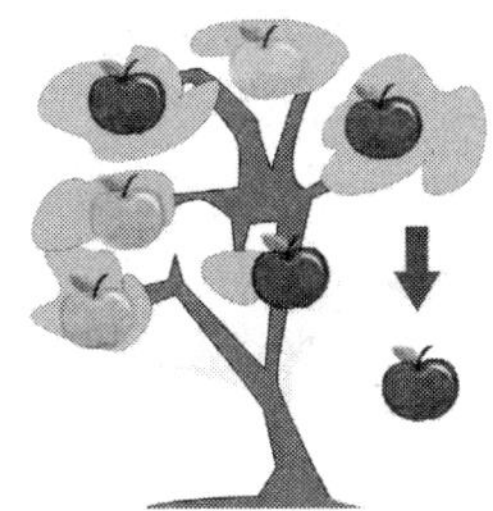

① 고무줄을 당겼다 놓으면 원래 모양으로 돌아간다.

② 열기구에 불을 붙이면 대기 중으로 떠오른다.

③ 물속에 나무를 넣으면 나무가 물위에 떠오른다.

④ 날개에서 자동차 바퀴에 체인을 감으면 헛돌지 않는다.

⑤ 용수철에 추를 매달면 용수철이 아래로 늘어난다.

해설 **중력 작용 이해**
- 사과가 떨어지는 현상은 중력에 의한 아래 방향 힘임
- 물체에 질량이 있으면 지구 중심 방향으로 끌어당김
- 용수철에 추를 매달면 추의 무게로 아래로 늘어남
- 따라서 같은 힘이 작용하는 경우는 ⑤임

정답 ⑤

355 원소를 기호로 나타내면 서로 다른 언어를 사용하는 사람들과 정보를 쉽게 교환할 수 있어 매우 편리하다. 다음 중 원소 이름에 따른 원소 기호가 옳지 않은 것은?

한국반도체마이스터고

	원소 이름	원소 기호
①	탄소	C
②	질소	N
③	산소	O
④	칼슘	Cu
⑤	알루미늄	Al

해설 **원소 기호 이해**
- 탄소의 기호는 C임
- 질소의 기호는 N, 산소의 기호는 O임
- 칼슘의 기호는 Ca이며 Cu는 구리의 기호임
- 따라서 원소 기호가 옳지 않은 것은 ④임

정답 ④

356 체육 대회 준비를 맡은 지훈이는 체육 용품 창고에서 여러 물건을 옮기는 작업을 하였다. 다음 중 마찰력이 가장 크게 작용하는 경우는?

① 체육 창고 바닥에 놓인 무거운 매트 뭉치를 밀어서 옮기려고 하나 꿈쩍도 하지 않을 때

② 바닥에 놓인 공 바구니를 일정한 속도로 끌고 운동장까지 이동할 때

③ 급식 배식대를 교실 복도에서 일정한 속도로 밀고 갈 때

④ 체육 창고 선반 위에 가볍게 놓여 있는 빈 조끼 바구니

> **해설**
>
> **마찰력의 종류와 크기 비교**
> - 마찰력은 최대정지마찰력 〉 운동마찰력 〉 일반 정지마찰력 순으로 큼
> - ①은 물체가 막 움직이려는 순간의 최대정지마찰력이 작용하는 상태임
> - ②와 ③은 물체가 일정한 속도로 움직이므로 운동마찰력이 작용함
> - ④는 외력이 거의 없어 정지마찰력의 크기도 매우 작음
> - 따라서 마찰력이 가장 크게 작용하는 경우는 ①임

정답 ①

357 과학 시간에 선생님께서 "같은 물체라도 장소에 따라 무게가 달라질 수 있다"라고 말씀하셨다. 이에 관심을 가진 유나가 여러 사례를 조사하였다. 다음 중 중력의 특징을 가장 잘 설명하는 사례는?

① 학교 엘리베이터를 타고 5층으로 올라갈 때 몸이 가벼워진 것처럼 느껴진다

② 달에서 측정한 물체의 무게가 지구에서보다 작게 나타난다

③ 친구 생일 파티에서 헬륨 풍선이 천장까지 떠올라간다

④ 사물함에 붙인 자석이 철로 된 클립을 끌어당긴다

> **해설**
>
> **중력과 무게의 관계**
> - 무게는 질량과 중력가속도의 곱으로 결정됨
> - 질량은 장소에 관계없이 일정함
> - 중력가속도는 위치에 따라 달라짐
> - 달은 지구보다 중력이 작아 같은 물체의 무게가 더 작게 나타남

정답 ②

358 수행 평가에서 '탄성력이 이용되는 사례 찾기' 과제를 받은 민서는 생활 속에서 네 가지 사례를 골라 발표 자료를 준비하였다. 다음 중 탄성력이 작용하는 사례로 적절하지 않은 것은?

① 머리를 묶는 고무줄이 늘어났다가 다시 줄어들며 머리카락을 고정시키고 있다

② 교실 의자에 앉았을 때 방석이 눌렸다가 몸을 받쳐 주는 느낌이 든다

③ 체육 시간에 양궁 활시위를 당겼다가 놓으면 화살이 빠르게 날아간다

④ 사물함 문에 붙인 자석이 시간표 종이를 고정시키고 있다

[해설] **탄성력의 개념과 사례**
- 탄성력은 물체가 늘어나거나 눌리는 등 변형되었을 때 원래 상태로 돌아가려는 힘임
- ①은 늘어난 고무줄이 원래 길이로 돌아가려는 힘이 작용함
- ②는 눌린 방석이 원래 형태로 돌아가며 몸을 지지함
- ③은 변형된 활이 원래 형태로 돌아가며 화살을 밀어냄
- ④는 물체의 변형과 무관한 자기력에 해당하므로 탄성력이 아님

[정답] ④

359 미술 시간에 선생님께서 "음료수 캔은 가볍고 잘 녹슬지 않는 금속으로 만들어진다"라고 말씀하셨다. 이 금속은 공기 중에서 표면에 얇은 산화막이 생기면 내부가 더 이상 부식되지 않는 성질을 가지고 있다. 다음 중 이러한 성질을 가진 금속의 원소 기호는?

① Al   ② Au
③ Cu   ④ Fe

[해설] **알루미늄의 산화막과 부식 방지**
- 알루미늄(Al)은 공기 중에서 표면에 치밀한 산화 알루미늄 막을 형성함
- 이 산화막은 내부 금속이 더 이상 산화되지 않도록 보호하며, 이를 부동태(passivation) 현상이라고 함
- 알루미늄은 가볍고 부식에 강하여 음료수 캔, 자전거 프레임, 비행기 등에 널리 사용됨

[정답] ①

360 과학 시간에 원소 기호를 배운 수빈이는 집에서 과자와 음료수 포장지의 영양 성분표를 보며 실제로 어떤 원소가 포함되어 있는지 확인해 보기로 하였다. 다음 중 영양 성분표에 적힌 영양소와 그 원소 기호가 바르게 연결된 것은?

① 우유의 칼슘 성분 – K   ② 라면의 나트륨 성분 – N
③ 시금치의 철분 성분 – Fe   ④ 바나나의 칼륨 성분 – Ca

[해설] **영양소와 원소 기호**
- 철분의 원소 기호는 Fe이며, 라틴어 Ferrum에서 유래함. 철분은 혈액 속 헤모글로빈의 구성 성분으로 산소를 운반하며, 시금치·육류 등에 풍부함
- ①에서 칼슘의 원소 기호는 K가 아닌 Ca임. K는 칼륨(포타슘)의 원소 기호임
- ②에서 나트륨의 원소 기호는 N이 아닌 Na임. N은 질소(Nitrogen)의 원소 기호임
- ④에서 칼륨의 원소 기호는 Ca가 아닌 K임. Ca는 칼슘(Calcium)의 원소 기호임
- ①과 ④는 칼슘(Ca)과 칼륨(K)의 기호를 서로 바꾸어 놓은 것이므로 주의가 필요함

[정답] ③

유형 26

전기 · 에너지 기초

◐ 전기 · 에너지 기초 핵심 정리

① **전류 · 전압 개념**

    ㉠ **전류** : 전자가 이동하는 흐름이며 단위는 A(암페어)임

    ㉡ **전압** : 전류를 흐르게 하는 압력 역할이며 단위는 V(볼트)임

    ㉢ **전류의 방향** : 전자는 음극에서 양극으로 이동함

    ㉣ **전기 저항** : 전류의 흐름을 방해하는 정도이며 단위는 Ω(옴)임

② **직렬 · 병렬 회로**

    ㉠ **직렬 회로** : 전기 기구가 한 줄로 연결된 구조임

      • 전류는 모든 지점에서 동일함

      • 한 곳이 끊어지면 전체가 작동하지 않음

      • 전압은 각 부분에 나누어짐

    ㉡ **병렬 회로** : 전기 기구가 여러 갈래로 나뉘어 연결된 구조임

      • 전압은 각 갈래에서 동일함

      • 한 갈래가 끊어져도 다른 갈래는 작동함

      • 전류는 갈래마다 나뉨

    ㉢ **가정용 전기 구조** : 대부분 병렬 회로 구조임

③ **옴의 법칙**

    ㉠ **기본 공식** : $V = I \times R$임

    ㉡ **전류 계산** : $I = V \div R$임

    ㉢ **저항 계산** : $R = V \div I$임

      • 구하려는 값을 중심으로 공식을 변형하여 계산함

      • 단위를 반드시 확인함

④ **전력 계산**

    ㉠ **기본 공식** : $W = V \times I$임

    ㉡ **역산 공식** : $V = W \div I,\ I = W \div V$임

    ㉢ **단위** : W(와트)임

- 전력 사용량은 전력 × 시간으로 계산함
- 시간 단위를 통일하여 계산함

⑤ **산업 적용 계산**

㉠ **생산성 계산** : 생산성 = 생산량 ÷ 시간임
- 단위 시간당 생산량으로 환산하여 비교함
- 시간 단위를 통일함

㉡ **효율 계산** : 효율 = (유효 출력 ÷ 총 입력) × 100%임
- 항상 백분율로 표현함
- 출력과 입력을 정확히 구분함

⑥ **전기 안전 기초**

㉠ **누전** : 전기가 외부로 새는 현상임

㉡ **과전류** : 허용 전류를 초과하는 경우임

㉢ **차단기** : 위험 시 자동으로 전기를 차단함

㉣ 젖은 손 접촉은 감전 위험을 높임

361 **전압이 6[V]이고 저항이 2[옴]일 때, 전류는 몇 [A]가 흐르는가?** 부산항공고

① 2[A]　　　　　　　　　② 3[A]

③ 4[A]　　　　　　　　　④ 6[A]

해설

기본 전기 계산 능력
- 옴의 법칙 $I = V \div R$ 임
- $V = 6$, $R = 2$ 를 대입함
- $I = 6 \div 2 = 3[A]$임

정답 ②

362 **같은 전압일 때, 저항이 커지면 전류의 크기는 어떻게 되는가?** 부산항공고

① 전류는 증가한다.　　　　② 전류는 감소한다.

③ 전류는 변하지 않는다.　　④ 전류는 2배가 된다.

해설

항공 정비 · 전기 계통 기초 이해
- 옴의 법칙 $I = V \div R$ 임
- 전압 V가 일정하면 전류는 저항에 반비례함
- 저항 R이 커지면 분모가 커지므로 전류는 작아짐
- 따라서 전류는 감소함

정답 ②

363 과학 동아리에서 간단한 전기 회로 실험을 진행하였다. 한 학생이 저항값이 30Ω인 전열선을 전원 장치에 연결하였더니, 전류계에 3A가 흐르는 것으로 측정되었다. 이때 전열선에 실제로 걸린 전압은 얼마인가?

① 60V
② 75V
③ 90V
④ 120V

해설 **옴의 법칙 적용**
- 전압 V는 전류 I와 저항 R의 곱으로 구함
- 관계식은 V = IR임
- I = 3A, R = 30Ω을 대입함
- V = 3 × 30 = 90

정답 ③

364 한 가정에서 겨울철에 사용하는 전기 히터를 콘센트에 연결하여 작동시켰다. 가정용 전원에서 120V의 전압이 공급되고 있으며, 히터가 작동하는 동안 전류계에 3A의 전류가 흐르는 것으로 측정되었다. 이 전기 히터의 내부 발열선의 전기 저항은 얼마인가?

① 30Ω
② 40Ω
③ 50Ω
④ 60Ω

해설 **옴의 법칙 활용**
- 저항 R은 전압 V를 전류 I로 나누어 구함
- 관계식은 R = V / I임
- R = 120 ÷ 3임
- 120 ÷ 3 = 40

정답 ②

365 도심 순환 전기 셔틀버스는 완충 시 150kWh의 전력을 저장한다. 이 차량은 주행할 때 1km마다 0.8kWh의 전력을 일정하게 사용한다. 셔틀버스가 100km를 운행한 뒤 남아 있는 전력은 얼마인가?

① 60kWh
② 70kWh
③ 80kWh
④ 90kWh

해설 **일차함수 관계식 활용**
- 처음 저장된 전력은 150kWh임
- 1km당 0.8kWh씩 일정하게 소비함
- 100km 운행 시 사용 전력은 0.8 × 100 = 80kWh임
- 남은 전력은 150 − 80 = 70kWh

정답 ②

유형 27

기계 · 로봇 · 자동화 기초

✅ 기계 · 로봇 · 자동화 기초 핵심 정리

① 기계의 기본 원리
- ㉠ 지레 : 작은 힘으로 큰 힘을 얻기 위해 사용하는 도구임
- ㉡ 도르래 : 힘의 방향을 바꾸거나 힘을 분산시키는 장치임
- ㉢ 기어 : 회전 속도와 방향을 바꾸는 톱니 장치임
- ㉣ 축과 바퀴 : 회전을 통해 힘을 전달하는 구조임

② 동력 전달
- ㉠ 회전 운동 : 축을 중심으로 도는 운동임
- ㉡ 벨트 구동 : 회전 운동을 다른 축으로 전달함
- ㉢ 체인 구동 : 미끄러짐 없이 동력을 전달함
- ㉣ 감속 장치 : 회전 속도를 줄이고 힘을 증가시킴

③ 자동화 기본 구조
- ㉠ 센서 : 온도 · 빛 · 거리 등을 감지하는 장치임
- ㉡ 제어 장치 : 센서 신호를 분석하여 명령을 내림
- ㉢ 구동 장치 : 모터 등 실제로 움직이는 부분임
- ㉣ 피드백 : 결과를 다시 감지하여 조절하는 과정임

④ 로봇 · 자동 시스템
- ㉠ 산업용 로봇 : 반복 작업을 자동으로 수행함
- ㉡ 컨베이어 시스템 : 물체를 자동으로 이동시킴
- ㉢ 자동 제어 : 사람이 직접 조작하지 않고 작동함
- ㉣ 프로그램 제어 : 정해진 코드에 따라 움직임

⑤ 안전 및 유지 관리
- ㉠ 정기 점검 : 마모 · 파손 여부를 확인함
- ㉡ 윤활 관리 : 마찰을 줄여 기계 수명을 늘림
- ㉢ 비상 정지 장치 : 사고 발생 시 즉시 멈춤
- ㉣ 이상 소음 : 고장 징후일 수 있으므로 점검함

366 민수는 기술 시간에 '나만의 전자 회로 만들기' 프로젝트를 진행하고 있다. 선생님께서 나누어 주신 전자 부품 키트 안에는 여러 가지 부품이 들어 있었고, 민수는 각 부품의 이름을 확인한 뒤 회로도를 그리기 위해 해당 부품의 기호를 교과서에서 찾아 아래 표와 같이 정리하였다. 다음 중 민수가 부품 명과 기호를 잘못 짝 지은 것은?

	부품명	기호
①	전동기	(M)
②	다이오드	▷|—
③	트랜지스터	B, C, E
④	콘덴서	—|⊢—
⑤	발광 다이오드	—/\/\/—

해설 **전자 부품의 회로 기호**
- ⑤에서 발광 다이오드(LED)의 기호로 제시된 것은 지그재그 형태의 기호임

정답 ⑤

367 지훈이는 정보 시간에 '우리 학교 급식 메뉴 추천 프로그램'을 만들기 위해 알고리즘을 설계하고 있다. 선생님께서는 프로그램을 코딩하기 전에 먼저 흐름도(순서도)를 그려 보라고 하셨다. 지훈이는 교과서를 참고하여 흐름도에 사용하는 기호를 아래 표와 같이 정리하였다. 다음 중 흐름도의 내용과 기호를 바르게 짝 지은 것은?

	내용	기호
①	단말	⬭
②	준비	▭
③	처리	⬡
④	입출력	◇
⑤	비교	▱

해설 **알고리즘 흐름도(순서도) 기호**
- 단말(Terminal) 기호는 프로그램의 시작과 끝을 나타내며, 모서리가 둥근 사각형을 사용하므로 ①은 올바르게 짝 지어져 있음

정답 ①

368 수빈이는 과학 축제에서 '장애물 회피 로봇' 만들기 체험에 참가하였다. 로봇이 스스로 장애물을 감지하고 방향을 바꾸어 이동하는 모습을 보며 신기하게 느낀 수빈이는, 지도 선생님께 로봇이 어떻게 스스로 판단하고 움직이는지 여쭤보았다. 선생님께서는 로봇이 크게 세 가지 장치로 구성되어 있으며, 각 장치가 서로 유기적으로 연결되어 작동한다고 설명해 주셨다. 다음은 선생님의 설명을 수빈이가 정리한 내용이다. ㉠, ㉡, ㉢에 들어갈 말로 바르게 짝 지은 것은?

- (㉠)는 일정한 운동을 한다.
- (㉡)는 외부의 자극을 인식하여 주변 정보를 수집한다.
- (㉢)는 프로그램에 따라 명령을 해석하고, 각 장치에 필요한 신호를 보내 작동을 지시한다.

	㉠	㉡	㉢
①	감지 장치	제어 장치	구동 장치
②	감지 장치	구동 장치	제어 장치
③	제어 장치	감지 장치	구동 장치
④	제어 장치	구동 장치	감지 장치
⑤	구동 장치	감지 장치	제어 장치

해설

로봇의 구성 장치
- 구동 장치는 모터, 바퀴 등으로 구성되어 실제로 일정한 운동을 수행하는 장치이므로 ㉠은 구동 장치임
- 감지 장치는 인간의 눈, 코, 귀와 같은 감각 기관의 역할을 하며, 외부의 자극을 인식하여 주변 정보를 수집하므로 ㉡은 감지 장치임
- 제어 장치는 인간의 두뇌에 해당하며, 프로그램에 따라 감지 장치로부터 받은 신호를 해석하고, 각 장치에 필요한 명령 신호를 보내 작동을 지시하므로 ㉢은 제어 장치임

정답 ⑤

369 지호네 가족은 주말에 고속도로를 타고 할머니 댁에 가고 있었다. 갑자기 앞차가 급정거를 하자, 지호네 자동차가 스스로 속도를 줄이며 자동으로 브레이크가 작동하여 충돌을 피할 수 있었다. 놀란 지호가 아버지께 여쭤보자, 아버지께서는 "이 차에는 전방의 물체와의 거리를 실시간으로 측정하여 충돌 위험이 감지되면 자동으로 긴급 제동을 걸어 주는 특수한 센서가 장착되어 있단다."라고 설명해 주셨다. 다음 중 이처럼 자율 주행 자동차에서 긴급 제동과 추돌 회피 기능을 지원하는 센서는?

① 카메라　　　② 인공위성　　　③ 교통 센터
④ 인공 지능　　　⑤ 레이더 · 라이다

[해설] **자율 주행 자동차의 센서**
- 레이더(Radar)는 전파를 발사하여 물체에 반사되어 돌아오는 시간을 측정함으로써 주변 물체와의 거리와 속도를 감지하는 센서임
- 라이다(LiDAR)는 레이저 빛을 발사하여 반사되는 시간을 측정함으로써 주변 환경을 3차원으로 정밀하게 인식하는 센서임
- 레이더와 라이다는 자동차의 긴급 제동(자동 비상 브레이크)과 추돌 회피 기능을 지원하는 핵심 센서임

[정답] ⑤

370 준혁이는 주말에 아버지와 함께 자전거 정비를 하고 있었다. 페달을 밟으면 뒷바퀴가 돌아가는 원리가 궁금해진 준혁이는 아버지께 여쭤보았고, 아버지께서는 "자전거에는 바퀴를 지지하는 축, 축이 부드럽게 회전하도록 도와주는 부품, 페달의 회전 운동을 바꿔 주는 부품 등 여러 가지 축과 관련된 기계요소가 사용된단다."라고 설명해 주셨다. 준혁이는 기술 시간에 배운 내용을 떠올리며, 축의 종류와 축을 보조하는 부품들을 정리해 보기로 하였다. 다음 중 이처럼 회전하거나 회전을 지지하는 역할을 하는 축용 기계요소끼리 바르게 짝 지은 것은?

① 차축, 핀　　　　② 스프링, 핀　　　　③ 차축, 나사
④ 스프링, 나사　　　⑤ 차축, 베어링, 크랭크축

[해설] **축용 기계요소**
- 축용 기계요소란 회전 운동을 하거나, 회전하는 축을 지지·보조하는 데 사용되는 기계요소를 말함
- 차축은 자전거 바퀴나 자동차 바퀴처럼 회전하는 부분을 지지하는 축이므로 축용 기계요소에 해당함
- 베어링은 축이 부드럽게 회전할 수 있도록 마찰을 줄여 주는 역할을 하므로 축용 기계요소에 해당함
- 크랭크축은 왕복 운동을 회전 운동으로 바꾸어 주는 축으로, 자동차 엔진 등에 사용되므로 축용 기계요소에 해당함
- 반면 핀은 결합용 기계요소, 나사는 체결용 기계요소, 스프링은 완충용 기계요소에 해당하여 축용 기계요소가 아님

[정답] ⑤

M·E·M·O

유형 28

반도체 · ICT 기초

✔ 반도체 · ICT 기초 핵심 정리

① 반도체 기초 개념

ㄱ 반도체 : 전기가 통하기도 하고 통하지 않기도 하는 물질임

ㄴ 도체 : 전기가 잘 통하는 물질임

ㄷ 부도체 : 전기가 거의 통하지 않는 물질임

ㄹ 다이오드 : 전류를 한 방향으로만 흐르게 하는 소자임

ㅁ 트랜지스터 : 전류의 흐름을 조절하거나 증폭하는 소자임

② 반도체 공정 기초

ㄱ 웨이퍼 : 반도체 칩을 만드는 얇은 원판임

ㄴ 식각 : 필요 없는 부분을 제거하는 과정임

ㄷ 증착 : 얇은 막을 입히는 과정임

ㄹ 회로 패턴 형성 : 빛을 이용해 회로 모양을 만드는 과정임

③ 컴퓨터 기본 구조

ㄱ CPU : 중앙처리장치로 연산과 제어를 담당함

ㄴ RAM : 작업 중인 데이터를 임시로 저장함

ㄷ 저장장치 : 데이터를 장기간 보관함

ㄹ 입력 장치 : 키보드 · 마우스 등 정보를 입력함

ㅁ 출력 장치 : 모니터 · 프린터 등 결과를 출력함

④ 데이터와 정보 단위

ㄱ 1비트 : 0 또는 1의 두 가지 값을 가짐

ㄴ 1바이트 : 8비트이며 256가지 표현 가능함

ㄷ 킬로바이트(KB) : 약 1,000바이트임

ㄹ 메가바이트(MB) : 약 1,000KB임

⑤ ICT 기초 개념

ㄱ 하드웨어 : 눈에 보이는 전자 장치임

ㄴ 소프트웨어 : 프로그램과 운영체제임

ⓒ 인터페이스 : 사람과 기계가 상호작용하는 장치임

② 웨어러블 기기 : 몸에 착용하는 컴퓨터 장치임

⑥ 디지털 신호 기초

㉠ 디지털 : 0과 1의 신호로 정보를 표현함

㉡ 아날로그 : 연속적인 신호로 정보를 표현함

㉢ 변환 장치 : 아날로그 신호를 디지털로 변환함

M·E·M·O

예시문항

371 동작을 인식하는 입력장치로 게임이나 미디어 아트, 로봇 분야에 널리 활용되는 인터페이스는 무엇인가?

한국디지털미디어고

① 웹캠   ② 블루투스   ③ 진동모터

④ 디스플레이   ⑤ 키넥트 / 립모션

해설

동작 인식 인터페이스 이해
- 키넥트와 립모션은 사용자의 움직임을 감지하는 동작 인식 장치임
- 게임, 미디어 아트, 로봇 제어 등 다양한 분야에 활용됨
- 웹캠은 영상 촬영 장치임
- 블루투스는 무선 통신 기술임
- 진동모터와 디스플레이는 출력 장치에 해당함

정답 ⑤

372 다음 보기에서 설명하는 것은 무엇인가?

한국디지털미디어고

〈보기〉

옷이나 시계, 안경처럼 자유롭게 몸에 착용할 수 있는 컴퓨터로, 소형화·경량화되고 음성·동작 인식 등 다양한 기술이 적용된다.

① 사물인터넷   ② 웨어러블 컴퓨터

③ 개인용 컴퓨터   ④ 슈퍼컴퓨터

⑤ 클라우드 컴퓨터

해설

개념 이해
- 몸에 착용하는 형태의 컴퓨터를 의미함
- 소형·경량 설계와 음성·동작 인식 기술이 적용됨
- 스마트워치, 스마트글래스 등이 대표적 예임
- 사물인터넷은 사물 간 네트워크 개념임

정답 ②

373 다음 보기에서 하드웨어를 모두 골라 바르게 묶은 것은?　　　한국디지털미디어고

<보기>

ㄱ. RAM	ㄴ. 하드디스크	ㄷ. 운영체제
ㄹ. 워드프로세서	ㅁ. CPU	ㅂ. 펌웨어

① ㄱ, ㄴ, ㄷ　　　② ㄱ, ㄴ, ㅁ　　　③ ㄱ, ㄴ, ㄷ, ㄹ

④ ㄱ, ㄴ, ㄷ, ㅂ　　　⑤ ㄱ, ㄴ, ㅁ, ㅂ

해설 **하드웨어 구분**
- RAM은 주기억장치로 하드웨어임
- 하드디스크는 보조기억장치로 하드웨어임
- CPU는 중앙처리장치로 하드웨어임
- 운영체제와 워드프로세서는 소프트웨어임
- 펌웨어는 소프트웨어의 일종임
- 따라서 하드웨어만 묶은 것은 ㄱ, ㄴ, ㅁ이므로 ②임

정답 ②

374 다음 중 1바이트가 표현할 수 있는 정보의 개수는?　　　한국디지털미디어고

① 8　　　② 16　　　③ 32

④ 64　　　⑤ 256

해설 **바이트와 표현 가능한 경우의 수**
- 1바이트는 8비트로 구성됨
- 1비트는 0 또는 1의 두 가지 값을 가짐
- 8비트가 표현할 수 있는 경우의 수는 2^8임
- $2^8 = 256$임

정답 ⑤

375 다음 중 사람의 두뇌에 해당하는 부분으로 제어 장치와 연산 장치로 구성되며, 명령어의 해석 · 연산 · 처리 등을 수행하여 컴퓨터 시스템 전체를 제어하는 장치는?　　　한국디지딜미디어고

① 중앙처리장치　　　② 램(RAM)　　　③ 하드디스크

④ USB　　　⑤ 롬(ROM)

해설 **CPU의 역할**
- 중앙처리장치는 제어장치와 연산장치로 구성됨
- 프로그램의 명령을 해석하고 연산을 수행함
- 컴퓨터의 모든 장치를 통제하는 핵심 장치임
- RAM과 ROM은 기억장치에 해당함
- 하드디스크와 USB는 보조기억장치임

정답 ①

적중예상문제

376 은지는 과학 잡지에서 머리카락 굵기의 10만 분의 1 크기로 물질을 다루어 암세포만 골라 공격하는 초소형 약물 전달 시스템이 개발되고 있다는 기사를 읽었다. 또한 눈에 보이지 않을 만큼 작은 크기의 반도체를 만들어 컴퓨터의 처리 속도를 획기적으로 높이고, 오염 물질을 분자 단위에서 걸러 내는 초고성능 정수 필터도 연구 중이라는 내용에 깊은 흥미를 느꼈다. 이처럼 원자나 분자 규모에서 물질을 조작하여 더 작고, 더 빠르며, 더 효율적인 시스템을 구축할 수 있는 기술은?

① 로봇 기술　　　　② 나노 기술　　　　③ 통신 기술
④ 친환경 기술　　　⑤ 인공 지능 기술

해설　**나노 기술(Nano Technology)**
- 나노(nano)는 10억 분의 1을 뜻하는 단위로, 1나노미터(nm)는 10^{-9}m에 해당함
- 나노 기술은 원자나 분자 규모(1~100nm)에서 물질을 조작·제어하여 새로운 소재나 구조물을 만드는 기술임
- 나노 기술을 활용하면 더 작고, 더 빠르며, 더 효율적인 시스템을 구축할 수 있음
- 로봇 기술(①)은 자동화된 기계 장치를 설계·제작하는 기술이며, 통신 기술(③)은 정보를 전달하는 기술임
- 친환경 기술(④)은 환경 오염을 줄이기 위한 기술이며, 인공 지능 기술(⑤)은 인간의 사고 능력을 모방하는 소프트웨어 기술임

정답 ②

377 다음에서 설명하는 컴퓨팅 시스템의 구성 요소에 해당하는 것은?

> 다른 장치와 유선 또는 무선으로 데이터를 주고받는 장치이다.

① 카메라　　　　　② 3D 프린터　　　　③ 터치 스크린
④ 인터넷 공유기　　⑤ 보조 기억 장치

해설　**컴퓨팅 시스템의 구성 요소 – 통신 장치**
- 컴퓨팅 시스템에서 다른 장치와 유선 또는 무선으로 데이터를 주고받는 장치는 통신 장치에 해당함
- 인터넷 공유기(④)는 여러 장치를 유선(LAN 케이블) 또는 무선(Wi-Fi)으로 연결하여 데이터를 주고받을 수 있게 해 주는 대표적인 통신 장치임
- 카메라(①)는 영상을 촬영하는 입력 장치, 3D 프린터(②)는 물체를 출력하는 출력 장치임
- 터치 스크린(③)은 입력과 출력 기능을 동시에 수행하는 장치이며, 보조 기억 장치(⑤)는 데이터를 저장하는 장치이므로 통신 장치에 해당하지 않음

정답 ④

378 이미지를 디지털로 표현하는 방법 중 비트맵 방식의 설명으로 알맞은 것을 〈보기〉에서 모두 고르시오.

〈보기〉

ㄱ. 이미지를 픽셀 단위로 구분해서 표현한다.
ㄴ. 수식을 이용하여 선, 색상, 모양 등을 표현한다.
ㄷ. 컴퓨터는 색상 코드를 사용하여 픽셀 정보를 저장하고 표현한다.
ㄹ. 픽셀 수와 색상 수가 적어질수록 이미지가 실제와 같아지고 정교해진다.

① ㄱ, ㄷ　　　　　　　　　　　② ㄴ, ㄷ
③ ㄱ, ㄹ　　　　　　　　　　　④ ㄴ, ㄹ

해설　**비트맵 방식과 벡터 방식**
- 비트맵 방식은 이미지를 픽셀 단위로 구분하고, 각 픽셀에 색상 코드를 부여하여 정보를 숫자로 저장하는 이미지 표현 방식임

정답 ①

---

379 정보 수업 시간에 학생들이 과제 파일을 제출하려고 한다. 다음 파일 확장자와 설명이 가장 옳지 않은 것은?

① 확장자 ".svg"는 2차원 벡터 그림을 저장하는 XML 기반 파일 형식이다.
② 확장자 ".docx"는 엑셀 프로그램에서 사용하는 스프레드시트 파일 형식이다.
③ 확장자 ".png"는 인터넷에서 이미지를 표시할 때 자주 사용하는 그래픽 파일 형식이다.
④ 확장자 ".zip"은 여러 파일을 하나로 묶어 압축하는 파일 형식이다.

해설　**파일 확장자 이해**
- ".svg"는 벡터 방식으로 그림을 저장하는 형식임
- ".docx"는 워드프로세서 프로그램인 MS-Word 문서 형식임
- ".png"는 이미지 품질 손실 없이 저장 가능한 그래픽 형식임
- ".zip"은 파일을 압축하여 용량을 줄이는 형식임

정답 ②

380 정보 동아리에서 사용하는 학교 컴퓨터의 사양은 다음과 같다. 학생들이 영상 편집과 3D 프로그램을 원활하게 사용하기 위해 컴퓨터를 업그레이드하려고 한다. 다음 중 컴퓨터 성능 향상에 도움이 되지 않는 방법은 무엇인가?

〈현재 사양〉

- CPU: 3세대 쿼드코어 2.2GHz
- 메모리: 8GB
- 그래픽카드: 외장 그래픽카드 1GB
- 저장장치: HDD 500GB

① 더 높은 성능의 CPU로 교체한다.

② 메모리를 추가로 장착한다.

③ 외장 그래픽카드를 제거하고 내장 그래픽으로 변경한다.

④ HDD를 SSD로 교체한다.

해설

컴퓨터 업그레이드 원리
- CPU 성능 향상은 전체 연산 처리 속도를 높이는 역할을 함
- 메모리 증설은 여러 프로그램을 동시에 실행할 때 속도 향상에 도움을 줌
- SSD는 HDD보다 데이터 읽기 · 쓰기 속도가 빨라 체감 속도를 개선함
- 외장 그래픽을 내장 그래픽으로 변경하면 그래픽 처리 능력이 낮아지므로 성능 향상이 아님

정답 ③

유형 29

바이오 · 식품 기초

✅ 바이오 · 식품 기초 핵심 정리

① **생물의 기본 단위**

　㉠ **세포** : 모든 생물의 기본 단위임

　㉡ **조직** : 같은 기능을 하는 세포의 모임임

　㉢ **기관** : 여러 조직이 모여 특정 기능을 수행함

　㉣ **생명 활동** : 세포의 작용으로 이루어짐

② **효소와 생명 반응**

　㉠ **효소** : 화학 반응 속도를 빠르게 하는 물질임

　㉡ **특이성** : 특정 물질에만 작용함

　㉢ **온도 영향** : 일정 온도에서 가장 활발히 작용함

　㉣ **변성** : 온도가 너무 높으면 기능을 잃음

③ **미생물과 위생**

　㉠ **세균** : 눈에 보이지 않는 작은 생물임

　㉡ **바이러스** : 세포 안에서만 증식함

　㉢ **살균** : 열이나 약품으로 세균을 제거함

　㉣ **오염** : 유해 미생물이 음식에 들어간 상태임

④ **식품 보존 원리**

　㉠ **냉장 보관** : 미생물 증식을 늦춤

　㉡ **냉동 보관** : 활동을 거의 멈추게 함

　㉢ **가열 처리** : 세균을 사멸시킴

　㉣ **건조 처리** : 수분을 줄여 부패를 막음

⑤ **영양 기초**

　㉠ **탄수화물** : 주요 에너지원임

　㉡ **단백질** : 세포 구성과 성장에 필요함

　㉢ **지방** : 에너지 저장 역할을 함

　㉣ **비타민** : 생명 유지에 필요한 미량 영양소임

⑥ 식품 안전 기초

　㉠ 유통 기한 : 안전하게 섭취 가능한 기간임

　㉡ 보관 온도 : 정해진 온도 유지가 중요함

　㉢ 교차 오염 : 서로 다른 식품 간 세균 전염임

　㉣ 손 위생 : 식품 안전의 기본임

381 수아는 TV 다큐멘터리에서 3D 프린터로 사람의 귀 모양을 만들어 이식하는 장면을 보고 깊은 감명을 받았다. 평소 의사가 되고 싶었던 수아는 최신 생명 기술이 의료 분야에서 어떻게 활용되고 있는지 조사하여 과학 수행 평가 보고서를 작성하기로 하였다. 수아는 인터넷과 교과서를 참고하여 아래와 같이 다섯 가지 사례를 정리하였다. 다음 중 생명 기술의 명칭과 그 설명이 옳지 않은 것은?

① 바이오 장기의 개발: 사람의 손상된 장기를 인공적으로 생산한 장기로 대체할 수 있다.

② 유전자 재조합 기술: 유전자가 개인마다 고유하다는 점을 활용하여 유전병을 치료한다.

③ 재생 의학 기술: 인공적으로 배양한 세포나 조직으로 손상된 신체 조직이나 장기를 재생한다.

④ 웨어러블 의료 기기: 스마트 기기를 몸에 부착하여 혈당치, 맥박 수 등을 실시간으로 측정한다.

⑤ 바이오 3D 프린터: 세포를 3D 프린터의 출력 재료로 신체 일부나 인공 장기를 만들 수 있다.

해설

의료 분야의 생명 기술
- ②에서 설명한 "유전자가 개인마다 고유하다는 점을 활용하여 유전병을 치료한다"는 유전자 재조합 기술이 아닌 유전자 검사에 해당하는 내용임
- 유전자 검사는 개인의 유전자가 고유하다는 특성을 이용하여 개인 식별, 질병의 예방, 진단과 치료에 활용하는 기술임
- 유전자 재조합 기술은 특정 유전자를 다른 생물의 유전자에 결합시켜 유용한 물질을 생산하는 기술로, 인슐린 생산이나 질병 저항성 품종 개발 등에 활용됨

정답 ②

382 하준이네 반에서는 기술 시간에 교실 안에서 상추를 키우는 '스마트 식물 재배 장치 만들기' 프로젝트를 진행하고 있다. 하준이는 햇빛이 들지 않는 교실 안에서도 식물이 잘 자랄 수 있도록, 장치에 어떤 요소를 공급해 주어야 하는지 조사하여 설계에 반영하려고 한다. 다음 중 스마트 식물 재배 장치에서 식물의 건강한 생장을 위해 일정 기간에 따라 공급해야 하는 요소를 바르게 짝 지은 것은?

① 빛, 물　　　　② 탄소, 물　　　　③ 탄소, 빛

④ 탄소, 온도　　⑤ 온도, 그늘

해설 **스마트 식물 재배 장치의 공급 요소**
- 식물이 건강하게 생장하기 위해서는 광합성에 필요한 빛과 뿌리를 통해 흡수하는 물이 반드시 공급되어야 함
- 스마트 식물 재배 장치는 LED 조명으로 빛을, 자동 급수 시스템으로 물을 일정 기간에 따라 공급하여 식물의 생장을 돕는 장치임
- 탄소는 공기 중의 이산화탄소로 자연히 흡수되므로 별도로 공급하는 핵심 요소에 해당하지 않음
- 그늘은 빛을 차단하는 것으로 식물 생장에 필요한 공급 요소가 아님

정답  ①

383 체육 대회를 앞두고 달리기 연습을 하던 은서는 다리에 근육 경련이 자주 일어나 보건실을 찾았다. 영양 선생님께서는 은서의 평소 식단을 확인한 뒤 "라면과 빵 위주로 식사하면 에너지는 충분하지만, 근육을 만들고 회복하는 데 필요한 영양소가 부족할 수 있어요. 닭가슴살, 달걀, 두부 같은 음식을 더 많이 먹는 것이 좋겠어요"라고 조언하였다. 영양 선생님이 이러한 식단을 권장한 이유로 가장 적절한 것은?

① 탄수화물이 부족하여 에너지 공급이 필요하므로
② 지방이 부족하여 에너지 저장이 필요하므로
③ 단백질이 부족하여 세포 구성과 성장이 필요하므로
④ 비타민이 부족하여 생명 유지 기능이 필요하므로
⑤ 무기질이 부족하여 뼈를 강화할 필요가 있으므로

해설 **단백질의 역할**
- 은서는 라면과 빵 위주의 식사로 탄수화물 섭취는 충분하지만, 근육 구성에 필요한 영양소가 부족한 상태임
- 영양 선생님이 권장한 닭가슴살, 달걀, 두부는 모두 단백질이 풍부한 식품임
- 단백질은 세포를 구성하고 근육의 성장과 회복에 필수적인 영양소이므로, 운동 중 근육 경련이 자주 발생하는 은서에게 단백질 보충이 필요함
- ①의 탄수화물은 이미 라면과 빵으로 충분히 섭취하고 있으며, ②의 지방은 에너지 저장과 관련된 것이므로 근육 회복과는 직접적 관련이 적음

정답  ③

M·E·M·O

유형 30

해양 · 항공 기초

✅ 해양 · 항공 기초 핵심 정리

① 해양 기초 원리

  ㉠ **부력** : 액체 속에서 물체를 위로 밀어 올리는 힘임

  ㉡ **밀도** : 물질의 질량을 부피로 나눈 값이며 부력과 관련됨

  ㉢ **염분** : 바닷물에 녹아 있는 소금 성분임

  ㉣ **해류** : 바닷물이 일정한 방향으로 흐르는 현상임

② 선박 운항 기초

  ㉠ **선체** : 배의 몸체 구조임

  ㉡ **항해 장비** : 위치와 방향을 확인하는 장치임

  ㉢ **평형 유지** : 무게가 한쪽으로 치우치지 않도록 조정함

  ㉣ **안전 점검** : 출항 전 장비와 기상 상태를 확인함

③ 항공 기초 원리

  ㉠ **양력** : 공기의 흐름에 의해 위로 작용하는 힘임

  ㉡ **추력** : 비행기를 앞으로 밀어주는 힘임

  ㉢ **항력** : 공기 저항으로 뒤로 작용하는 힘임

  ㉣ **중력** : 아래로 작용하는 힘임

④ 비행 원리

  ㉠ **날개 구조** : 윗면과 아랫면의 공기 흐름 차이로 양력이 발생함

  ㉡ **속도 영향** : 속도가 빠를수록 양력이 커짐

  ㉢ **무게 균형** : 무게 중심이 안정되어야 안전함

  ㉣ **이착륙** : 활주로 길이와 기상 조건이 중요함

⑤ 드론의 활용 분야 및 사례

  ㉠ **물류 배송** : 산간 지역 · 도서 지역에 의약품 및 택배를 신속히 배송함

  ㉡ **재난 구조** : 산불 · 홍수 · 지진 현장에서 실시간 영상 촬영과 인명 수색에 활용됨

  ㉢ **농업 방제** : 농약 · 비료를 균일하게 살포하여 노동력과 시간을 절감함

  ㉣ **시설 점검** : 교량 · 송전탑 · 풍력발전기 등 고소 시설물을 안전하게 점검함

        ⑩ 항공 촬영 : 영화 · 드라마 · 홍보 영상 제작에 활용됨

        ⓑ 환경 조사 : 해양 오염 · 야생동물 서식지 · 산림 상태를 관찰함

        ⓢ 스포츠 · 레저 : 드론 레이싱, 취미 촬영 등 체험 활동에 활용됨

        ⓞ 군사 · 안보 : 정찰 · 감시 · 경계 활동에 활용됨

        ⓩ 스마트 시티 관리 : 교통 흐름 파악, 도시 안전 관리에 활용됨

⑥ 해양 · 항공 안전

        ㉠ 기상 확인 : 바람 · 파도 · 기압을 확인함

        ㉡ 통신 유지 : 관제와 지속적으로 연락함

        ㉢ 비상 절차 숙지 : 사고 발생 시 매뉴얼에 따름

        ㉣ 정기 점검 : 운항 전 기체 · 선체 상태를 점검함

384 다음 실험 결과에 대한 설명으로 옳지 않은 것은?

> 과학 시간에 지우네 모둠은 세 개의 수조에 각각 민물, 일반 바닷물, 소금을 많이 넣은 진한 소금물을 준비한 뒤, 같은 달걀을 하나씩 넣어 보았다. 그 결과 민물에서는 달걀이 가라앉았고, 일반 바닷물에서는 중간쯤에 떠 있었으며, 진한 소금물에서는 달걀이 수면 위로 떠올랐다.

① 달걀이 뜨는 것은 부력이 중력보다 크기 때문이다.
② 소금의 양이 많을수록 물의 밀도는 낮아진다.
③ 밀도가 높은 액체일수록 부력이 크게 작용한다.
④ 밀도란 물질의 질량을 부피로 나눈 값이다.
⑤ 민물의 밀도가 가장 낮기 때문에 달걀이 가라앉았다.

해설 **밀도와 부력의 관계**
- 밀도란 물질의 질량을 부피로 나눈 값이며, 단위는 g/cm^3 또는 kg/m^3 등을 사용함
- 물에 소금이 많이 녹을수록 같은 부피에 포함된 질량이 커지므로 밀도가 높아짐
- ②는 소금의 양이 많을수록 밀도가 낮아진다고 하였으므로 사실과 반대되는 틀린 설명임
- 밀도가 높은 액체일수록 물체를 위로 밀어 올리는 부력이 크게 작용하여, 진한 소금물에서 달걀이 가장 잘 뜬 것임

정답 ②

385 하린이는 드론이 비행할 때 작용하는 힘을 정리하던 중, 바람이 강한 날에 드론을 날리면 제자리에 멈추지 못하고 뒤로 밀리는 현상을 경험한 적이 있어 그 이유도 함께 알아보려 한다. 다음 〈보기〉 중 옳은 설명을 모두 고른 것은?

> 〈보기〉
>
> ㄱ. 드론이 앞으로 나아가는 것은 추력이 항력보다 클 때이다.
> ㄴ. 바람이 강한 날 드론이 뒤로 밀리는 것은 항력이 추력보다 크기 때문이다.
> ㄷ. 양력은 공기의 흐름과 관계없이 항상 일정하게 작용한다.
> ㄹ. 드론이 상승하려면 양력이 중력보다 커야 한다.

① ㄱ, ㄷ
② ㄴ, ㄹ
③ ㄱ, ㄴ, ㄷ
④ ㄱ, ㄴ, ㄹ
⑤ ㄱ, ㄴ, ㄷ, ㄹ

해설 **드론 비행과 네 가지 힘의 관계**
- ㄱ은 옳음: 드론이 앞으로 나아가려면 앞으로 미는 힘인 추력이 공기 저항으로 뒤로 작용하는 항력보다 커야 함
- ㄴ은 옳음: 바람이 강한 날에는 공기 저항인 항력이 커져서 추력보다 항력이 크면 드론이 뒤로 밀리게 됨
- ㄷ은 틀림: 양력은 공기의 흐름에 의해 발생하는 힘이므로 프로펠러 회전 속도나 바람의 세기에 따라 달라지며, 항상 일정한 것이 아님
- ㄹ은 옳음: 드론이 상승하려면 위로 작용하는 양력이 아래로 작용하는 중력보다 커야 함

정답 ④

인성검사

01 인성검사 실전연습 문항지 ①

※ 아래 문항을 읽고 평소 자신의 생각이나 행동에 가장 가까운 정도를 선택하시오.

✔ 응답 척도

① 전혀 그렇지 않다	② 그렇지 않은 편이다	③ 보통이다	④ 그런 편이다	⑤ 매우 그렇다

실전 연습 문항

01. 나는 정해진 규칙이 다소 불편하더라도 따르는 편이다.

①(   )　　　　②(   )　　　　③(   )　　　　④(   )　　　　⑤(   )

02. 맡은 과제는 기한 내에 끝내려고 노력한다.

①(   )　　　　②(   )　　　　③(   )　　　　④(   )　　　　⑤(   )

03. 반복 연습이 계속되면 쉽게 흥미를 잃는다.

①(   )　　　　②(   )　　　　③(   )　　　　④(   )　　　　⑤(   )

04. 팀 활동에서 내 역할이 작으면 적극성이 떨어진다.

①(   )　　　　②(   )　　　　③(   )　　　　④(   )　　　　⑤(   )

05. 실수를 하면 솔직하게 인정하는 편이다.

①(   )　　　　②(   )　　　　③(   )　　　　④(   )　　　　⑤(   )

06. 약속 시간은 반드시 지키려고 노력한다.

①(   )　　　　②(   )　　　　③(   )　　　　④(   )　　　　⑤(   )

07. 스트레스를 받으면 쉽게 포기하는 편이다.

①(   )　　　　②(   )　　　　③(   )　　　　④(   )　　　　⑤(   )

08. 어려운 과제가 주어지면 도전해 보고 싶다.

① ( )　　② ( )　　③ ( )　　④ ( )　　⑤ ( )

09. 단체 규칙은 상황에 따라 어겨도 된다고 생각한다.

① ( )　　② ( )　　③ ( )　　④ ( )　　⑤ ( )

10. 계획 없이 일을 시작하는 경우가 많다.

① ( )　　② ( )　　③ ( )　　④ ( )　　⑤ ( )

11. 친구의 의견을 존중하려고 노력한다.

① ( )　　② ( )　　③ ( )　　④ ( )　　⑤ ( )

12. 책임이 따르는 역할은 부담스럽다.

① ( )　　② ( )　　③ ( )　　④ ( )　　⑤ ( )

13. 공동체 생활에 잘 적응할 수 있다고 생각한다.

① ( )　　② ( )　　③ ( )　　④ ( )　　⑤ ( )

14. 해야 할 일을 미루는 편이다.

① ( )　　② ( )　　③ ( )　　④ ( )　　⑤ ( )

15. 안전수칙은 반드시 지켜야 한다고 생각한다.

① ( )　　② ( )　　③ ( )　　④ ( )　　⑤ ( )

16. 갈등이 생기면 대화로 해결하려 한다.

① ( )　　② ( )　　③ ( )　　④ ( )　　⑤ ( )

17. 지시받은 일보다 내가 하고 싶은 일을 먼저 한다.

① ( )　　② ( )　　③ ( )　　④ ( )　　⑤ ( )

18. 맡은 일은 끝까지 마무리하려 노력한다.

① ( )　　② ( )　　③ ( )　　④ ( )　　⑤ ( )

19. 반복 훈련은 실력 향상에 중요하다고 생각한다.

① ( )　　② ( )　　③ ( )　　④ ( )　　⑤ ( )

20. 결과가 나쁘면 남의 탓을 하는 편이다.

①( ) ②( ) ③( ) ④( ) ⑤( )

21. 팀 과제에서 적극적으로 의견을 낸다.

①( ) ②( ) ③( ) ④( ) ⑤( )

22. 정해진 절차를 따르는 것이 중요하다고 생각한다.

①( ) ②( ) ③( ) ④( ) ⑤( )

23. 작은 실수는 굳이 인정하지 않아도 된다고 생각한다.

①( ) ②( ) ③( ) ④( ) ⑤( )

24. 힘든 상황에서도 참고 견디는 편이다.

①( ) ②( ) ③( ) ④( ) ⑤( )

25. 단체 활동보다 혼자 하는 활동이 더 편하다.

①( ) ②( ) ③( ) ④( ) ⑤( )

26. 시간을 정해 놓고 공부하는 편이다.

①( ) ②( ) ③( ) ④( ) ⑤( )

27. 친구의 도움을 기꺼이 받아들인다.

①( ) ②( ) ③( ) ④( ) ⑤( )

28. 규칙이 많으면 답답함을 느낀다.

①( ) ②( ) ③( ) ④( ) ⑤( )

29. 맡지 않은 일에는 관심을 두지 않는다.

①( ) ②( ) ③( ) ④( ) ⑤( )

30. 새로운 환경에 비교적 빨리 적응한다.

①( ) ②( ) ③( ) ④( ) ⑤( )

31. 실패해도 다시 도전하는 편이다.

①( ) ②( ) ③( ) ④( ) ⑤( )

32. 공동체의 이익을 개인보다 우선한다고 생각한다.

① ( ) ② ( ) ③ ( ) ④ ( ) ⑤ ( )

33. 해야 할 일을 자주 잊어버린다.

① ( ) ② ( ) ③ ( ) ④ ( ) ⑤ ( )

34. 협력하면 더 좋은 결과가 나온다고 생각한다.

① ( ) ② ( ) ③ ( ) ④ ( ) ⑤ ( )

35. 감정이 상하면 오랫동안 마음에 담아 둔다.

① ( ) ② ( ) ③ ( ) ④ ( ) ⑤ ( )

36. 목표를 세우면 끝까지 실행하려 한다.

① ( ) ② ( ) ③ ( ) ④ ( ) ⑤ ( )

37. 규칙을 어긴 친구를 보면 모른 척하는 편이다.

① ( ) ② ( ) ③ ( ) ④ ( ) ⑤ ( )

38. 팀에서 맡은 역할은 책임지고 수행한다.

① ( ) ② ( ) ③ ( ) ④ ( ) ⑤ ( )

39. 일정이 바쁘면 약속을 어길 수 있다고 생각한다.

① ( ) ② ( ) ③ ( ) ④ ( ) ⑤ ( )

40. 집중력이 비교적 오래 지속되는 편이다.

① ( ) ② ( ) ③ ( ) ④ ( ) ⑤ ( )

41. 실습 수업에서 안전을 가장 중요하게 생각한다.

① ( ) ② ( ) ③ ( ) ④ ( ) ⑤ ( )

42. 어려운 문제를 만나면 피하고 싶다.

① ( ) ② ( ) ③ ( ) ④ ( ) ⑤ ( )

43. 친구의 조언을 받아들이는 편이다.

① ( ) ② ( ) ③ ( ) ④ ( ) ⑤ ( )

44. 기분이 좋지 않으면 일을 하기 싫어진다.

①( )	②( )	③( )	④( )	⑤( )

45. 공동체 질서를 지키는 것이 중요하다고 생각한다.

①( )	②( )	③( )	④( )	⑤( )

46. 팀원과 갈등이 생기면 먼저 사과할 수 있다.

①( )	②( )	③( )	④( )	⑤( )

47. 정해진 계획을 자주 변경하는 편이다.

①( )	②( )	③( )	④( )	⑤( )

48. 맡은 일은 남에게 미루지 않는다.

①( )	②( )	③( )	④( )	⑤( )

49. 단체 생활에서 규칙은 필수라고 생각한다.

①( )	②( )	③( )	④( )	⑤( )

50. 반복되는 훈련은 필요하다고 생각한다.

①( )	②( )	③( )	④( )	⑤( )

M·E·M·O

02 인성검사 실전연습 문항지 ②

※ 아래 문항을 읽고 평소 자신의 생각이나 행동에 가장 가까운 정도를 선택하시오.

● 응답 척도

① 전혀 그렇지 않다	② 그렇지 않은 편이다	③ 보통이다	④ 그런 편이다	⑤ 매우 그렇다

실전 연습 문항

01. 나는 해야 할 일을 미리 계획하는 편이다.

① ( )　　② ( )　　③ ( )　　④ ( )　　⑤ ( )

02. 팀 활동에서 리더 역할을 맡는 것이 부담스럽다.

① ( )　　② ( )　　③ ( )　　④ ( )　　⑤ ( )

03. 규칙을 어기면 반드시 책임을 져야 한다고 생각한다.

① ( )　　② ( )　　③ ( )　　④ ( )　　⑤ ( )

04. 어려운 과제는 가능한 피하고 싶다.

① ( )　　② ( )　　③ ( )　　④ ( )　　⑤ ( )

05. 반복 학습은 실력을 높이는 데 도움이 된다.

① ( )　　② ( )　　③ ( )　　④ ( )　　⑤ ( )

06. 스트레스를 받으면 쉽게 짜증을 낸다.

① ( )　　② ( )　　③ ( )　　④ ( )　　⑤ ( )

07. 공동 과제에서 다른 친구를 도와주는 편이다.

① ( )　　② ( )　　③ ( )　　④ ( )　　⑤ ( )

08. 약속 시간에 늦는 일이 잦다.

① ( )　　② ( )　　③ ( )　　④ ( )　　⑤ ( )

09. 안전수칙은 반드시 지켜야 한다고 생각한다.

①( )　　②( )　　③( )　　④( )　　⑤( )

10. 맡은 일은 끝까지 완수하는 편이다.

①( )　　②( )　　③( )　　④( )　　⑤( )

11. 갈등이 생기면 피하려는 편이다.

①( )　　②( )　　③( )　　④( )　　⑤( )

12. 단체의 결정은 존중해야 한다고 생각한다.

①( )　　②( )　　③( )　　④( )　　⑤( )

13. 작은 실수는 크게 문제 되지 않는다고 생각한다.

①( )　　②( )　　③( )　　④( )　　⑤( )

14. 계획 없이 즉흥적으로 행동하는 편이다.

①( )　　②( )　　③( )　　④( )　　⑤( )

15. 새로운 기술을 배우는 것이 즐겁다.

①( )　　②( )　　③( )　　④( )　　⑤( )

16. 팀원과 협력하면 더 좋은 결과를 낼 수 있다.

①( )　　②( )　　③( )　　④( )　　⑤( )

17. 지시받은 일을 자주 잊어버린다.

①( )　　②( )　　③( )　　④( )　　⑤( )

18. 실패해도 다시 도전하려 한다.

①( )　　②( )　　③( )　　④( )　　⑤( )

19. 공동체 규칙은 모두에게 공평해야 한다고 생각한다.

①( )　　②( )　　③( )　　④( )　　⑤( )

20. 책임이 따르는 역할은 기피하는 편이다.

①( )　　②( )　　③( )　　④( )　　⑤( )

21. 반복 훈련은 지루하지만 필요하다고 생각한다.

① (　)　　② (　)　　③ (　)　　④ (　)　　⑤ (　)

22. 문제 상황에서 침착함을 유지하는 편이다.

① (　)　　② (　)　　③ (　)　　④ (　)　　⑤ (　)

23. 내 의견이 받아들여지지 않으면 불만이 생긴다.

① (　)　　② (　)　　③ (　)　　④ (　)　　⑤ (　)

24. 맡은 역할은 충실히 수행한다.

① (　)　　② (　)　　③ (　)　　④ (　)　　⑤ (　)

25. 시간 관리는 중요한 능력이라고 생각한다.

① (　)　　② (　)　　③ (　)　　④ (　)　　⑤ (　)

26. 팀 과제에서 수동적으로 참여하는 편이다.

① (　)　　② (　)　　③ (　)　　④ (　)　　⑤ (　)

27. 갈등이 생기면 대화를 시도한다.

① (　)　　② (　)　　③ (　)　　④ (　)　　⑤ (　)

28. 기숙사 생활에 잘 적응할 수 있다.

① (　)　　② (　)　　③ (　)　　④ (　)　　⑤ (　)

29. 해야 할 일을 미루는 습관이 있다.

① (　)　　② (　)　　③ (　)　　④ (　)　　⑤ (　)

30. 공동체 질서를 중요하게 생각한다.

① (　)　　② (　)　　③ (　)　　④ (　)　　⑤ (　)

31. 실습 수업에서 안전을 우선한다.

① (　)　　② (　)　　③ (　)　　④ (　)　　⑤ (　)

32. 다른 사람의 입장을 이해하려 노력한다.

① (　)　　② (　)　　③ (　)　　④ (　)　　⑤ (　)

33. 규칙이 많으면 답답함을 느낀다.

    ① ( )   ② ( )   ③ ( )   ④ ( )   ⑤ ( )

34. 목표를 세우면 실천하려 노력한다.

    ① ( )   ② ( )   ③ ( )   ④ ( )   ⑤ ( )

35. 집중력이 오래 지속되는 편이다.

    ① ( )   ② ( )   ③ ( )   ④ ( )   ⑤ ( )

36. 팀의 성공이 개인 성공보다 중요하다고 생각한다.

    ① ( )   ② ( )   ③ ( )   ④ ( )   ⑤ ( )

37. 어려운 상황에서도 포기하지 않는다.

    ① ( )   ② ( )   ③ ( )   ④ ( )   ⑤ ( )

38. 기분에 따라 행동이 달라지는 편이다.

    ① ( )   ② ( )   ③ ( )   ④ ( )   ⑤ ( )

39. 맡은 일을 끝내지 않고 넘기는 경우가 있다.

    ① ( )   ② ( )   ③ ( )   ④ ( )   ⑤ ( )

40. 책임을 회피하지 않으려 노력한다.

    ① ( )   ② ( )   ③ ( )   ④ ( )   ⑤ ( )

41. 단체 생활이 부담스럽다.

    ① ( )   ② ( )   ③ ( )   ④ ( )   ⑤ ( )

42. 협력은 필수적이라고 생각한다.

    ① ( )   ② ( )   ③ ( )   ④ ( )   ⑤ ( )

43. 규칙을 어겨도 들키지 않으면 괜찮다고 생각한다.

    ① ( )   ② ( )   ③ ( )   ④ ( )   ⑤ ( )

44. 시간을 효율적으로 사용하려 노력한다.

    ① ( )   ② ( )   ③ ( )   ④ ( )   ⑤ ( )

M·E·M·O

45. 친구의 충고를 잘 받아들이는 편이다.

① ( )　　② ( )　　③ ( )　　④ ( )　　⑤ ( )

46. 실패 경험이 있어도 다시 시도한다.

① ( )　　② ( )　　③ ( )　　④ ( )　　⑤ ( )

47. 갈등 상황에서 감정을 조절할 수 있다.

① ( )　　② ( )　　③ ( )　　④ ( )　　⑤ ( )

48. 반복 훈련을 꾸준히 수행할 수 있다.

① ( )　　② ( )　　③ ( )　　④ ( )　　⑤ ( )

49. 약속을 지키는 것은 기본이라고 생각한다.

① ( )　　② ( )　　③ ( )　　④ ( )　　⑤ ( )

50. 공동체 구성원으로서 책임을 다하려 노력한다.

① ( )　　② ( )　　③ ( )　　④ ( )　　⑤ ( )

자기소개서 및 면접 요령

01 자기소개서 작성 요령

● 자기소개서 작성 기본 원칙

① 공정성 원칙 준수

자기소개서는 '자기주도학습전형'의 취지에 따라 사교육 유발 요소를 배제해야 한다. 외부 스펙 나열이 아니라 중학교 생활 속 성장 과정을 평가한다.

② 과정 중심 서술

결과(성적 향상, 성취)보다 학습 동기, 실천 과정, 실패 경험, 수정·보완 과정 등을 중심으로 서술해야 한다.

③ 진로 연계성 강조

마이스터고는 전공 중심 교육과정이 특징이므로, 자신의 관심 분야와 중학교 활동 경험을 연결하여 작성해야 한다.

● 자기소개서 작성 시 배제사항

① 기재 금지 항목
- 공인어학시험 성적(TOEIC, TOEFL 등)
- 교내·외 대회 수상 실적
- 자격증 취득 사실
- 장학금·장학생 관련 내용
- 교과 성적, 점수, 석차
- 인증시험 성과
- 영재교육원 수료 여부

② 사회·경제적 배경 암시 금지
- 부모 직업·직위
- 고비용 취미 활동

- 특정 대학명 · 기관명 · 학원명
- 해외 연수 및 해외 활동 실적

③ 표현상 유의 사항
- "전교 1등", "우수상 수상" 등 결과 암시 표현 금지
- 특정 기관 · 단체 · 강사 실명 기재 금지
- 본인 신상(출신 중학교 등) 암시 금지

02 마이스터고 면접 Q&A

✔ 마이스터고 면접의 이해

① 평가 목적

면접은 교과 지식 평가가 아니라 자기주도성, 전공 적합성, 인성, 태도를 확인하는 과정이다.

② 면접 운영 방식

지원자 1인 개별 면접으로 진행되며, 짧은 시간 안에 핵심 역량을 평가한다.

③ 평가 요소
- 자기주도적 학습 태도
- 전공 분야에 대한 관심과 준비도
- 문제 해결 과정 설명 능력
- 협력 및 책임 의식

● 면접의 실제 Q&A

Q 답변 도중 말이 막히면 어떻게 해야 하나요?

> **A** 당황하지 말고 "잠시 생각할 시간을 주시면 정리해 보겠습니다."라고 말한 후 핵심을 다시 정리하면 된다. 침착함도 평가 요소이다.

Q 준비한 답변을 그대로 암기해 말해도 되나요?

> **A** 암기식 답변은 오히려 부자연스럽다. 키워드 중심으로 정리하고 자신의 언어로 설명하는 것이 좋다.

Q 활동이 많지 않은데 불리하지 않나요?

> **A** 활동의 '양'보다 '깊이'가 중요하다. 한 가지 경험이라도 동기 · 과정 · 배운 점을 구체적으로 설명하면 충분하다.

Q 전공을 아직 명확히 정하지 못했다면 어떻게 해야 하나요?

> **A** 관심 분야와 탐색 과정을 솔직하게 설명하고, 왜 그 계열이 적합하다고 생각하는지 논리적으로 말하면 된다.

Q 긴장해서 목소리가 작아지면 감점되나요?

> **A** 목소리 크기보다 태도와 내용이 중요하다. 다만 또박또박 말하려는 노력은 필요하다.

Q 답변이 짧으면 불리한가요?

> **A** 길이보다 내용의 충실도가 중요하다. 질문 의도에 맞는 핵심 답변이면 충분하다.

Q 답변이 짧으면 불리한가요?

> **A** 길이보다 내용의 충실도가 중요하다. 질문 의도에 맞는 핵심 답변이면 충분하다.

Q 실패 경험이 꼭 필요하나요?

> **A** 실패 자체보다 '실패 이후의 변화'가 중요하다. 성장 과정이 느러나면 긍정적으로 평가된다

Q 면접관이 추가 질문을 많이 하면 불리한가요?

> **A** 오히려 관심 있게 듣고 있다는 의미일 수 있다. 침착하게 이어서 답변하면 된다.

적중 TOP 마이스터고 입학 적성평가 적중노트

인쇄	2026년 4월 22일
발행	2026년 4월 29일
편저자	마이스터고 입시연구회
펴낸이	노소영
펴낸곳	도서출판마지원
등록번호	제559-2016-000004
전화	031)855-7995
팩스	02)2602-7995
주소	서울 강서구 마곡중앙로 171

ISBN | 979-11-24295-09-0 13370

정가 22,000원